प्रस्तावना

आज कल व्यस्त जीवन से समय निकाल कर सत्संग आदि में जा कर जो ज्ञान हम अर्जित करते हैं, उसे हमेशा जीवित रखने के लिए हमे लगातार सत्संग की ज़रूरत होती है। लेकिन यह सम्भव नहीं है, क्योंकि (गृह काले नाना जंजाला) गृहस्त जीवन में नाना प्रकार की परेशानियों में समय का अभाव रहता है। समय की प्रतिकूलता को ध्यान में रखते हुए श्री पंचम वेलफेयर चेरिटेबल ट्रस्ट के द्वारा **"सर्वोत्तम जीवन प्रश्नोत्तरी"** को आप सभी की सेवा में लाया गया है, जिसमें आध्यात्मिक, सांसारिक, पारिवारिक और जीवन सम्बन्धित सभी 301 प्रश्नों का हल (जवाब) इस जीवन ज्ञान गंगा पुस्तिका में दिया गया है जो जीवन में महत्वपूर्ण है। आप अपने जीवन के सभी प्रश्नों व समस्याओ का आसानी से जवाब पा सकें यही "सर्वोत्तम जीवन प्रश्नोत्तरी" का उद्देश्य है।

लेखक – अपनी भावनाओं के अनुसार इस ज्ञान रूपी सागर में गोते लगा कर जो कुछ भगवत् कृपा अनुसार हासिल हुआ है, वह सब आप सभी के समक्ष लाया हूँ। हमें आशा नहीं, अपितु विश्वास है कि आप सकारात्मक सोच से अपने जीवन को सार्थक बनायेगे। अगर इसमें कोई त्रुटि हो तो उसे नज़रअन्दाज़ करते हुए जीवन सार्थकता पर ध्यान देते हुए आप अपने प्रेम प्यार को हम तक पहुँचाने की कृपा दृष्टि करेंगे आप सभी से यही प्रार्थना है।

"जय श्री राम"

~~~~~~~~~~~~

</div>
~~~~~~~~~~~~

आध्यात्मिक, सांसारिक, पारिवारिक, जीवन सम्बन्धित

सर्वोत्तम जीवन प्रश्नोत्तरी

जीवन ज्ञान गंगा

("३०१" प्रश्नों का उत्तर)

श्री रामभक्त परम श्रद्धेय

श्री रामदास्य पंचम जी महाराज

ISBN
Paperback 979-8-89277-974-6
Hardcase 979-8-89322-810-6

मानव ज्ञान गंगा
जीवन परम ज्ञान तथ्य
(सर्वोत्तम जीवन प्रश्नोत्तरी)

प्रश्न - १

हम आप कौन है? हमारी वास्तविक पहचान क्या है? मनुष्य जीवन का उद्देश्य क्या है?

उत्तर - हम ईश्वर अंश एक जीव आत्मा है हमारी वास्तविक पहचान गीता के अनुसार हम शरीर नहीं, शरीरी है। क्षेत्र नहीं, क्षेत्रज्ञ है। साधन नहीं, साधक है। हमारा मनुष्य जन्म लेने का उद्देश्य है की यह मनुष्य शरीर जो हमे अपने कल्याण के लिए मिला है क्योंकि हम इस शरीर से ही अपने कर्मों के द्वारा अपना कल्याण स्वयम् कर सकते है कर्मों के अनुसार हमारा कल्याण दूसरा कोई नहीं कर सकता! भगवान भी नहीं!

ईश्वर अंश जीव अभिनासी।

चेतन अमल सहज सुख रासी॥

यह संसार जगत, चेतन, जड़, जीव, आदि, सब ईश्वर का ही अंश है इस जगत 'प्रकृति' को परमात्मा के द्वारा ही बनाया गया है, जो अनित्य और विनाशी है यह हमेशा रहने वाला नहीं है और हमेशा अपना स्वरूप बदलता रहता है यह स्थिर नहीं है इस प्रकृति संसार जगत से परे कोई जीव नहीं है जो इस संसार में विनाशी नहीं है। परंतु जो चेतन जीव है वह थोड़े से परिश्रम करके भगवत आनन्दित सूखो को सहज में प्राप्त कर सकता है क्योंकि परमात्मा सर्वत्र है।

प्रश्न - २

ब्रह्म क्या है?

उत्तर - ब्रह्म! ज्ञान का उद्रम स्त्रोत ब्रह्म है ज्ञान और प्रेम का स्वरूप ही ब्रह्म है ब्रह्म ही ईश्वर है। ईश्वर को जानने और परमात्मा को पाने के लिए दो मार्ग है, ज्ञानमार्ग और भक्ति मार्ग है ज्ञान मार्ग द्वैत है और भक्ति मार्ग अद्वैत है कारण की ज्ञान मार्ग में विवेक है सत और असत दो है पर भक्ति मार्ग में केवल एक परमात्मा ही परमात्मा है। "गीता" का भी सिद्धांत भक्ति है ब्रह्म भगवान का रूप है। (मानस सुंदर काण्ड)

ब्रह्म अनामय अज भगवंता। व्यापक अजीत अनादि अनंता॥

वे (सम्पूर्ण, ऐश्वर्य, यस, श्री, धर्म, वैराग्य एवं ज्ञान के भण्डार) भगवान राम है। वह निरामय, विकार रहित, अजन्मा व्यापक, अजेय, अनादि और अनन्त, ब्रह्म है।

जिस प्रकार भगवान के लिए भक्त लालायित होते है, वैसे भक्त के लिए भगवान भी लालायित होते है मीरा ने कहा - मेरो तो गिरधर गोपाल दूसरा ना कोई,

वास्तव में परमात्मा के सिवाय दूसरा कोई नहीं है, जिसे परमात्मा की उपस्थिति होने का अनुभव हो जाए, तो वह निर्भय और निश्चिंत हो जाता है, केवल विश्वास हो की भगवान है और मिलते भी है, लेकिन किस रूप में मिलते है, वह हमे मालूम नहीं होता और हमारी मदद हो जाती है। यह सभी सन्तों का अनुभव और ग्रंथों का कहना है कि सब कुछ भगवान ही है।

प्रश्न - ३

प्रकृति और जीव का सम्बंध क्या है?

उत्तर - "प्रकृति " हमारी माँ स्वरूप है, " प्रकृति " की गोद में सारा संसार समाया हुआ है, " प्रकृति " ही सच्चा स्वर्ग है, प्रकृति की गोद में हम सभी जीव, जन्तु, पशु, पक्षी, कीट, पतंगे न जाने कितने जीव होंगे, जो हमें पता भी नहीं होगा और प्रकृति की गोद में सारे जड़, जीव, पेड़, पौधे, जीवन दायनी औषधिया व वनस्पतियाँ और रंग विरंगे फुल, सुंदर झरने, मन को मुग्ध करने वाले नज़ारे सब इस प्रकृति की गोद फलते फूलते है और प्रकृति की गोद में हमारा जीवन है। हमारा शरीर प्रकृति से ही सम्बन्धित है, जो पाँच तत्वों से बना है।

क्षित जल पावक गगन समीरा। पंच रचित यह अधम शरीरा॥

मनुष्य शरीर भूमि (धरती) जल (पानी) पावक (अग्नि) गगन (आकाश) समीर (हवा) इन पाँच तत्वों से बना है, इन सभी तत्वों का सम्बंध हमारी प्रकृति से है, हमारी शरीर जड़ है क्योंकि यह शरीर ही जड़ से बना हुआ है और हमारी प्रकृति में जीतने जीव जन्तु है। सब किसी न किसी से उनका जीवन सम्बन्ध जुड़ा हुआ है और हमारा जीवन का सम्बन्ध भी इन्ही प्रकृति से जुड़ा है जो इस प्रकार से है।

जंगल (वन) से प्राप्त जीवन की अमूल्यता

जंगल में अनेको प्रकार के भिन्न भिन्न जीव जन्तु और जानवर प्राणी रहते है तथा अनेको जीवों को भोजन मिलता है हमे अनेको प्रकार की औषधिया मिलती है जंगल से जलवायु परिवर्तन होता है जिससे अच्छी वर्षा होती है। अनेको प्रकार के ऐसे पेड़ पाए जाते है जिससे पक्षीयो को खाने के लिए फल और रहने के लिए घर मिलता है।

वृक्षों से ज़मीन मिट्टी का कटाव (मिट्टी का कट कर बहना) कम होता है। वृक्षों से वायुमंडल में नमी रहती है जिसके कारण अधिक गर्मी होने पर भी शरीर की चमड़ी नहीं जलती है वृक्षों और पेड़ पौधों से वायुमंडल में नाइट्रोजन भी मिलता

है, जो हमारी फ़सलो की वृद्धि में काम आता है वृक्ष "पेड़ पौधों" से हमें ऑक्सीजन मिलता है जो हमारे प्राणवायु है।

वृक्ष हमारे जीवन दाता है। कैसे? आओ समझते है।

यह जो भी विवरण दिया गया है हार्टिकल्चर विशेषज्ञ द्वारा अनुमानित वृक्ष की आयु और विकास के ऊपर निर्भर करता है आयु व विकास अनुसार कम ज़्यादा हो सकता है।

एक वृक्ष हर साल क़रीबन = 700 से 1000 Kg से अधिक ऑक्सीजन देता है।

एक वृक्ष हर साल क़रीबन = एक लाख वर्ग मीटर दूषित हवा को (फ़िल्टर) साफ़ करता है।

एक वृक्ष हर साल क़रीबन = 20,000 से अधिक किलो यानी (बीस टन) कार्बन ऑक्साईड को सोखता है।

एक वृक्ष हर साल क़रीबन = 20 से अधिक किलो डस्ट धूल सोखता है।

एक वृक्ष हर साल क़रीबन = 80 से अधिक Kg लिथियमलेड आदि जैसे, ज़हरीले धातुओं के मिश्रण को सोखता है।

एक वृक्ष घर के पास आँकोस्टिक वाल की तरह काम करता है शोर ध्वनि को सोखता है यानी वृक्ष ध्वनि प्रदूषण को रोकता है।

एक वृक्ष गर्मी के मौसम में = 4 डिग्री औसतन तापमान एक वृक्ष के नीचे कम महसूस होता है।

इस लिए वृक्ष हमारे जीवन दाता है। निरूपराध निःस्वार्थ परोपकारी होते है।

वृक्ष जो हमें जीवन में देता है वह हमारी सन्तान भी नहीं दे सकता है अपना सम्बन्धी भी नहीं दे सकता है। जीवन में एक वृक्ष लगाना एक सन्तान के बराबर है यह पुण्य का कार्य हम सबको अवश्य करना चाहिए और दूसरे को भी प्रेरित उत्साहीत करना चाहिए।

"पर्यावरण बचाना है, तो हम सबको एक वृक्ष लगाना है।

प्रकृति के ऊपर जितना लिखा जाए उतना कम है।

"श्री रामदास्य पंचम जी रचित"

प्रकृति के हर रंग में उमंग की तरंग है।

मन के विभोर की उड़ रही पतंग है॥

गुन गुना रहे है भौंरे भोर की उमंग में।

फूल हँसे कलियाँ खिलती शीतल मंद सुगन्ध में॥
प्रकृति ने जीवन में भरा कितना रंग है।
मन के विभोर की उड़ रही पतंग है॥
प्रकृति की नशा में जीवन मकरंद है।
वसुंधरा की गोद में पंचम आनन्द है॥
जीवन हमारा प्रकृति के संग है।
मन के विभोर की उड़ रही पतंग है॥

प्रश्न - ४

प्रकृति के गुण और उसकी परिभाष्य क्या है?

उत्तर - प्रकृति के तीन गुण है सतो गुण, रजो गुण, तमो गुण, इन तीनो गुणो की व्याख्या अलग है।

समस्त प्रकार की जीव योनि इस भौतिक प्रकृति में जन्म द्वारा सम्भव है और भगवान ही उसके बीज प्रदाता है प्रकृति के इन तीन गुणो में मनुष्य जीता है, सतो गुण, रजो गुण, तमो गुण जब शाश्वत जीव प्रकृति के संसर्ग में आता है तो वह इन तीन गुणो में बँध जाता है और तीनो गुणो के अनुरूप कार्य करता है।

सतोगुण - निष्पाप सतोगुण अन्य गुणो की अपेक्षा अधिक शुद्ध होने के कारण प्रकाश प्रदान करने वाला है और मनुष्यों को सारे पाप कर्मों से मुक्त कराने वाला है जो लोग इन गुणो में स्थित होते है वे सुख तथा ज्ञान के भाव से बंध जाते है। सतोगुण सत्कर्मों का मार्ग दिखाता है अतएव वे सतगुण में रह कर कर्म करने के प्रति आकृष्ट होते है और जब तक इस प्रकार कर्म करते रहने का आकर्षण बना रहता है तब तक उन्हें कोई न कोई शरीर धारण करना पड़ता है इस प्रकार उनकी मुक्ति की व बैकुण्ठ जाने की कोई सम्भावना नहीं रह जाती बे बार बार दार्शनिक वैज्ञानिक व कवि बनते रहते है। और जन्म मृत्यु के बन्धन में बधे व माया मोह के कारण वह सोचते है कि इस प्रकार का जीवन आनन्द प्रद है।

रजोगुण - रजोगुण की उत्पत्ति असीम आकांक्षाओ तथा तृष्णाओ से होती है इसी के कारण से यह देहधारी जीव सकाम कर्मों में बँध जाता है और रजो गुण की विशेषता है पुरुष और स्त्री का पारस्परिक आकर्षण और मान सम्मान, धन सम्पत्ति ऐशों आराम सारी सुख सुविधा का महत्त्वाकांक्षि होता है स्त्री पुरुष के प्रति और पुरुष स्त्री के प्रति आकर्षित होते है। यही रजो गुण की मुख्य विशेषता है।

तमोगुण - अज्ञान से उत्पन्न तमोगुण समस्त देह धारी जीवों का मोह है, इस गुण के प्रतिफल पागल पन (प्रमाद) आलस व नींद है अज्ञान के वशीभूत होने पर कोई भी मनुष्य किसी भी वस्तु को यथारूप में नहीं समझ पाता है फिर भी लोग पागल होकर धन संग्रह करते है और अध्यात्म ज्ञान में कोई रुचि नहीं रखते अतएव तमो गुण में लिप्त व्यक्ति का एक अन्य गुण यह भी है की वह आवश्यकता से ज़्यादा यानी अधिक सोता है। छ: घंटे की नींद पर्याप्त है फिर भी वह दस बारह घंटे सोता है ऐसा व्यक्ति हमेशा निराश प्रतीत होता है।

प्रश्न - ५

प्रकृति का अस्तित्व क्या है?

उत्तर - प्रकृति का अस्तित्व अनित्य है, जो पल पल मरता रहता है स्थिर नहीं है, हर वक्त बदलता रहता है लेकिन आज जीव का आकर्षण प्रकृति की तरफ़ ज़्यादा है जो अनित्य है। जो नित्य है उधर ध्यान नहीं जाता है क्योंकि जो नित्य है वह परमात्मा है।

प्रश्न - ६

ईश्वर का स्वरूप क्या है?

उत्तर - ईश्वर का स्वरूप निरंकार, निर्गुण, निर्विकार, अभिनाषी, अनन्त ब्रह्म है। दूसरा- प्रभु का काल्पनिक स्वरूप सगुण साकार है, जो हमारी कल्पना के स्वरूप मूर्तियों के प्रारूप में है। परंतु निर्गुण निरंकार ब्रह्म का प्रारूप ऐसा है।

(बाल काण्ड)

बिन पग चलई सुनई बिन काना। बिन कर कर्म करई विधि नाना॥

आनन रहित सकल रस भोगी। बिन वाणी बकता बड़ जोगी॥

तन बिनु परस नयन बिनु देखा। ग्रहई घ्राण बिनु बास अशेषा॥

असि सब भाँति अलौकिक करनी। महिमा ज़ासु जाई नहीं बरनी॥

वह बिना पैर के चलते है, बिना ही कान के सुनते है, बिना ही हाथ के नाना प्रकार के काम करते है, बिना मुँह के ही सारे रसों का आनंद लेते है और बिना ही वाणी के बहुत योग्य वक्ता है, वह बिना ही शरीर के स्पर्श करते है और बिना ही आँखों के देखते है। बिना ही नाकों के सब गन्धो को ग्रहण करते है (सूँघते है)।

इस प्रकार उस ब्रह्म की करनी सभी प्रकार से ऐसी अलौकिक है कि जिसकी महिमा कही नहीं जा सकती निर्गुण रूप का यह वर्णन जो कलियुग के सबसे बड़े दयालु कृपालु राम नाम महाराज है। याद करके भवपार उतरने का साधन है साधक हमें बनना है ऐसे स्वरूप का वर्णन है जो अदृश्य जिसका दर्शन करना असम्भव है क्योंकि सगुण का दर्शन होता है निर्गुण का नहीं! क्योंकि जो दिखाई नहीं देता, उसका दर्शन कैसे होगा, संसार मिथ्या झूठा असत्य है और अनित्य है यहाँ नासमझी इंसान है इन्हें दर्पण दिखाने वाले भी स्वार्थ में दर्पण की जगह, कुछ और ही दिखाते है जहाँ उनका स्वार्थ सिद्ध होता है। ऐसे सांसारिक व्यवस्था में अन्धकार ही अन्धकार है सत्यता कुछ भी नहीं है यहाँ अपना अपना करने वालों से पूछो! की अपना क्या है! सच तो कुछ और ही है माया, मोह, लालच, कामना और अहंकार के सिवा क्या! नज़र से कुछ दिखता है।

सच्चाई को तो वही जान सकता है जो माया, मोह, काम, क्रोध और कामना, लालच, अहंकार से परे परमात्मा चिंतक है ईश्वर का दूसरा स्वरूप प्रेम व प्यार है। क्योंकि करुणा, क्षमा, प्रेम, सेवा, भक्ति यह पंचम भाव आने पर ही भक्ति का प्रागट्यहोता है जहाँ भक्ति है, वही ईश्वर है।

प्रश्न - ७

ईश्वर का प्राप्ति मार्ग क्या है?

उत्तर - ईश्वर प्राप्ति के तीन मार्ग बताये गए हैं -

१. ज्ञान मार्ग २. कर्म मार्ग ३. भक्ति मार्ग

ईश्वर का प्राप्ति मार्ग है। ज्ञानता- मनुष्य में जब तक अज्ञानता, अभिमान, कामना, मोह रहेगा तब तक वह ईश्वर प्राप्ति नहीं कर सकता है ईश्वर प्राप्ति मार्ग कठिन है पर असम्भव नहीं है। ईश्वर को निःस्वार्थ सभी मोह बन्धन से परे और अपनी इंद्रीयो का निग्रह करके सत्कर्म पंचम भाव करुणा, क्षमा, प्रेम और सेवा, भक्ति से प्राप्त किया जा सकता है।

१. **ज्ञान मार्ग** - ज्ञान मार्ग से साधु, सन्त, और महात्मा, ऋषि, मुनि, ज्ञान योग से परमात्मा प्राप्ति करते है किन्तुअंतः करण का वैराग्य होना अति आवश्यक है और ज्ञान मार्ग में द्वेत और अद्वेत दोनो आते है अपने विवेक के द्वारा उसका निरुपम करके आगे बढ़ते है।

२. **कर्म मार्ग** - सांसारिक जीवन में रह कर विवेक पूर्वक प्रेम भाव से कर्मयोग के द्वारा भी भगवत् प्राप्ति होती है किन्तु निर्मल मन का होना और बुराईओ से दूर

रहना और संसार से प्राप्त वस्तुओं को संसार में लगाना और तत्वों से **"सियाराम मैं सब जग जानी"** सारे जगत को भगवत मय जानकर उनकी सेवा करना ही कर्म मार्ग है।

३. **भक्ति मार्ग** - चाहे कही भी रह कर भाव और आस्था और भगवान के गुणगान से भगवान से प्रेम करके भगवान की भक्ति में लीन होकर उन्हें अपना ही मान कर भक्ति के द्वारा भगवत प्राप्ति की जा सकती है यह अति उत्तम मार्ग है। किन्तु अंतः करण में भगवत प्रेम होना अति आवश्यक है और पंचम भाव के बिना भक्ति नहीं हो सकती।

पंचम भाव - (करुणा, क्षमा, प्रेम, सेवा, भक्ति) सच्चे मन की भक्ति से भगवत प्राप्ति हो सकती है।

प्रश्न - ८

भक्ति का स्वरूप क्या है?

उत्तर - भक्ति का स्वरूप भगवत प्राप्ति है इसके लिए सच्चे मन से भगवत भाव प्रेम व प्यार से भगवान को याद करना और भगवत प्रेम में डूबना, संसार को भगवत मय देखना और अपना समझना सदव्यवहार, सदाचार, करुणा, दया, क्षमा, प्रेम व सेवा, भक्ति से और प्रेम के द्वारा भगवान को पुकारो, उन्हें रो-रो के पुकारो, और प्रभु को याद करो, उनसे सच्चा प्रेम प्यार ही भगवत भक्ति है यही भक्ति का स्वरूप है प्रारम्भिक पंचम भाव से ही मार्ग प्रशस्त होता है।

प्रश्न - ९

मनुष्य जीवन की कीमत क्या है?

उत्तर - मनुष्य जीवन का पल-पल बहुत कीमती है जो बीत जाता है वह कभी इस जन्म में वापस नहीं आने वाला है।

बड़े भाग्य मानुस तन पावा। सुर दुर्लभ सतग्रंथहि गावा॥

साधन धाम मोक्ष कर द्वारा। पाई न जेही परलोक सवारा॥

यह मनुष्य जीवन बड़े भाग्य से मिलता है मनुष्य जीवन देवताओं के लिए भी बड़ा दुर्लभ है क्योंकि यह कर्म जीवन है और यह शरीर रूपी साधन, मोक्ष धाम के द्वार तक ले जाने का साधन है, इसे पाकर जो अपना लोक, परलोक नहीं सँवारता,

वह लोक परलोक में दुःख पाता है, क्योंकि इस जीवन से कर्म करने का अवसर केवल मनुष्यों को ही प्राप्त है इस लिए मनुष्य जीवन को समझना बहुत ज़रूरी है। जीव मनुष्य रूप में जब इस संसार में आता है तब वह परमात्मा और माता पिता आश्रित होता है, जब परमात्मा आश्रित होता है तब उनका ध्यान ख़्याल पूरा परमात्मा रखता है, फिर जब माँ की गर्भ से बाहर आता है तब वह भगवत आश्रित होते हुए उसका सम्पूर्ण ख़्याल उसका माता पिता भी रखते है और वह संसार से परे होता है ज्यों ज्यों उसकी उम्र बढ़ती है त्यों त्यों संसार को देखना चाहता है, त्यों त्यों उसके अन्दर जानने की उत्सुकता बढ़ती जाती है फिर वह संसार को जानना चाहता है, उस समय उसके गुरु उसके माता पिता ही होते है वह अपने रुचि के अनुसार उसे रास्ता दिखाते है और अपने रस्मों रिवाज परम्परा वारसागत से अवगत कराते है, जिस माता पिता के पास जो रहता है वह वही देता है जिसे हम संस्कार भी कहते है। भगवान ने बड़ी कृपा करके यह मनुष्य शरीर दिया है कि जीव सदा के लिए सुखी हो जाए, यह मनुष्य शरीर केवल भोग और संग्रह के लिए नहीं मिला है क्योंकि मनुष्य शरीर से दूसरे की सेवा और भगवत भक्ति हो सकती है। मनुष्य के अलावा किसी दूसरे को यह भक्ति करने का अवसर प्राप्त नहीं है इस लिए मनुष्य जीवन बड़े भाग्यवान को मिलता है और मनुष्य जीवन से सेवा भक्ति होती है परमात्मा तो केवल सच्चे मन से सेवा, भक्ति और भाव, के भूखे है मनुष्य जीवन सर्वोत्तम जीवन है।

प्रश्न - १०

मनुष्य जन्म का उद्देश्य क्या है?

उत्तर - मनुष्य जन्म का उद्देश्य है भगवत प्राप्ति करना ऐसा कहा गया है की चौरासी लाख योनियों में भ्रमण करने के बाद जब ईश्वर की नज़र जीव पर पड़ती है तब उसको मनुष्य जीवन मिलता है। मनुष्य जीवन का उद्देश्य सेवा और भक्ति से मोक्ष व भगवत् की प्राप्ति करना ताकि जीव जन्म और मरण के बन्धन से मुक्त हो सके, लेकिन आज इस बात को मानव भूल गए है और माया, मोह, लालच के चक्कर में सभी ग़लत काम करते है जब कि मनुष्य को अपना अगला जन्म सुनिश्चित करने के लिए, सेवा और भक्ति करना चाहिए जिससे मनुष्य जीवन उद्देश्य को सार्थक बनाया जा सके।

प्रश्न - ११

कर्म कितने प्रकार से होता है?

उत्तर - कर्म तीन प्रकार से होता है।

१. **शारीरिक कर्म** - यह कर्म शरीर के द्वारा किया जाता है इस शरीर के द्वारा किया हुआ कर्म से पाप ज़्यादा होता है पुण्य कम होता है क्योंकि शरीर से कोई कार्य होता है तो उसमें छोटे छोटे जीवों की हत्या होती है। जिसका प्रत्यक्ष अप्रत्यक्ष पाप होता रहता है।

२. **मनसा कर्म** - मन से किसी के प्रति सोचना चाहे अच्छा या बुरा जो भी सोचते हो वह मनसा कर्म कहलाता है।

३. **वाणी कर्म** - अपने बोलने से किसी को दुःख होता है या अच्छा लगता है जो बोलने का काम होता है उसे वाणी कर्म कहते है। कर्म फल तो आप जानते है कर्म फल भी तीन प्रकार का होता है और कर्मों के अनुसार मिलता है।

प्रश्न - १२

ईश्वर को सबसे प्रिय भक्त कौन है?

उत्तर - ऐसे तो भगवान को सभी भक्त प्रिय है भगवान को सबसे अधिक प्रिय विज्ञानी भक्त है। **"निर्मल मन जन सो मोही पावा।"** जो मनुष्य सभी अवगुणो से मुक्त भगवत भक्ति और सेवा में हमेशा तत्पर रहता है और जो प्रेम भाव से भक्ति में अपनी सूध बुध खोकर हमेशा प्रभु में लीन हो वह भक्त भगवान को प्रिय है जो भक्त भक्ति की पराकाष्ठा से ऊपर निकल जाता है वही विज्ञानी भक्त होता है।

(गीता १२/१३/१४)

अद्वेष्टा सर्वभूतानाम मैत्र: करुण एव च।

निर्ममो निरहंकार: समदुःखसुख: क्षमी॥

सन्तुष्ट: सततं योगी यतात्मा दृढ़ निश्चय।

मथ्यपिरतमनोबुद्धियों मतभक्त: स में प्रिय:॥

जो मनुष्य किसी से द्वेष नहीं करता और सभी जीवों का दयालु मित्र है, जो अपने को स्वामी नहीं मानता और अहंकार से मुक्त है जो दुःख सुख में समभाव रहता है और सदैव आत्मसंतुष्ट रहता है आत्मसंयमि है तथा जो निश्चय के साथ मुझमें मन

और बुद्धि को स्थिर करके भक्ति में लगा रहता है ऐसा भक्त मुझे अत्यन्त प्रिय है। भगवान ने शुद्ध भक्ति के दिव्य गुणो का वर्णन कर रहे है कि शुद्ध भक्त किसी भी परिस्थिति में विचलित नहीं होता और न ही वह किसी के प्रति इश्यालु होता है, न उसका कोई शत्रु, न कोई दुश्मन होता है अतएव किसी से दुश्मनी या किसी का विरोध करने से अपने खुद कष्ट उठा लेना अच्छा है। जब भी कोई भक्त किसी मुसीबत में पड़ता है तो वह यह सोचता है की यह भगवान की हमारे ऊपर कृपा ही है मुझे अपने बिगत दुष्कर्मों के अनुसार इससे अधिक कष्ट भोगना चाहिए था परंतु यह तो भगवतकृपा है की मुझे मिलने वाला पूरा दण्ड नहीं मिल रहा है। भगवतकृपा से थोड़ा ही दंड मिल रहा है अतएव अनेक कष्टपूर्ण परिस्थितीयो में भी वह सदैव शांत और धीर बना रहता है। वह भक्त सदैव प्रत्येक प्रणीयो का दयालु रहता है और अपने शारीरिक कष्टों को वह प्रधानता नहीं देता क्योंकि वो अच्छी तरह जनता है की यह भौतिक शरीर नहीं है और वह मिथ्या अहंकार से मुक्त रहता है सूख तथा दुःख में समभाव रहता है और हमेशा खुश रहता है। भगवत कृपा से जो कुछ मिलता है उसी में सन्तुष्ट रहता है और हमेशा प्रसन्नचित रहता है भक्ति से परमानन्द की प्राप्ति होती है जो अनन्त सूखो की खान है।

प्रश्न - १३

प्रकृति और संसार में मनुष्य की प्रियता क्या है?

उत्तर - प्रकृति और संसार में मनुष्य की प्रियता अनित्य की ओर है जो हमेशा पल पल क्षीण होता है जो बदलता रहता है। क्योंकि प्रकृति संसार अनित्य है और प्रकृति संसार में जो कुछ है चल अचल जीव सब अनित्य है सबका ख़त्म होना यानी नष्ट होना निश्चित है फिर भी मनुष्य ना समझी में अनियन्तता में ज़्यादा लगाव रखता है। नित्य तो केवल परमात्मा ईश्वर है लेकिन अज्ञानता के कारण मनुष्य का लगाव परमात्मा से नहीं के बराबर है।

प्रश्न - १४

मोक्ष प्राप्ति का साधन क्या है?

उत्तर - मोक्ष प्राप्ति का साधन शरीर है।

साधन धाम मोक्ष कर द्वारा। पाई न जेही परलोक सवारा॥

यह शरीर रूपी साधन मोक्ष धाम के द्वार तक ले जाने का साधन है इसे पाकर जो अपना लोक परलोक नहीं सँवारता है वह लोक परलोक में दुःख पाता है। क्योंकि शरीर से कर्म करने का अवसर केवल मनुष्यों को ही प्राप्त है इस लिए मनुष्य जीवन को समझना बहुत ज़रूरी है।

प्रश्न - १५

भगवान का भक्त कैसा होता है?

उत्तर - सभी अवगुण से जो मुक्त होता है। वही भगवान का प्रिय भक्त होता है

निर्मल मन जन सो मोही पावा। मोही कपट छल छिद्र न भावा॥

पापवंत कर सहज सुभाऊ। भजनू मोर तेहि भाव न काउ॥

जो मनुष्य निर्मल मन का होता है वही मुझे पाता है, जिस मनुष्य के अन्दर कपट, छल, बेईमानी, राग द्वेष नहीं होता है वही मुझे अच्छे लगते है वही हमें मिल पाते है और जो पापी है, अधर्मी है, कपटी है, उनका यह सहज स्वभाव होता है कि मेरा भजन उसे (सुहाता) अच्छा नहीं लगता वह हमेशा हम से दूर ही रहता है।

प्रश्न - १६

ईश्वर प्रिय भक्त के गुण क्या है?

उत्तर - ईश्वर प्रिय भक्त के गुण- जो सब कुछ का त्याग करके अपने आप को जगत संसार से अलग होकर केवल ईश्वर को अपना मान लेता है अपना समझता है वह सत्यमार्गि भक्त भगवान को प्रिय लगता है, जो सभी जीवों में भगवान को ही देखता है संसार जगत को ईश्वर मय देखना **"सियाराम मय सब जग जानी"** वह भक्त भगवान का प्रिय है।

प्रश्न - १७

भगवत निर्मित मंदिर कौन है?

उत्तर - भगवत निर्मित मंदिर यह मनुष्य शरीर है जो भगवत द्वारा प्रकृति जगत में पंचमहाभूत द्वारा निर्मित यह शरीर रूपी मन्दिर है। इस शरीर रूपी मन्दिर के हृदय में भगवत स्वरूप आत्मा और परमात्मा उसका निवास है।

प्रश्न - १८

पूजा योग्य क्या है?

उत्तर - भगवत द्वारा निर्मित मूर्ति जो सभी शरीर में आत्मा स्वरूप विद्यमान है। वह आत्मा स्वरूप परमात्मा ही पूजने योग्य है और दूसरा धर्म का पालन व सत्यमार्ग पर चलना ही यही हमारी पूजा है।

प्रश्न - १९

गुरु और ईश्वर में अन्तर क्या है?

उत्तर - गुरु सत्य मार्ग दर्शित होता है। और ईश्वर मोक्षदायी होता है।

गुरु - गू = अन्धकार रू = प्रकाश सदगुरु वह होता है जो अन्धकार से प्रकाश की ओर ले जाता है यानी गुरु हमारी अज्ञानता को दूर करके ज्ञानता की ओर ले जाता है और हमें सच्चा ज्ञान देकर सत्यमार्ग पर ले जाता है।

ईश्वर - ईश्वर को अपना बनाने से, उसकी शरणागति लेने से, हमें मोक्ष की प्राप्ति होती है। जो जन्म मरण के बन्धन से मुक्ति दिलाता है भगवान मोक्षदायी है और शरणागति प्रदाता है।

प्रश्न - २०

गुरु कितने प्रकार के हैं?

उत्तर - गुरु मुख्य चार प्रकार के हैं। १. ब्रह्म गुरु २. परब्रह्म गुरु ३. आध्यात्मिक गुरु ४. सांसारिक गुरु और इसके अलावा जिससे हमें कुछ सीखने को मिलता है वह भी प्रत्यक्ष अप्रत्यक्ष अपना गुरु ही होता है जैसे भगवान दत्तात्रेय ने अपने जीवन में २४ गुरु बनाया था।

प्रश्न - २१

गुरु की व्याख्या क्या है?

उत्तर - १. **ब्रह्म गुरु** - सम्पूर्ण ब्रह्म यानी ईश्वर निर्गुण, निरंकार, निर्विकार, अजन्मा, ब्रह्म है। जो हमारे ऋषि, मुनीयो, देवताओं के गुरु स्वरूप है। जिसमें सभी वेद, पुराण, शास्त्र, उपनिषद आदि सब उन्ही में समाये हुए है उन्हें किसी, वेद, पुराण,

शास्त्र, उपनिषद पढ़ने की ज़रूरत नहीं पड़ती है क्योंकि खुद उनके अन्दर प्रगट हो जाते है। वही ब्रह्म गुरु है ऐसे गुरू मिलना असम्भव है।

२. **परब्रह्म गुरु** - ब्रह्म को जानने वाला, ब्रह्म स्वरूप जो अपनी तपो अग्नि से अपनी इंद्रीयो को विकारों को भस्म करके प्रकृति और संसार को त्याग कर केवल अपनी सत्ता से परमात्मा में लीन है वह परब्रह्म गुरु है। ऐसा गुरु मिलना आसान नहीं है ऐसे गुरु का दर्शन दुर्लभ है जिसे ऐसे गुरु का दर्शन मिल गया उसे भगवत प्रासि सुलभ है।

३. **आध्यात्मिक गुरु** - भगवत प्रासि के ज्ञान मार्ग का पथ प्रदर्शक है जो दूसरे को भगवत प्रासि का मार्ग सुगमता से बता सके, जिससे भगवत प्रासि सुलभ हो सके, अपनी सत्ता का और परमात्मा का ज्ञान करा सके, जिसे अपने सभी वेदों पूरणों ग्रंथो का ज्ञान हो, जिससे वेदत्व ज्ञानो का निरुपम हो सके, ऐसा गुरु भी मिलना आसान नहीं है। आज कल के गुरु की तो महिमा अलग है गुरु का काम है की अपने शिष्य के अज्ञान रूपी अन्धकार को अपने प्रकाश रूपी ज्ञान से प्रकाशित करे। ताकि शिष्य का अन्धकार रूपी अज्ञान मिट सके, अध्यात्म गुरु भगवान और भक्त के बीच की कड़ी जोड़ने वाला पथप्रदर्शक है ऐसा सच्चा गुरु होना चाहिए।

४. **सांसारिक गुरु** - कलियुग गुरु -

हरई शिष्य धन शोक न हरई। ते गुरु घोर नरक महूँ परई॥

ये ऐसे गुरु है जहाँ चाहे वही आप को मिल जाएगे ये हर जगह विद्यमान होते है जैसे स्कूल में शिक्षक स्वरूप में जिससे हम शिक्षा यानि विद्या ग्रहण करते है और जिससे हमें हर प्रकार से जानकारी मिलती कुछ सीखने को मिलता है हम जिससे जीवन में कुछ भी ग्रहण करते है सीखते है जैसे माता, पिता, दोस्त यार अन्य, जीव, पशु, और पक्षी, हवा, पानी सूरज, पेड़, पौधे, किट पतंगे, वगैरह आदि। हमारे भगवंत स्वरूप दत्तात्रेय ने २४ चौबीस गुरु बनाया था। सबसे कुछ न कुछ सीखने को हमें मिलता है। केवल हमें जिज्ञासु होना चाहिए।

प्रश्न - २२

मनुष्य को किसके प्रति रुचि रखनी चाहिये?

उत्तर - मनुष्य को जो अपनी सत्ता नित्य है उसके प्रति रुचि रखनी चाहिए। सत्ता ही परमात्मा स्वरूप है और नित्य है और सत्य है। और असत्य संसार जो अनित्य है उसके के प्रति रुचि नहीं रखनी चाहिए।

प्रश्न - २३

मनुष्य शरीर का अस्तित्व किससे है?

उत्तर - मनुष्य के शरीर का अस्तित्व प्रकृति से है। मनुष्य शरीर छित, जल, पावक, गगन, समीर इन पंचतत्व से यह मनुष्य शरीर निर्मित हुआ है मनुष्य जीव के अलावा भी सभी जीव के शरीर की रचना प्रकृति से ही संलग्न है।

प्रश्न - २४

मनुष्य की जागरूकता किसके प्रति होनी चाहिए?

उत्तर - मनुष्य की जागरूकता सत्कर्म के प्रति होनी चाहिए सेवा और भक्ति की तरफ़ होना चाहिए। अधर्म मार्ग को छोड़ कर सतमार्ग पर चलना चाहिए। अधर्म से धर्म की ओर, पाप से पुण्य की ओर, जिससे मनुष्य जीवन सफल हो सके, इस मनुष्य जीवन को सफल बनाने के लिए सत्कर्म के प्रति जग्रुता होनी चाहिए।

प्रश्न - २५

मनुष्य का ब्रह्मास्त्र क्या है?

उत्तर - मनुष्य का ब्रह्मास्त्र, प्रेम व प्यार है बड़ा अचूक है यह शस्त्र जिसके ऊपर चलता है तो वह भी क्रुरता को छोड़ कर नम्र हो जाता है इस शस्त्र में इतनी ताक़त है। क्योंकि यह शस्त्र भगवत स्वरूप है इसी शस्त्र से भगवत प्राप्ति का आकर्षण होता है इस शस्त्र से ही भगवत् प्राप्ति होती है।

प्रश्न - २६

ज्ञान का मार्ग क्या है?

उत्तर - ज्ञान का मार्ग - सत्संग और संतो का संग ज्ञान प्राप्ति स्रोत है। इसके अलावा अन्य स्रोत भी है।

१. माता व पिता "भगवान स्वरूप"

२. पठन पाठन "स्वाध्याय"

३. गुरुदेव व सत्संग "सत्संग"

१. माता व पिता का ज्ञान - जीवन की एक ज्योति की भाँति होता है जीवन की पहली ज्योति व सीढ़ी की तरह है।

२. पठन पाठन व स्वाध्याय से जीवन में ज्ञान मिलता है और कुछ समझने और सोचने की छमता विकसित होती है और जीवन में ज्ञान के प्रति जिज्ञासु होने लगता है और फिर अपनी रुचि के अनुसार आगे जीवन में कार्यरत रहता है।

३. गुरु और सत्संग - जिनके मार्ग दर्शन से जीवन मार्ग दर्शित होते है जिससे जीवन धन्य हो जाता है किन्तु दोनो सही और सत्य मार्गीय है तभी जीवन धन्य हो सकता है जो लोभ मोह से परे केवल भगवत मार्गीय हो, ऐसे गुरु और सतसंगी मिलना इस युग में दुर्लभ है और मिल जाते है तो जीवन धन्य हो जाता है।

१. **माता-पिता** - ज्ञान की आवश्यकता जीवन के स्टेज के अनुसार होती है जब इन्सान माँ के गर्भ में सात माह का होता है तब से उसे ज्ञान ग्रहण करने की शक्ति आ जाती है। ऐसा कहा गया है कि उस समय माँ के द्वारा जो कुछ कहा जाता है वह उसे सुनता है ऐसा हमारे ग्रन्थ कहते है जैसे जैसे वह बालक रूप को ग्रहण करता जाता है वैसे वैसे उसे ज्ञान की आवश्यकता होती है जो माँ पूरा करती है आगे माँ का जो रोल है वह हम सभी अच्छी तरह जानते है। पालने से लेकर संस्कार तक जो माँका नि:स्वार्थ परिश्रम है वह माँ अपने कठीन मेहनत और परिश्रम से करती है वह कोई नहीं कर सकता इस लिए माँ का रूप भगवान और गुरु से भी बड़ा है। क्योंकि भगवान का रूप है प्रेम, प्यार, दया, करुणा, और त्याग, ऐ सब भगवान का रूप है जो माँ के अलावा किसी में नहीं है इस लिए माँ भगवान से भी बढ़ कर है माता व पिता ही बच्चे के जीवन का कर्ण धार है। जो अपनी खूसियो को त्याग कर अपने बच्चे में ही अपनी खुशियों को देखते है।

२. **पठन-पाठन** - दूसरा ज्ञान का स्रोत है। पठन पाठन जो हमारे स्कूल और कोलेज में अध्यापक के द्वारा पुस्तकों से जो हमें शिक्षा के रूप में मिलता है और हमें ज्ञान देने वाला अध्यापक, शिक्षक वो भी हमारा गुरु होता है हम उसे माने या न माने और महापुरुष, सन्त, महात्मा, ज्ञानी पुरुष के द्वारा लिखी हुई, पुस्तकें को पढ़ने से भी ज्ञान अर्जित होता है वो भी हमारे अप्रत्यक्ष गुरु होते है और वह ज्ञान भी हमें जीवन जीने का स्थान दिलाता है।

३. **गुरु-सत्संग** - गुरु के द्वारा हमें जानने का मौक्का मिलता है और गुरु के द्वारा अध्यात्म का ज्ञान मिलता है। गुरु का वर्णन करना बहुत कठिन है गुरु जैसा कोई अपना हितैसि नहीं है। वह सदैव अपने शिष्य का कल्याण चाहने वाला होता है सच्चे गुरु की लगन अगर शिष्य के अन्दर है तो अवश्य उसको सच्चा गुरु मिलेगा।

रामायण मानस

उमा राम सम हित जग माही। गुरु पितु मातु बंधु सम नाहीं॥

प्रभु जैसा तो गुरु पूरे जगत में नहीं है ईश्वर ही अपना सच्चा गुरु और माता पिता भी है। जो सर्वत्र विद्यमान है भगवत गुरु से पाँच प्रकार से लाभ होता है। नाम जप, ध्यान, सेवा, आज्ञा पालन और सत्संग परन्तु संत महात्माओं से तीन प्रकार का लाभ है सेवा, आज्ञापालन, सत्संग, सच्चा गुरु हमेशा कल्याणकारी होता है।

प्रश्न - २७

सबसे बड़ा दान क्या है?

उत्तर - सबसे बड़ा दान - विद्या दान है। हम किसी को दान में, खाना, कपड़ा, पैसा आदि देते है तो कितनी बार दे सकते है अगर हम उसे विद्या दान देते है तो उसे जीवन भर खाने की जीवन जीने की कोई समस्या नहीं रहेगी और अपना जीवन भी सुचारु रूप से चला सकता है और विद्या दान से किसी की ज़िंदगी सँवर सकती है इस लिए विद्या दान महादान कहा गया है। विद्या दान से उसे भभिष्य में असीमित पद मान प्रतिष्ठा पा सकता है। इसलिए विद्यादान से बड़ा कोई दान नहीं है।

प्रश्न - २८

सबसे बड़ा धन क्या है?

उत्तर - मनुष्य जीवन में, ज्ञान ही सबसे बड़ा धन है। ज्ञान से मनुष्य कुछ भी कार्य कर सकता है सांसारिक जीवन में और अध्यात्म जीवन मे भी ज्ञान का अत्याधिक महत्व है ज्ञान से असम्भव को सम्भव बना सकते है। इस लिए मनुष्य जीवन में ज्ञान सबसे बड़ा धन है मनुष्य जीवन की सार्थकता ज्ञान के बिना नहीं है क्योंकि ज्ञान से वैराग्य और वैराग्य से भक्ति और भक्ति से ईश्वर की प्राप्ति होती है इसलिए ज्ञान सबसे बड़ा धन है।

प्रश्न - २९

मनुष्य जीवन में क्या करना चाहिए?

उत्तर - मनुष्य जीवन में अपनी जवाबदारी (कर्तव्य) को पूरा करते हुए सेवा और भक्ति करना चाहिए क्योंकि मनुष्य जीवन बड़े भाग्य से मिलता है। मनुष्य जीवन कर्म जीवन है इसमें अच्छा कर्म करके और सेवा भक्ति करके मनुष्य अपना जीवन सार्थक बना सकता है इसलिए मनुष्य जीवन में सत्कर्म और सेवा भक्ति करनी

चाहिए सभी जीवों पर दया करनी चाहिए क्योंकि जीव आत्मा ही परमात्मा स्वरूप है।

प्रश्न - ३०

मनुष्य जीवन मे क्या नहीं करना चाहिये?

उत्तर - मनुष्य जीवन में, संग्रह और भोग ज़रूरत से ज़्यादा नहीं करना चाहिए क्योंकि संग्रह और भोग हमें अपने बर्बादी यानी पतन की ओर ले जाते है। यह जगत और संसार झूठा है सपना समान है अनित्य है जो पलपल मर रहा है और यह शरीर भी अपना नहीं है इस जगत संसार में अपना कुछ भी नहीं है जब अपना कुछ नहीं है तो संग्रह किसके लिए करना एक कहावत है।

पुत्र सपूत तो क्या धन संचय। पुत्र कपूत तो क्या धन संचय॥

इसका मतलब है की पुत्र सपूत यानी अच्छा है संस्कारी है तो उसके लिए धन संग्रह करने की आवश्यकता नहीं है। वह स्वयं इक्कठा कर लेगा और कपूत यानी नालायक है तो इक्कठा किया हुआ आप का धन वह सब उड़ा देगा सब खर्च कर देगा इसलिए जीवन में मनुष्य को संग्रह और भोग के चक्कर में नहीं पड़ना चाहिए।

प्रश्न - ३१

मनुष्य का धर्म क्या है?

उत्तर - मनुष्य का धर्म इंसानियत और निष्काम भाव से सेवा करना और सच्चाई ईमानदारी की राह पर चलना है और पैसा कमाना है तो अवश्य कमाओ लेकिन ईमानदारी से, सबकी दुआओ से, सबकी खुसीयो से, क्योंकि खुसीयो और दुआओ से कमाया हुआ धन बहुत फलित होता है घर में सकारात्मक ऊर्जा आती है और जीवन में खुशियाँ ही खुशियाँ होती है।

प्रश्न - ३२

मनुष्य की जाति क्या है?

उत्तर - मनुष्य की दो जाति है, एक दैवी सम्पत्ति और दूसरी आसूरी सम्पत्ति

दैवी सम्पत्तिका अर्थ - दिव्य गुणो के अनुरूप और मोक्ष के लिए अनुकूल और सतोगुणो के अनुसार अनुसरण करने वाले निर्भयता, आत्म शुद्धि आध्यात्मिक ज्ञान का

अनुशीलन दान आत्म-संयम अहिंसा सत्यता क्रोध मुक्ति त्याग शक्ति और समस्त जीवों पर करुणा दया संकल्प तेज क्षमा धैर्य पवित्रता तथा सम्मान की अभिलाषा से मुक्त ये सारे दिव्य गुण है जो दैवी प्रकृति से सम्पन्न देवतुल्य पुरुषों में पाए जाते है।

आसूरी सम्पत्ति - जो आसूरी है वे यह नहीं जानते की हमें क्या करना है और क्या नहीं करना है उनमें न तो पवित्रता न उचित आचरण और न सत्य पाया जाता है और वे यह नहीं सोचते की ईश्वर ने किसी प्रयोजन से इस संसार की रचना की है। उनका यह मानना है की संसार अपने आप उत्पन्न हुआ है और वह मानते ही नहीं की इस संसार के पीछे कोई ईश्वर का हाथ है। उनके लिए आत्मा और पदार्थ में कोई अन्तर समझ में नहीं आता ऐसे निष्कर्षों का अनुगमन करते हुए आसूरी लोग जिन्होंने आत्म ज्ञान खो दिया है और जो बुद्धिहीन है ऐसे अनुपयोगी एवं भयावह कार्यों में प्रवृत होते है। जो संसार का विनाश करने के लिए होता है और कभी न संतुष्ट होने वाले काम का आश्रय लेकर तथा गर्व के मद एवं मिथ्या प्रतिष्ठा में डूबे हुए आसूरी लोग इस तरह मोह ग्रस्त होकर सदैव क्षणभंगुर वस्तुओं के द्वारा अपवित्र कर्म करते रहते है। मैं सभी वस्तुओं का स्वामी हूँ मैं भोक्ता हूँ मैं सिद्ध शक्तिमान तथा सुखी हूँ इस प्रकार ऐसे व्यक्ति अज्ञान वश मोहग्रस्त रहते है, और इस प्रकार अनेक चिंताओ से उद्विग्न होकर मोहजाल में बँधकर वे इन्द्रिय भोग में अत्यधिक आसक्त हो जाते है और नरक में गिरते है।

प्रश्न - ३३

इन्सान क्या लेके आता है?

उत्तर - मनुष्य अपने पूर्व जन्म का कर्म (प्रारब्ध कर्म) साथ लेकर आता है उसी कर्मों के अनुरूप उसे जन्म स्थान प्राप्त होता है। कर्मों के अनुरूप उसे मार्गदर्शक मिलते है और माता पिता मिलते है परिवार मिलता है उसी के अनुरूप उसका विकास होता है कर्मों के अनुसार उसकी नसीब बनती है।

इन्सान की जीवन सफलता - इन्सान उस दिन सफल होता है जिस दिन उसके माता पिता कहते है की मेरे बेटा जैसा बेटा भगवान सबको दे जीवन की सार्थकता तो उसके जीवन में है जिसको माँ, बाप यानी माता, पिता का आशीर्वाद मिलता है।

"सुन जननी सोई सूत बड़भागी। जो पितु मातु बचन अनुरागी॥"

ऐसा पुत्र बड़ा भाग्यवान होता है जो अपने माता पिता के बचनो का पालन करने वाला होता है।

प्रश्न - ३४

मनुष्य क्या लेके जाता है?

उत्तर - मनुष्य वर्तमान जन्म का कर्म अपने साथ लेके जाता है।

"रामायण" - कर्म प्रधान विश्व करी राखा। जो जस करे सो तस फल चाखा।।

"गीता" - कर्मण्येवाधिकारस्ते मा फलेशु कदाचनम्!

कर्म किए जा फल की इच्छा ना करना इन्सान।

जैसा कर्म करेगा वैसा फल देगा भगवान॥

सारा विश्व कर्म के आधीन है और फल भोगने का अधिकारी भी है लेकिन अपने कर्मों के अनुसार ही फल को भोगते है। मनुष्य को कर्म करने का अधिकार है और अन्य किसी जीव को नहीं है और जो भी कर्म करेगा उसका फल भी अवश्य पाने का अधिकारी होगा चाहे उसकी इच्छा हो या न हो क्योंकि कर्म का फल इन्सान को तो लेना ही पड़ता है। अब जैसा जो भी कर्म किया है वही पाएगा, इन्सान दुनिया में आता है सत कर्म करने के लिए आता है परमपिता परमेश्वर की भक्ति के लिए और अच्छे कर्म सेवा भाव के लिए क्योंकि कर्म से ही तक़दीर और नसीब बनती है जो हम समझते है।

मनुष्य जीवन ही कर्म करने के लिए मिलता है और दूसरी कोई योनि नहीं है कि जिसमें कोई कर्म कर सकता है मनुष्य केवल कर्म करने के आधिपत्य है जो चाहे जैसा करे लेकिन कर्म का फल तो परमात्मा के अधीन है इंसान के हाथ में नहीं है। लेकिन फल अवश्य मिलता है और अपना कर्म ही साथ लेके जाता है।

प्रश्न - ३५

प्रकृति और संसार का सम्बंध क्या है?

उत्तर - प्रकृति और संसार का सम्बंध प्रत्येक जीवों और मनुष्य का शारीरिक सम्बंध प्रकृति गुण के साथ है।

यह शरीर प्रकृति गुण -

क्षित जल पावक गगन समीरा।

पंच रचित यह अधम शरीरा॥

यह पाँच तत्वों से रची यह शरीर का सम्बंध हमारे प्रकृति से है और प्रकृति ही हमारी शारीरिक रक्षक है संसार में सभी जीवों का मूल परिधान तथा अस्तित्व हमारी प्रकृति है।

प्रश्न - ३६

ब्रह्म समय क्या है?

उत्तर - ब्रह्म समय रात के तीन से पाँच बजे तक है जिसमें पूर्ण वातावरण शान्त होता है और तीन प्रकार की हवायें चलती है (शीतल, मन्द, सुगन्ध) और देव भ्रमण समय भी कहा गया है।

प्रश्न - ३७

ब्रह्म समय की बिशेषता क्या है?

उत्तर - ब्रह्म समय की बिशेषता यह है कि वातावरण एकदम शान्त होता है किसी भी प्रकार की आवाज़ नहीं होती है। वातावरण प्रदूषण मुक्त होता है और सुबह ब्रह्म समय को ब्रह्म महुर्त भी कहा गया है क्योंकि उस समय तीन प्रकार की वायु यानी हवा चलती है शीतल, मन्द, सुगन्ध, सुबह में शीतल हवाए चलती है लेकिन मन्द यानी धीरे धीरे चलती है। कभी ज़ोर से नहीं चलती और प्रदूषण मुक्त होने से सुगन्धित सुगन्ध युक्त होती है इसलिए इसे देवताओं का समय कहा है और ब्रह्म समय में की गयी पूजा अर्चना का विशेष महत्व है।

प्रश्न - ३८

पूजा किसकी करना चाहिए?

उत्तर - भगवान के द्वारा बनाया हुआ मन्दिर उसके अन्दर रखी मूर्ति (भगवत स्वरूप आत्मा) और माता, पिता की करनी चाहिए। क्योंकि साक्षात भगवान का दर्शन करना है तो माता पिता के स्वरूप में कर सकते है बाक़ी तो ईश्वर निर्गुण रूप में है सगुण रूप में तो माता पिता ही भगवत रूप में है।

भक्ति दोहे (श्री रामदास्य पंचम जी रचित)

अन्दर अपने झाँक तू अन्दर रमा निवास।

बाहर कहाँ भटक रहा तू खुद पर कर विश्वास॥

(रामायण में) ईश्वर अंश जीव अभिनाषी। (गीता में) वासुदेव: सर्वम

जब सभी जीव भगवान का अंश है सभी जीवों में परमात्मा वास है तो खुद अपने आप को पहचानो बाहर इधर उधर भटकने की उनको खोजने की क्या आवश्यकता है रामायण में सभी जीव ईश्वर का अंश है भगवान ही सभी जगह और सब जीव में है।

ईश्वर चेतन रूप है सब में करे निवास।

अन्दर से भक्ति रस पीले मिट जाएगी प्यास॥

भगवान चेतन स्वरूप आत्मा है जो सभी जीवों में निवास करते है। परमात्मा को जानने और भगवत प्राप्ति के लिए सेवा व भक्ति मार्ग है उसमें सबसे उत्तम भक्ति है। जिसे भगवान की भक्ति मिल जाती है उसकी सभी प्यास मिट जाती है।

ईश्वर को तू ढूँढ रहा है मिट्टी पत्थर आकाश।

खुद के अन्दर है रमा और कहीं नहीं वास॥

भगवान को सभी लोग आज न जाने कहाँ कहाँ ढूँढते है लेकिन अपने अंदर खुद नहीं ढूँढते क्योंकि भगवान तो सभी के अंदर ही है और सभी जगह है। उनसे कोई स्थान ख़ाली नहीं है प्रह्लाद के लिए तो खम्भे से प्रगट गए थे।

कर्म बिना तो कुछ नहीं भक्ति और भगवान।

सभी ग्रंथो का एक सार है खुद को तू पहचान॥

मनुष्य को ही कर्म करने का अधिकार है क्योंकि कर्म के विना तो कुछ भी नहीं मिलता। और सभी ग्रंथो का एक ही सार कहना है अपने आप को खुद पहचानो। की तुम कौन हो? और किस लिए आए हो? यह मनुष्य जीवन बड़े भाग्य से मिलता है इस लिए मनुष्य जीवन का उद्देश्य सेवा व भक्ति जिससे जन्म मरण के बन्धन से जीव मुक्त हो जाता है मनुष्य को उसे पहचानना चाहिए।

बाह्य आवरण में तू ढूँढे मन्दिर मस्जिद अजान।

तेरा ईश्वर तो तुझमें है क्यों बना हुआ अनजान॥

आज इंसान बाहर भगवान के लिए इधर उधर भटक रहा है और अपने अंदर खुद नहीं देखता केवल अनजान बनकर भगवान को ढूँढता है। जैसे 'कस्तूरी कुंडल बसे मृग ढूँढे बन माही। ऐसे घट घट राम है दुनिया जाने नाहीं॥' आत्मा स्वरूप परमात्मा अपने अन्दर ही विराजमान है अपने अन्दर ही ढूँढो कही बाहर ढूँढने की ज़रूरत नहीं है।

माया के आवरण में ढका हुआ इन्सान।

कहाँ दिखेगा उसको सत्य और भगवान॥

कलियुग में भगवान की इतनी प्रबल माया है की इंसान रात दिन पाप रूपी समुन्दर में मछली की भाँति अपना जीवन ढूँढता है। वह, राग, द्वेष, कपट, छल, बेइमनी आदि पाप रूपी समुन्दर से, बाहर निकलना चाहता ही नहीं अगर इन मनुष्यो को बाहर निकाल दे तो मछली की तरह तड़फता है तो ऐसे मनुष्यों को कहाँ सत्य दिखता और कहाँ भगवान दिखेंगे।

काम क्रोध में लिप्त है अहंकारी इन्सान।
माता पिता की समझ नहीं क्या पाए भगवान॥

कलियुग में कोई मनुष्य कोई कार्य करता है तो उसके पीछे उसका स्वार्थ उद्देश्य लक्ष्य इन सभी को लेकर कार्य करता है और उसके (फल का) परिणाम का भी स्वयं निर्णय करता है उसे यह भी मालूम है की कार्यका फल परिणाम तो ईश्वर के हाथ में है। फिर भी इंसान अहंकार के बस में यह भूल जाता है और कार्य की असफलता से क्रोध उत्पन्न होता है क्रोध ही तो मूल विनाश का कारण है। ऐसे मनुष्य जो अपने स्वयं माता पिता को नहीं समझ पाते है वो कौन है हमारा उनका वास्तविक सम्बंध क्या है जब ऐ नहीं समझ पाते तो भगवान को क्या पहचानेगे।

भक्ति कर भगवान की पाएगा तू ज्ञान।
सत्य कर्म सेवा भक्ति से मिलते है भगवान॥

यह चेतन मनुष्य जीवन बड़े भाग्य से मिलता है इसलिए भगवान की भक्ति करना चाहिए। यह मनुष्य जीवन संग्रह और भोग के लिए सिर्फ़ नहीं है अपितु अपने जीवन को भगवत प्राप्ति के लिए सफल बनाने हेतु मिला है और परमात्मा को केवल सदभाव से सत्यकर्म, सेवा और भक्ति, से ही भगवान को पाया जा सकता है।

कस्तूरी कुंडल बसे मृग ढूँढे बन माही।
ऐसे घट घट राम है दुनिया जाने नाहीं॥

जिस प्रकार कस्तूरी मृग की नाभि में होता है जैसे उसकी सुगंध बाहर निकलती है तो उसकी सुगंध को पाने के लिए वह मृग जंगल में ढूँढता रहता है। उसको यह पता नहीं है की यह सुगंध तो मेरी नाभि से ही आती है ठीक इसी प्रकार आज इन्सान की हालत है उसे सच्चाई का ज्ञान नहीं है और भगवान को पाने के लिए इधर उधर भटक रहा है।

भगवत प्राप्ति के लिए आगे विस्तार से दिया गया है।

प्रश्न - ३९

समय का महत्व क्या है?

उत्तर - समय का महत्व पहचानना बहुत ज़रूरी है समय की क़ीमत अमूल्य है समय के सेकेंड का (१०००) हज़ार भाग भी बहुत किमती होता है समय की क़ीमत जो समझ लिया वही आगे बढ़ता है। किसी को ऊँचाइयों तक पहचाने का श्रेय समय का होता है इस लिए समय की क़ीमत अमूल्य है। क्योंकि संसार की कोई भी वस्तु पदार्थ

जाने के बाद फिर दुबारा मिल जाता है लेकिन जो समय निकल जाता है वह इस जीवन यानी इस जन्म में दुबारा नहीं मिलता इसलिए समय अमूल्य है।

प्रश्न - ४०

आत्मा का निवास कहाँ है?

उत्तर - आत्मा ही परमात्मा है क्योंकि आत्मा परमात्मा का अंश है आत्मा का दूसरा स्वरूप चेतना है इसे जागृत अवस्था भी कहते है। जब आत्मा शरीर से बाहर जाती है तो मनुष्य की वह निद्रा अवस्था होती है आप कितना भी कुछ भी करके जगाओ लेकिन जब तक आत्मा वापस उसके शरीर में प्रवेश नहीं करती तब तक वह जागृत अवस्था में नहीं आता है आत्मा का निवास चेतना स्वरूप हमारे हृदय में है।

प्रश्न - ४१

कर्म फल कितना प्रकार का है?

उत्तर - कर्म फल तीन प्रकार का होता है। १. तत्कालीन कर्म फल २. सामयिक कर्म फल ३. संचय कर्म फल

तत्कालीन कर्म फल - यह तामसी प्रवितीयो को बढ़ावा देता है इंसान का भोजन मांस मछली व राक्षसी भोजन है, तो इंसान के अंदर तामसी प्रवितिया का महत्व बहुत होता है। इंसान हमेशा उत्तेजित व क्रोधित होकर कार्य करने की चेष्टा रखता है ऐसे लोग तत्कालीन फल प्राप्ति कार्य करते है जैसे किसी को थप्पड़ मरना, तो वह सामने वाला भी तुरन्त ही थप्पड़ का जबाब थप्पड़ से देगा ऐ हुआ तत्कालीन कर्म फल प्राप्ति जो तुरन्त फल मिल गया। तमोगुण में हमेशा उत्तेजना में क्रोध से अधिकांश कार्य किया जाता है कलियुग में यह प्रविती बहुत हावी होगी। सोचने और समझने की शक्ति बहुत कम होगी इस युग में राक्षसी सम्पत्ति का आधिपत्य होगा जिसमें अनैतिक अधर्म का बोल बाला रहेगा।

सामयिक कर्म फल - कुछ पाने की इच्छा में यह समयिक कर्म अक्सर लोग करते है जिसमें इन्सान इच्छा पूर्ति की प्रबल जिज्ञासा रखते हुए कर्म करता है और कुछ समय पश्चात उन्हें फल मिलता है। जैसे किसान का खेती से, पिता का अपने पुत्र वग़ैरह इत्यादि ये सभी कुछ न कुछ पाने की प्रबल इच्छा के उम्मीद में कर्म करते है और इन्हें कुछ समय के बाद फल मिलता है। यह भी इनके पूर्व कार्मिक पुण्य के

अनुसार ही मिलता है जैसा इनका कर्म होता है उसी के अनुसार ही फल प्राप्त होता है। इसमें इंसान सुख की कामना रखते हुए कार्य करता है और अपने कर्मों के अनुसार सुख व दुःख का अनुभव करता है।

संचय कर्म फल - यह बहुत अच्छा कर्म है परोप्कारी, सेवा, सत्कर्म, इस कर्मों का फल संचय होता है जो जितना अच्छा कर्म करता है उसी प्रकार से इनके कार्मिक पुण्य जमा होता है जब दुबारा जन्म लेते है तो उस जन्म में उसे भोगने के लिए मिलता है जिसे हम तक़दीर व नसीब कहते है। इंसान जब संसार में आता है तो सत्या कर्म करने के लिए आता है। लेकिन आने के बाद उसकी बुद्धि माया के आवरण से ढक जाती है तो वह सत्य से परे हो जाता है यही कारण है। की आज वह अपने सत्कर्म कल्चर और संस्कार, संस्कृति को भुलता जा रहा है और सच्चाई से दूर होता जा रहा है। हम जो भी जैसा भी कर्म करते है उसका फल हमें अवश्य ही मिलता है।

प्रश्न - ४२

वह क्या है जो बिना स्वेक्षा नहीं मिलता?

उत्तर - विद्या और ज्ञान यह अमूल्य ख़ज़ाना है जो स्वेक्षा से देने के बिना नहीं मिलता है यह वह ख़ज़ाना है जो केवल स्वेक्षा से ही मिलता है कोई अनिक्षा से लेना चाहे, तो वह कभी नहीं पा सकता है। यह ख़ज़ाना केवल ज्ञानियों के और सत्पुरुषों के पास होता है। यह कविता गुरुओं को समर्पित है।

भगवत कृपा (श्री रामदास्य पंचम जी रचित)

प्रभु धन्य मेरी भारत धरती, जो ऐसा इन्सान दिया।

इस अन्धकार जीवन पथ को, प्रकाशित करने का चिराग़ दिया॥

कितना निर्मल कितना सुन्दर, उच्च कोटि विचार दिया।

कितना दान करे चाहे, ख़त्म न हो ऐसा भण्डार दिया॥

ऐसा धन दिया आप ने, जो कभी नहीं वह घटता है।

जितना बाटो रात दिन, उतना दूना बढ़ता है॥

कोई लेना चाहे अनिक्षा से, तो कभी नहीं वह पाता है।

स्वेक्षा दान बेगर वह, किसी के काम न आता है॥

लाख करो तुम जतन, ख़ज़ाना हाथ नहीं आता है।

मरता है इन्सान तो, उसके साथ ख़त्म हो जाता है॥

अगर तेरा संबिधान (क़ानून) प्रभु, यदि मेरे बस में होता।
पंचम इस जगह से इनका स्थान, कभी नहीं परिवर्तित होता।।

विद्या और ज्ञान हमेशा स्वेक्षा दान से प्राप्त होता है यह वरसा गत नहीं होता और न ज़बरदस्ती से इसे पाया जा सकता है। स्वेक्षा के अलावा किसी को प्राप्त नहीं होता और न किसी के काम आता है इसे केवल सेवा भाव से ही प्राप्त किया जा सकता है। इस विद्या और ज्ञान के दाता को गुरु कहते है वो चाहे कोई देने वाला हो।

प्रश्न - ४३

परम विश्वासी व अपना हितेसी कौन है?

उत्तर - मनुष्य का परम हितेसी, ईश्वर, माता, पिता, गुरु होता है। "ईश्वर अंश जीव अविनाशी" हम भगवान के अंश है भगवान कभी किसी जीव का बुरा नहीं सोचते भगवान तो हमारे शुभेक्षकऔर हमारे चिन्तक है। हमारा नसीब भी हमारे कर्म के द्वारा ही लिखते है भगवान तो हमारे पथप्रदर्शक है। माता व पिता हमारे जन्मदाता है और पालक पोषक है हमारे हर दुःख सुख के साथी है हमेशा हमारा ध्यान रखने वाले माता पिता गुरु हमारे हितैषी है इसी प्रकार हमें ज्ञान देने वाले सच्चा गुरु वह भी हमारा हितैषी होता है।

प्रश्न - ४४

"अविश्वासी" विश्वास योग्य कौन नहीं है?

उत्तर - कामी, क्रोधी, लालची, महत्वाकांक्षी, स्वार्थी यह सब इन्सान अपने स्वार्थ पूर्ति में ही हमेशा सोचता रहता है की किस प्रकार हमारी इच्छा पूर्ति होगी। वह पूरी दुनिया को अपने महत्वाकांक्षि विचारो और अपनी स्वार्थी आँखों से देखता है। ऐसा व्यक्ति कभी विश्वास योग्य नहीं होता है।

प्रश्न - ४५

किसमें धर्म जाति को नहीं देखते है?

उत्तर - सनातन धर्म में जाति का कोई प्रथा नहीं थी। यह तो बाद में अपने फ़ायदे के लिए कुछ लोगों ने इस प्रथा को बनाई और यह भी कहा जाता है की विदेशी आक्रमण से अपने को बचाने के जाति का निर्माण किया। पहले समय में कर्मों के

अनुसार वर्ण जाति का निर्माण हुआ था लेकिन सोचने की बात तो यह की लोग जाति में भेद भाव तो रखते थे। लेकिन जब उनके मतलब की बात आती तो जाति पाती सब भुला देते थे जैसे ज़मीन, पैसा, नारी (ज़र जोरू ज़मीन) में जाति भूल जाते है। और जाति भूल कर एक हो जाते है ऐसा ए ना समझ इन्सान हुआ करते है स्वार्थ में जाति को नहीं देखते है।

प्रश्न - ४६

धर्म का मूल क्या है?

उत्तर - धर्म का मूल इंसानियत है जो परहित दूसरे के हित में काम करना दूसरों की सेवा करना दूसरों के प्रति दया का भाव रखना और दया करना (**अहिंसा परमोधर्म:**) हिंसा बिना सभी कार्य करना इसलिए परहित, दया, अहिंसा, सबसे बड़ा धर्मका मूल है, परहित सरस धर्म नहीं भाई॥

प्रश्न - ४७

पाप का मूल क्या है?

उत्तर - मनुष्य जो कामना, मोह, लोभ, काम, क्रोध, अहंकार, हिंसा में जो काम करता है वह पाप स्वरूप है। क्योंकि इस सभी का मार्ग अधर्म मार्ग से होकर निकलता है ये सब ही पाप के मूल कारण है।

प्रश्न - ४८

आत्मा की शक्ति क्या है?

उत्तर - जो मनुष्य पोज़ेटिव "सकारात्मक" सोच रखता है और उसी के अनुरूप कार्य करता है। सदविचार, सद भावना, सत्कर्म, इन सभी कार्यों से आत्मा को ऊर्जा शक्ति मिलती है ये सब सारे सत्कर्म आत्मा की शक्ति है।

प्रश्न - ४९

आत्मा का सम्बंध किससे है?

उत्तर - आत्मा चेतना स्वरूप है इसलिए आत्मा का सम्बंध बुद्धि से है लेकिन वह आत्मा की ऊर्जा पर निर्भर करता है। अगर आत्मा के पास पोज़ेटिव ऊर्जा है तो बुद्धि

को उसी प्रकार का सन्देश जाता है जिस प्रकार कि ऊर्जा आत्मा के पास होती है और उसी प्रकार की सोच होती है इसलिए मनुष्य को हमेशा सत्कर्म कार्य करते हुए आत्मा को शक्तिशाली बनाना चाहिए।

प्रश्न - ५०

बुद्धि का सम्बंध किससे है?

उत्तर - बुद्धि का सम्बंध मन से होता है मन कभी इधर उधर भागता है क्योंकि मन बहुत चंचल और तेज है। मन इस बात पर निर्भर करता है कि हमारी सोच क्या है हमें कहाँ और किधर जाना है मन की गति बहुत तेज होती है और मन को जहाँ चाहे वहाँ एक पल में पहुँचा सकते है।

"मन की चंचलता" श्री रामदास्य पंचम जी रचित

तुमसे मैं कितना परेशान मन तू ठहर ज़रा एक ठाव

तू है कितना चंचल पैदा करता दिल में हल चल

तू करता क्यूँ हैरान मेरे जीवन के दौरान

तेरे जहाँ पड़े हर पाँव तेरा क्यूँ नहीं है एक ठाव

मन तू ठहर ज़रा एक ठाव

तेरी गति है इतनी तेज़ इसका माप नहीं रेज

छन में हँसता छन में रुलाता छन में ग़म की छाँव

मन तू ठहर ज़रा एक ठाव

कभी है प्यार कभी है ग़म कभी तू नफ़रत लाता

कभी लगा देता है तू पंचम जीवन को दाव

मन तू ठहर ज़रा एक ठाव।

तुमसे मैं कितना परेशान मन तू ठहर जरा एक ठाँव

प्रश्न - ५१

मन का सम्बंध किससे है?

उत्तर - मन का सम्बंध इंद्रीयो से है इंद्रिया मन की सहायक है मन की मेसेंजर है सांसारिक गतिविधियों की रिपोर्टिंग (जानकारी) मन को भेजने का कार्य करती रहती है मन को सांसारिक विषयों की ओर ले जाने और उन विषयों के प्रति आकर्षित करने का कार्य इंद्रिया करती है।

प्रश्न - ५२

इंद्रीयो का सम्बंध किससे है?

उत्तर - इंद्रीयो का सम्बंध सांसारिक प्रवित्तीयो से जुड़ा हुआ है संसार की सारी गतिविधियों का अवलोकन इंद्रीयो के द्वारा होता है जिसका असर मन और सोच दोनो पर पड़ता है।

प्रश्न - ५३

विपत्ति के साथी कौन है?

उत्तर - मनुष्य का स्वभाव है विपत्ति आने पर विपत्ति में साथ सब छोड़ देते है। सुख के सब कोई साथी, दुःख में न कोई लेकिन विपत्ति और दुःख में केवल विद्या, विनय, विवेक यही इन्सान के काम आते है। यही साथ देते है कहा भी गया है की अपनो की पहचान विपत्ति और दुःख आने पर ही पता चलता है कि अपना कौन है और कौन पराया है।

प्रश्न - ५४

मनुष्य की फ़ितरत (स्वभाव) क्या है?

उत्तर - मनुष्य की फितरत स्वभाव अजीब है जब इन्सान प्रार्थना करता है तो उस समय उसे ईश्वर याद आता है जब वह किसी की निंदा करता है तो उस समय उसे भगवान याद नहीं आते है। मनुष्य जब कोई पुण्य का काम करता है तो उसे उस समय भगवान याद आते है और जब इंसान पाप का काम करता है तो उसे उस समय भगवान याद नहीं आते है। मनुष्य कोई दान करता है तो उसे उस समय भगवान याद आते है और जब मनुष्य चोरी करता है तो उसे उस समय भगवान याद नहीं आते है। मनुष्य की स्वार्थी मतलबी अजीब सोच है मनुष्य की यही अजीब फितरत है।

प्रश्न - ५५

राम कथा क्या है?

उत्तर - राम चरित मानस में श्री राम के चरित्र का वर्णन किया हुआ ग्रन्थ है इसमें भगवान श्री राम स्वयं ब्रह्म होते हुए मनुष्य जीवन की लीला करते हुए मनुष्य को

जीवन जीने का महत्व बताया है। भगवान श्री राम एक मर्यादा पुरुषोत्तम स्वरूप जीवन जीने की कला का बहुत अच्छा उपदेश दिया है। भगवान श्री राम के उस त्याग, बलिदान, साहस, धैर्य, सत्कर्म, सच्चा प्रेम, सद्भावना और सच्चा जीवन जीने का एक सुन्दर मार्ग दर्शन दिया है और सच्चे पथप्रदर्शक है जिसमें मनुष्य के कल्याण मार्ग का उपदेश दिया है। मनुष्य के बार बार जन्म और मरण के बन्धन से मुक्ति का उपदेश दिया है और मनुष्य को मोक्ष प्राप्ति का भी बहुत अच्छा उपदेश दिया है जिसका हम सबको अनुसरण करना चाहिए। भगवान श्री राम ने जीवन जीने का उपदेश हमें स्वयं कर्म करके बताया है ताकि मनुष्य उसका अनुसरण करके अपने जीवन को धन्य बना सके। और अपना मनुष्य जन्म को सार्थक कर सके।

प्रश्न - ५६

गीता और रामायण में भगवान की भूमिका क्या है?

उत्तर - गीता भगवान के मूखार विन्द के द्वारा दिया गया उपदेश है जिसमें भगवान श्री कृष्ण ने अर्जुन को कुरुक्षेत्र में जीवन के सारे रहस्यों का उपदेश दिया है। लेकिन कृष्णा अवतार में भगवान श्री कृष्ण ने जो लीलाएं करके लोगों को अपनी अलौकिक रूप का आनन्द करवाया है वह मनुष्य जीवन के लिए महत्व पूर्ण उपयोगी है। और रामायण में भगवान श्री राम स्वयं कर्म के द्वारा उपदेश दिया है और मर्यादा पुरुषोत्तम के रूप में यानी सारी लीलाए मनुष्य रूप में रहते हुए किया है इसलिए उन्हें मर्यादा पुरुषोत्तम कहा गया है।

प्रश्न - ५७

मनुष्य के विनाश और कल्याण का कारण क्या है?

उत्तर - मनुष्य अपने विनाश का कारण स्वयं खुद है क्योंकि मनुष्य का कल्याण उसके स्वयं के द्वारा ही होता है और विनाश भी उसके स्वयं के द्वारा ही होता है। मनुष्य के कल्याण के तीन मार्ग है - १. ज्ञान मार्ग २. कर्म मार्ग ३. भक्ति मार्ग - इनमें से किसी एक मार्ग पर चल कर मनुष्य अपना कल्याण कर सकता है।

विनाश के मार्ग दो है - १. संग्रह २. भोग - ज़रूरत से ज़्यादा धन संग्रह करना और जब ज़रूरत से ज़्यादा धन संग्रह होता है तो उस धन संग्रह में बहुत सारी अनिमिताए होती है जो पाप की मूलक है और धन संग्रह के बाद ज़रूरत से ज़्यादा

भोग करना भी अनिमिताए होतीं है वह भी पाप का मूलक है। क्रिया और पदार्थ में लिस मनुष्य अपना कल्याण कभी भी नहीं कर सकता है यही पाप और विनाश का कारण है।

प्रश्न - ५८

मनुष्य जीवन में क्या पाता है?

उत्तर - मनुष्य जीवन में कर्म फल पाता है इस मनुष्य जीवन में कर्म करने की पूरी आज़ादी है और जीवन में कर्म का ही महत्व है बिना कर्म जीवन में कुछ तो है ही नहीं! मनुष्य जो करता है वही पाता है अच्छा करोगे तो अच्छा मिलेगा और बुरा करोगे तो बुरा ही मिलेगा जो भी करोगे वही पाओगे। मनुष्य जीवन में जो कर्म करता है वही पाता है।

प्रश्न - ५९

भक्ति कितने प्रकार की है?

उत्तर - भक्ति नव ९ प्रकार की है। राम चरित मानस में भगवान श्री राम ने सेवरी को नौधा भक्ति के बारे में बताया है निष्काम भाव से की हुई भक्ति अति उत्तम है।

प्रश्न - ६०

पारिवारिक दुःख का कारण क्या है?

उत्तर - पारिवारिक दुःख का कारण अपनी सोच है हम हमेशा यही सोचते है की सभी लोग हमारे ही अनुरूप हो हम जैसा चाहे वैसा काम करे। लेकिन हम यह भूल जाते है की हमारे हिसाब से अनुकूल कार्य कैसे होगा क्योंकि हर व्यक्ति विशेष अपने पूर्व जन्म का कर्म और संस्कार लेकर आता है उसी के अनुरूप कार्य करता है। अगर हम अपने अनुरूप कार्य करवाना चाहेंगे तो कैसे होगा और हमारे अनुरूप कार्य न होने से हम दुखी हो जाते है। यही हमारे दुःख कारण है अगर हम किसी के ऊपर निर्भर नहीं रहेंगे तो हम दुखी नहीं होंगे, हम किसी से कोई अपेक्षा नहीं रखते है तो दुःखी नहीं होंगे। जब हम किसी से कोई अपेक्षा रखते है तभी दुःखी होते है यही दुःख का कारण है।

प्रश्न - ६१

समय का इन्तज़ार करना चाहिए या नहीं?

उत्तर - समय दो प्रकार का है - १. कर्म समय २. जीवन समय

१. कर्म समय - हम जो भी कर्म करते है वह कर्म करने के बाद उसके फल के लिए समय का इन्तज़ार करना पड़ता है। कुछ कर्म तो ऐसा भी होता है जिसके फल प्राप्ति के लिए समय लगता है तो उसका इन्तज़ार करना ज़रूरी है।

२. जीवन समय - जीवन समय कर्म करने के लिए होता है इसलिए समय का इन्तज़ार कभी नहीं करना चाहिए क्योंकि जीवन समय बहुत किमती है जो समय बीत जाता है वह दुबारा इस जन्म में वापस नहीं मिलता है।

प्रश्न - ६२

विनाश का उद्गम स्रोत?

उत्तर - मनुष्य की आवश्यकता पूर्ति न होने के कारण से मनुष्य के अन्दर क्रोध उत्तपन्न होता है। मन में अ स्थिरता पैदा होना मनुष्य को विचलित होने का कारण है जो विनाश का उद्गम स्रोत है। इसलिए कोई भी कार्य करते समय मन को शान्त और धैर्य रखते हुए कार्य करना चाहिए।

प्रश्न - ६३

आध्यात्मिक जीवन माहत्य?

उत्तर - यम बारह और नियम बारह है, साधन दो है, भोग और मोक्ष दो है, सब मिलाकर २८ होते है।

१. यम - अहिंसा, सत्य, असत्य, असंगता, लज्जा, असंचय, अस्तिकता, ब्रह्मचर्य, मौन, स्थिरता, क्षमा और, अभय

२. नियम - शौच, जप, तप, हवन, श्रध्दा, अतिथि सेवा, पूजा, तीर्थ यात्रा, परोपकार की चेष्टा, धैर्य सन्तोष और गुरु सेवा।

साधन - सकाम और निष्काम ऐ दोनो प्रकार के साधनो के लिये उपयोगी है।

यम - नियम - से उसके इच्छानुसार उन्हें भोग और मोक्ष दो प्रदान होता है।

३. शम - बुद्धि को भगवान में लगा देना ही सम है।

४. दम - इंद्रीयो के संयम के नाम को दम कहते है।

५. तितिक्षा - न्याय से प्राप्त दुःख का नाम तितिक्षा है।

६. धैर्य - जीभ और जनेंद्रिय पर विजय प्राप्त करना धैर्य है

७. दान - किसी से द्रोह ना करना सबको अभय देना ही दान है।

८. तप - कामनाओं और मोह का त्याग ही तप है।

९. शुर - वासनाओं पर विजय पाना ही सुर वीरता है।

१०. सत्य - सर्वत्र समरूप सत्य स्वरूप परमात्मा का दर्शन ही सत्य है।

११. ऋत - सत्य और मधुरवाणी को ऋत कहते है।

१२. धन - धर्म ही मनुष्य का अभीष्ट धन है।

१३. यज्ञ - भगवान परमेश्वर ही यज्ञ है।

१४. दक्षिणा - ज्ञान का उपदेश देना ही दक्षिणा है

१५. बल - प्राणायाम श्रेष्ठ बल है।

१६. भग - भगवान का ऐश्वर्य ही भग है।

१७. लाभ - भगवान की उत्तम भक्ति ही लाभ है।

१८. विद्या - जिससे ब्रह्म और आत्मा का भेद मिट जाता है वह विद्या है।

१९. लज्जा - पाप करने से घृणा होने का नाम ही लज्जा है।

२०. श्री - निरपेक्षता आदि गुण ही शरीर का सच्चा सौंदर्य ही श्री है

२१. सुख - सुख और दुःख दोनो की भावना का सदा के लिये नष्ट होना ही सुख है।

२२. दुःख - विषय भोग की कामना ही दुःख है।

२३. घर - यह मनुष्य शरीर ही सच्चा घर है।

२४. नर्क - तमो गुण की वृध्दी ही नर्क है।

२५. धनी - जो सभी सतगुणो से सम्पन्न है। जिसके पास गुणो का ख़ज़ाना है, वही धनी है।

२६. दरिद्र - जिसके चित में असंतोष, अभाव का बोध है वही दरिद्र है

२७. कृपण - जो जितेंद्रिय नहीं है। वही कृपण है।

२८. गुण - गुण और दोष पर दृष्टि न जाकर अपने शान्त निःसंकल्प स्वरूप में स्थित रहे वही गुण है।

इस प्रकार यम और नियम और साधन सब मिलाकर २८ होते है।

प्रश्न - ६४

साधु संत की सज्जनता की परिभाषा क्या है?

उत्तर - सन्त की परिभाषा यह है कि जो स्वयं का अंत कर दिया हो, वह ही सन्त है यानी अपने इंद्रियों पर विजय पाना और जो निष्काम भाव भगवत् साधना में रहते

है वह संत कहलाते है। साधु सरल स्वभाव के होते है उनके बारे में कोई कुछ भी कहे उन्हें कोई बात का असर नहीं होता वह अपनी मस्ती में भगवत् मार्ग पर प्रेम से चलते रहते है। वह सांसारिक बन्धनों में नहीं पड़ते वह भगवत् प्राप्ति मार्ग से ईश्वर दर्शन के अभिलाषा में रहते है।

प्रश्न - ६५

संसार में अपना क्या है?

उत्तर - संसार जगत परमपिता परमेश्वर की माया द्वारा बनाया हुआ है हम सब ईश्वर अंश जीव आत्मा है। संसार में अपने सत्कर्मों के अलावा पंचम भाव द्वारा केवल भगवत भक्ति कर्म ही हमारा है और संसार में इसके सिवाय अपना कुछ नहीं है।

प्रश्न - ६६

सांसारिक जीवन क्या है?

उत्तर - सांसारिक जीवन - भगवान के द्वारा बना यह संसार को चलाने का सांसारिक संबिधान यानी सांसारिक नियम जो हमारे जैसे इंसानो के द्वारा बनाया हुआ है। इसमें अपने रुचि के अनुसार सांसारिक जीवन के लिए सभी परिधान को बनाया है जो हम जैसे इंसानो मनुष्यों के लिए है इसी में सब कुछ समावेश है इसी को सांसारिक जीवन कहते है। असत्य, माया, कामना और अहंकार में रह कर जीना ही सांसारिक जीवन है।

प्रश्न - ६७

सांसारिक परिवार क्या है?

उत्तर - सांसारिक परिवार एक ऐसा परिधान है। जिसमें स्वार्थी इन्सान का स्वार्थ की मूर्तियों का निवास स्थान है।

स्वार्थ लायी करे सब प्रीति।

सुर नर मुनि सबहि कई रीति॥

सबका स्वार्थ एक दूसरे से लगा होता है। और निःस्वार्थ भाव से तो भाग्य से कोई विरला ही सेवा करता है माया, मोह, असत्य, अज्ञान, स्वार्थ ही सांसारिक परिवार है।

प्रश्न - ६८

दुःख और पाप का मार्ग क्या है?

उत्तर - परेशानियाँ दुःख पाप का मूल मार्ग, संग्रह और भोग है। अनभिज्ञता व अज्ञानता की वजह से मनुष्य यह नहीं समझ पाता है की हमारे जीवन प्राप्ति का उद्देश्य क्या है। इस बात को न समझ पाना और मूर्खता और अज्ञानता में जीवन जीना सच्चाईओं से परे होकर कार्य करना अपनी परेशानीओं को निमन्त्रण देना है। क्योंकि, संग्रह और, भोग में लिप्त रहना ही दुःख और पाप का मूल कारण है इस परेशानी दुःख और पाप से मुक्ति पाना है। तो संग्रह और भोग से बच कर सेवा व भक्ति के मार्ग पर चलना चाहिये।

प्रश्न - ६९

सुख आनन्द परमानन्द का मार्ग क्या है?

उत्तर - संसार में सुख आनन्द तो है ही नहीं, जिसको हम सुख आनन्द समझते है वास्तव में वह हमारे मन का भ्रम है और जो सुख की प्राप्ति चाहते है वही दुःख है। सच्चा आनन्द तो वह परमानन्द में मिलता है वह भगवत भक्ति से प्राप्त होता है। उसका मूल मार्ग, सेवा और भक्ति है सेवा और भक्ति में ही परमानन्द की प्राप्ति होती है। जो सम्पूर्ण ज्ञानता और भगवत प्रेम के मार्ग पर चलाने से प्राप्त होता है।

प्रश्न - ७०

दुबारा मनुष्य जीवन प्राप्ति मार्ग?

उत्तर - दुबारा मनुष्य जीवन प्राप्ति के लिए मनुष्य को सत्कर्म करना ज़रूरी है इन्सान प्रकृति के तीनो गुणो के अधीन रह कर कार्य करता है। अगर व्यक्ति तमो गुण में है तो वह निम्न से निम्न कोटि का कार्य करेगा क्योंकि तमो गुण का प्रभाव हमेशा तामशी व निम्न प्रवितीयो से लगाव ज़्यादा रहता है। इसलिए वह दुबारा मनुष्य के अलावा निम्न योनियों में जन्म लेता है। मनुष्य अगर तमो गुण में अच्छी संगत पाने से अगर वह रजो गुण में प्रवेश करता है तो रजो गुण में सत्यसंग और अच्छे सत्यकर्म करके वह मनुष्य जीवन का सौभाग्य रजो गुण में प्रवेश करने के पश्चात् ही मिलता है। अगर और भी अच्छा कार्य जीवन में करता है तो वह रजो गुण से सतो गुण में

प्रवेश कर सकता है और अपने इस मनुष्य जीवन को सार्थक बना सकता है दुबारा मिलने वाला मनुष्य जन्म भी आने वाले समय में अच्छा होगा।

प्रश्न - ७१

मोक्ष प्राप्ति का सुगम मार्ग क्या है?

उत्तर - मोक्ष प्राप्ति के तीन मार्ग है। १। ज्ञानमार्ग २। कर्ममार्ग ३। भक्तिमार्ग यह तीनो मार्ग अलग अलग है जो ज्ञानी है वह ज्ञान मार्ग को चुनते है और जो कर्मकाण्डी है वह कर्ममार्ग को चुनते है और जो भगवत प्रेमी है वह भक्ति मार्ग को चुनते है। जो ज्ञानी है वह ज्ञान मार्ग को अपनाकर भगवत प्राप्ति के लिए प्रयत्न करते है और भगवत प्राप्ति करके मोक्ष को प्राप्त होते है। दूसरा जो कर्मकाण्डी है वह कर्ममार्ग पर चल कर कर्मयोग के द्वारा, भगवत प्राप्ति करने का प्रयत्न करते है और भगवत प्राप्ति के पश्चात कर्मयोग से मोक्ष प्राप्त करते है। जो भगवत प्रेमी है वह भक्ति मार्ग को अपनाते है और भक्ति मार्ग पर चल कर भक्ति योग से भगवत प्राप्ति करते है और भगवत प्राप्ति के पश्चात मोक्ष को प्राप्त होते है।

प्रश्न - ७२

मोक्ष क्या है?

उत्तर - मनुष्य के अथक प्रयासो से भगवत धाम की प्राप्ति को मोक्ष कहते है। मोक्ष प्राप्ति करना इतना आसान नहीं है उसके लिए निष्काम भाव, संसारीक त्याग और अथक प्रयास के द्वारा ही, भगवत प्राप्ति की जा सकती है। हमारे ग्रंथो में कहा गया है की मनुष्य जन्म, मरण के बन्धन में बध कर बार बार इस जन्म मरण के चक्कर में उलझ हुआ है और इस बार बार जन्म मरण के बन्धन से मुक्त होना ही मोक्ष है मोक्ष वह है जो जन्म मरण के बन्धन से मुक्ति देता है।

प्रश्न - ७३

जीव कितने प्रकार का है?

उत्तर - ईश्वर के द्वारा बनाये हुए प्रकृति जगत संसार में जीवात्मा चार प्रकार है - १. अण्डज, २. पिण्डज, ३. स्वेदज, ४. उम्भिदज।

यह चार प्रकार की जीव आत्मा पूरे प्रकृति, संसार में पृथ्वी से जुड़े हुए है इन्हें इस प्रकर से भी कह सकते है। अंडे से पैदा होने वाला जीवात्मा यानी जीव, वीर्य शुक्राणु से पैदा होने वाला जीव, स्वयं से पैदा होने वाला यानी मैल से पैदा होने वाला जीव और बीज से पैदा होने वाला जीव, पेड़, पौधे वनस्पतिया है। यह चार प्रकार के जीव समस्त पृथ्वी पर पाये जाते है इन सभी जीवों का सम्बंध हमारी प्रकृति से जुड़ा हुआ है।

प्रश्न - ७४

जीवन का पहलू (क्या याद क्या भूलना)?

उत्तर - जीवन में व्यक्ति की बात अच्छी लगे। तो उस व्यक्ति की बात को गौरपूर्वक पकड़ो और व्यक्ति की क्या अच्छाइयाँ और क्या बुराइयाँ है उससे क्या? अगर व्यक्ति की बात अच्छी लगे। तो व्यक्ति को भूल जाओ और व्यक्ति अच्छा लगे तो उसकी बात को भूल जाओ, सफलता अच्छे विचारो से आती है। और अच्छे विचार सत्संग से आते है हम परमात्मा से सिकायत करते है कि हमारा भाग्य परमात्मा लिखते है लेकिन हमारा भाग्य परमात्मा नहीं लिखते परमात्मा तो हमारे भाग्य विधाता है हमारे मार्ग दर्शक है और हमें ज्ञान और शक्ति देते है। हमारा भाग्य हमारे कर्मों के आधिन है भाग्य रचईता हम स्वयं है।

प्रश्न - ७५

जीवन के कुछ महत्व की बातें?

उत्तर - मनुष्य को पहले अपने आप को पहचानना चाहिये की मैं कौन हूँ? हम यहाँ क्यूँ आए है? हमारा कर्म क्या है। हमारी प्रकृति से शरीर और आत्मा का क्या सम्बंध है। मनुष्य जीवन बड़े भाग्य से मिलता है। इसका उपयोग किस लिए करना चाहिए ये जीवन मरण का बन्धन क्या है और मोक्ष क्या है इस शरीर और आत्मा का बिछुड़ना निश्चित है मरना निश्चित है। साथ कर्म के सिवाय कुछ नहीं जाता यह भी सत्य है मनुष्य मरता है तो कर्म को लेके जाता है और जब आता है तो वही नसीब के रूप में लेके आता है। इन सब प्रश्न के सभी जवाब आप को इस प्रश्नोत्तरी ज्ञान गंगा में दिया गया है।

प्रश्न - ७६

कर्ममार्गीय मनुष्य कितने प्रकार के होते है?

उत्तर - कर्ममार्गीय मनुष्य दो प्रकार का होता है - १. बाह्यमुखी २. अंतरमुखी

१. **बाह्यमुखी व्यक्ति** हमेशा अपने बारे में ही सोचता रहता है की हम ऐसा क्या करे की लोगों को हम अच्छा लगे। बाह्यमुखी व्यक्ति महत्वाकांछी होता है वह जो भी काम करता है वह उस कार्य से अपनी वाह वाही सुनने के लिए करता है। उसे अपने सिवा कोई नज़र नहीं आता है अपनी वाह वाही पाने के चक्कर में वह किसी दूसरे के हित की बात नहीं सोचता है और जो भी प्लानिंग करता है जो भी कार्य करता है सबका एकी उद्देश्य होता है की मुझे हर जगह से अपनी वाह वाही सुनने के लिए मिलना चाहिए।

उन्हें मै क्या कहूँ जो उज्जाले में समा को ढूँढते है।

अपने क़िस्मत के आयने में, मंज़िल को ढूँढते है॥

२. **अंतरमुखी व्यक्ति** शान्त और सरल स्वभाव का होता है उसको सच्चाई का ज्ञान होता है की जगत में अपना तो कुछ भी नहीं है जो कुछ है वह भगवान का दिया हुआ है। इसलिए उसे अपने किसी काम का क्रेडिट यनी वाह वाही पसंद नहीं आती वह व्यक्ति केवल काम करने में रुचि रखता है। किसी काम में वाह वाही नहीं चाहता क्योंकि अपनी बड़ाई सुनना ही अहंकार को जन्म देना है इसलिए जो इस बात को समझते है वह अपनी बड़ाई सुनना पसन्द नहीं करते।

प्रश्न - ७७

मनुष्य समझता पर उसका अमल नहीं?

उत्तर - मनुष्य जीवन के हर पहलु को जानता है की क्या करना चाहिए और क्या नहीं करना चाहिए। या तो वह समझता नहीं है या वह समझ समझ के ना समझ बन रहा है। उसे पता है कि साथ में कुछ नहीं जाना है फिर भी रात दिन संग्रह में लगा है धन का संग्रह करने के बावजूद भी उसे संतोष नहीं होता। क्योंकि तृष्णा आज तक किसी की नहीं मिटी है। केवल वह रात-दिन यही सोचता है की और कुछ, और कुछ, यहीं करते-करते उसकी जीवन लीला समाप्त हो जाती है। फिर भी तृष्णा उसकी नहीं मिटती; ज्योकि त्योही है। उसे यह भी पता है सब माया की नगरी है लेकिन तो भी वह अपना और पराया समझता रहता है।

"स्वार्थ लायी करे सब प्रीति। सुर नर मुनि सबही कई रीति॥"

दुनिया स्वार्थ से भरी है कोई इससे बाक़ी नहीं है जिसके पास रोटी है, तो उसके पास भूख नहीं है और जिसके पास भूख है उसके पास रोटी नहीं है। भगवान और कर्म का संतुलन कैसा है?

श्री राम, श्री राम, राम राम कहिये।
जेही विधि राखें राम, तेही विधि रहिये॥

यहीं परम सत्य है भगवान की माया के सिवाय कुछ नहीं है इसलिए सत्य को समझ कर उस पर अमल करना ही चाहिए।

सत्य क्या है समझने की कोशिश (श्री रामदास्य पंचम जी रचित)

सच्चाई कड़वी है, इसे जो समझ पाता है।
जीवन की हक़ीक़त से. वह रूबरू हो जाता है॥
उजाले है हर तरफ़, पर नज़र नहीं आता है।
जब आँखों पर असत्य का, धूल जम जाता है॥
दूर हो जाते है वो, सच्चाई की राहों से।
जिन्हें हक़ीक़त का, तसब्बूर नहीं होता है॥
भटकते रहते है वो, पंचम ना समझी में।
जिन्हें ज़िन्दगी का मतलब, समझ नहीं होता है॥

प्रश्न - ७८

जीवन की सच्चाई क्या है?

उत्तर - जीवन की सच्चाई जानना चाहे, तो अवश्य जान सकते है सच्चाई बिना जीवन का कोई मतलब नहीं है। जीवन अमूल्य है इसकी क़ीमत समझना ज़रूरी है अन्यथा यह जीवन भी यूँ ही चला जाएगा। अभी तक जो भी हम कर रहे है वह सांसारिक बन्धनो के लिए है, अब तो अपने लिए कर ले वह प्रभु की भक्ति है जो अपना है बाक़ी तो सब सपना है।

"श्री रामदास्य पंचम जी रचित दोहे"

पंचम माया एक सी समझ परे ना कोय।
जो समझे जीवन सफल ना समझे सो खोय॥

भगवान की माया एक जैसी है लेकिन किसी को समझ में नहीं आती और जो समझ जाता है। उसका जन्म लेना यानी जीवन सफल है और जो नहीं समझ पाते है उनका जन्म लेने कोई अर्थ नहीं। उनका जीवन व्यर्थ ही चला जाता है।

दुनिया है एक चाकरी पीसन सब कोई आय।

जैसी जिसकी रही ऐ करनी वैसा पत्थर पाय॥

हर मनुष्य अपने पूर्व जन्म कर्मों को लेकर ही, इस संसार जगत् में आता है और जैसी उसकी करनी होती है उसी के अनुरूप उसे कर्म करने का सुअवसर मिलता है।

लालच झूठ कपट का धंधा करते है सब कोई।

जब फूटेगा करम घड़ा तब पछतावा होय॥

मनुष्य जो लालच में आकर, छल, कपट, झूठ, बेईमानी, असत्य से व्यापार धन्धा करते है वह धन पाप करके कमाया होता है और जब उन्हें अपने करमों का फल मिलता है तब समझ में आता है की हमने गतल करके पाप किया है। तब तक बहुत देर हो गयी होती है उस समय उन्हें पछताने के शिवा कुछ नहीं मिलता है।

निराधारित है जीवन दूरी चलते है सब कोई।

समझ राह चलते है जो वह मंज़िल पर होय॥

जगत संसार में सभी जीवों की आयु समय निर्धारीत है यह जानते हुए भी सभी लोग, अपने कर्ममार्ग चलते रहते है और जो जीवन दूरी के समय को समझ करके, उसके अनुरूप कार्य करते रहते है वही मनुष्य अपनी मंज़िल को समय पर पाते है (पहुँचते है)

जो जगत है सब मिले सोवत है सब खोय।

समय से पहले ना उठे जीवन नर्क सो होय॥

जो मनुष्य जीवन में जागते (सचेत, सतर्क) है वह सब कुछ पाते है और जो आलस में सोता रहता है तो वह कुछ नहीं पाता है। जो जीवन में समय की अहमियत यानी क़ीमत जान कर, समय के साथ नहीं चलता है वह अपने जीवन का अमूल्य समय खो देता है और उसका जीवन अपने लक्ष्य की अप्राप्ति से जीवन नर्क के समान हो जाता है।

जो मन्दिर भगवान बनाया उसे न पूजे कोय।

जो मन्दिर इन्सान बनाया उसे पूजे सब कोय॥

मन्दिर दो प्रकार के हैं - एक तो मन्दिर भगवान का बनाया है। जिसमें परमात्मा अंश आत्मा का निवास है। और दूसरा जो इंसानो ने बनाया है। लेकिन आज के दौर में जो मन्दिर भगवान ने बनाया है। उसकी पूजा कोई नहीं करता है। उस मन्दिर में जो भी अशुद्ध है। उसका उपयोग करते है। जो चढ़ाने योग्य नहीं है। और जो मन्दिर इंसानो ने बनाया है। उसमें भगवान के नाम से अपना सर फोड़ते है। और साफ़ सफ़ाई के साथ शुद्ध और अच्छी वस्तुओं को चढ़ाते है।

सुख दुःख है ऐ कर्म के साथी पाते है सब कोय।
जब जब जिसको जो मिलता है तेसी बुद्धि होय॥

सुख दुःख कर्म के साथी हैं जो कर्म करने के पश्चात जो फल स्वरूप सभी को अनिवार्य रूप से मिलता ही है। केवल इतना ही फ़र्क़ पड़ता है की जो कुछ जिसको मिलने वाला होता है उसको वैसी बुद्धि मिल जाती है जिससे वह अपने कर्मों के फल को भोगता है।

माँझी खड़ा दरियाँ में फिर भी प्यास सताय।
इस जीवन में सब कुछ है फिर भी कुछ नहीं पाय॥

आज का जीवन इस प्रकार हो गया है जैसे कोई पानी में रहकर पानी को ढूँढता है यानी जीवन में सब कुछ होते हुए भी अज्ञान के अंधेरे में कुछ नहीं पाता है किंतु आज का मानव अज्ञानता में सब कुछ पाना चाहता है।

ढूँढ रहे है सभी यहाँ सुबह और दिन शाम।
कभी पाँव रुकते नहीं धूप रहे या छाव॥

मनुष्य अपने सपने (कामना) को पूरा करने के लिए सुबह, शाम, रात, दिन इस प्रकार दौड़ लगा रहे है। कि उनकी दौड़ कभी नहीं रुकती चाहे कुछ भी परेशानी आती हो फिर भी वह रुकते नहीं लाख कोशिशों पर भी अपने सपने को पूरा नहीं कर पा रहे है।

जिसकी जैसी रही भावना पैर बढ़े उस ओर।
चलत राह समझे नहीं हुई रात से भोर॥

मनुष्य की जैसी भावना जैसी सोच है उसी प्रकार से आज कुछ न कुछ पाने की होण लगी है। अज्ञानता में उसी प्रकार रात, दिन बहुत ज़्यादा मेहनत करने पर भी सफलता नहीं मिलती है।,

नर मानव तू समझ ज़रा दुनिया की ऐ रीत।
कोई काम होता नहीं बिना किसी के प्रीत॥

आज दुनिया में बिना स्वार्थ का कोई काम नहीं होता आज यही संसार की रीत हो गयी है बिना किसी से व्यवहार के बिना अथवा बिना किसी से प्रीति के बिना कोई काम नहीं होता है।

भुला तो वह भुला है जो वापस नहीं आय।
वह भुला भुला नहीं जो शाम तलक घर आय॥
मंज़िल दूर लगत है पंचम, जब साहस धैर्य है ज़ात।
क़दम में उसकी मंज़िल है जब, साहस धैर्य हो पास॥

मनुष्य अगर गलती करके उसको मानकर सुधार लेता है। तो उसे ज़्यादा नुक़सान नहीं होता है और जो गलती करके अपनी गलती को नहीं मानता है तो वह अपना बहुत बड़ा नुक़सान करता है। जिस मानव के पास साहस धैर्य होता है उसको अपनी मंज़िल आसान लगती है उसी को उसकी मंज़िल मिलती है और जिसके पास साहस धैर्य नहीं होता है उसे मंज़िल नहीं मिलती है।

ईश्वर अंश सब जीव है प्रकृति और संसार।

अज्ञान भरा जीवन का कोई नहीं है सार॥

जो आएगा वह जाएगा समझत है सब लोग।

कर्म आधार जीवन में स्वर्ग नरक का भोग॥

संसार और प्रकृति सभी जीव भगवान का अंश है लेकिन यह संसार माया द्वारा ही रचा हुआ है जो असत्य और अनित्य है यहाँ अज्ञानता बस सब लोग माया मोह में काम करते है जिससे जीव जन्म मरण के बन्धन में बध जाता है। जीवन की सच्चाई से परे होकर इस संसार में भटकता रहता है। मनुष्य के जीवन का आधार उसके कर्मों के अनुसार स्वर्ग और नर्क का भोग है।

स्वार्थ रत संसार है नहीं यहाँ पर कोय।

प्रभु की भक्ति नहीं की दिया जीवन ए खोय॥

माया रत यह जीवन समझो तुम आसार।

प्रभु भक्ति बिना नहीं जीवन भव से पार॥

यह संसार झूठा स्वार्थ रत है यहाँ न कोई अपना है ना कोई पराया है और अपना तो केवल एक ही है वह परमात्मा है उसकी भक्ति ही अपने जीवन का मूल लक्ष्य है। अगर भगवान की भक्ति नहीं किया तो यह मनुष्य जीवन पाने का कोई मतलब नहीं हुआ यानी मनुष्य जन्म पाना सार्थक नहीं हुआ। भगवान की भक्ति ही इस संसार रूपी भवसागर से पर ले जाने की नौका है।

अनमोल जीवन है काया व्यर्थ न इसे गवाए।

समय रहे भक्ति नहीं तो फिर पीछे पछताए॥

मनुष्य जीवन है दुर्लभ देव इसे नहीं ए पाय।

जीवन ऐसे व्यर्थ न जाए जो भक्ति मिल जाय॥

मनुष्य जीवन बड़ा दुर्लभ है इसे पाने के लिए देवता भी लालाईत होते है मनुष्य जीवन पाकर समयानुसार भगवान की भक्ति करना चाहिए वरना समय निकलने पर पछतावा ही होगा। इसलिए इस जीवन को व्यर्थ नहीं जाने देना चाहिए समय रहते भक्ति भजन के द्वारा जीवन को सार्थक बनाना चाहिए क्योंकि मनुष्य जीवन

फिर फिर नहीं मिलता है। मनुष्य जीवन बड़े भाग्य से मिलता है बड़े भाग्य मानुष तन पावा॥

हम ढूँढ ढूँढ के हारे, गुरु न मिलिया कोय।

ईश्वर है सबका गुरु जो निर्मल काया होय॥

झूठा जग संसार में स्वारथ ऐनक (चश्मा) उतार।

क्या सच्चाई देख ले, जीवन का जो सार॥

इस युग में सच्चा गुरु मिलना बहुत मुश्किल है। बहुत ही खोजने पर शायद कोई सच्चा गुरु मिल जाए।

भगवान श्री कृष्ण ऊवाच - १. जन्मदाता गुरु प्रथम होता है वह माता पिता है। २. उपनयन संस्कार करके सत्कर्मों की शिक्षा देने वाला गुरु दूसरा है। ३. ज्ञानोपदेश करके परमात्मा को प्राप्त कराने वाला गुरु मेरा स्वरूप ही तीसरा है। वर्णाश्रमीयो के ए तीन गुरु होते है गुरु के रूप में स्वयं मैं ही हूँ इस जगत में मैं सबका आत्मा हूँ सबके हृदय में अंतर्यामि रूप से विराज मान हूँ।

प्रश्न - ७९

मनुष्य को मृत्यु के समय क्या दिखता है?

उत्तर - मनुष्य को मृत्यु के समय अपना कर्म याद आता है। मनुष्य का जीवन कर्म आधारित है और कर्म करने के लिए ही भगवत कृपा से यह मनुष्य जीवन मिला है और कर्मानुसार ही, उसका भाग्य और नसीब होता है। महाप्रतापी राजा दशरथ, जिसके पुत्र स्वरूप भगवान राम स्वयं थे। परन्तु वह भी राजा को नहीं बचा पाए क्योंकि कर्म के अनुसार, राजा को सरवन के माता, पिता अंधा और अंधी ने जो श्राप दिया था जिस तरह मै पुत्र के विछड़ने के वियोग में प्राण त्याग रहा हूँ एक दिन तुम भी पुत्र वियोग में अपना प्राण त्यागोगे। इस प्रकार राजा को मरते समय अपने कर्मानुसार सरवन के माता पिता का श्राप याद आ रहा था।

प्रश्न - ८०

मृत्यु कितने प्रकार के है?

उत्तर - मृत्यु के १४ प्रकार हैं -

राम-रावण युद्ध शुरू होने वाला था तो अंगद को दूत बना कर भेजा गया। अंगद-रावण संवाद में जब रावण ने कहा कि मुझे मारने वाला कौन है तब अंगद ने रावण

से कहा - तू तो मरा हुआ है मरे हुए को मारने से क्या फायदा? रावण बोला - मैं जीवित हूँ मैं मरा हुआ कैसे हूँ तब अंगद ने कहा, सिर्फ साँस लेने वालों को जीवित नहीं कहते - साँस तो लुहार की धौंकनी भी लेती है। तब अंगद ने मृत्यु के १४ प्रकार बताये है।

कौल, कामबस, कृपिन, विमूढ़ा। अतिदरिद्र, अजसि, अतिबूढ़ा॥

सदारोगबस, संतत क्रोधी। विष्णु विमुख, श्रुति संत विरोधी॥

तनुपोषक, निंदक, अघखानी। जीवत शव सम चौदह प्रानी॥

१. **काम वश:** जो व्यक्ति अत्यंत भोगी हो कामवासना में लिप्त रहता हो जो संसार के भोगों में उलझा हुआ हो, वह मृत समान है। जिसके मन की इच्छाएँ कभी खत्म नहीं होतीं और जो प्राणी सिर्फ अपनी इच्छाओं के अधीन होकर ही जीता है। वह अध्यात्म का सेवन नहीं करता है सदैव वासना में लीन रहता है वह मृत समान है।

२. **वाममार्गी:** जो व्यक्ति पूरी दुनिया से उल्टा चले, जो संसार की हर बात के पीछे नकारात्मकता खोजता हो नियमों परंपराओं और लोक व्यवहार के खिलाफ चलता हो वह वाम मार्गी कहलाता है। ऐसे काम करने वाले लोग मृत समान माने गए हैं।

३. **कंजूस:** अति कंजूस व्यक्ति भी मरा हुआ होता है जो व्यक्ति धर्म कार्य करने में आर्थिक रूप से किसी कल्याणकारी कार्य में हिस्सा लेने में हिचकता हो, दान करने से बचता हो, ऐसा आदमी भी मृतक समान ही है।

४. **अति दरिद्र:** गरीबी सबसे बड़ा श्राप है जो व्यक्ति धन, आत्म-विश्वास, सम्मान, और साहस से हीन हो, वह भी मृत ही है। अत्यंत दरिद्र भी मरा हुआ है और गरीब आदमी को दुत्कारना नहीं चाहिए क्योंकि वह पहले ही मरा हुआ होता है दरिद्र-नारायण मानकर उनकी मदद करनी चाहिए।

५. **विमूढ़:** अत्यंत मूढ़ यानी मूर्ख व्यक्ति भी मरा हुआ ही होता है जिसके पास बुद्धि-विवेक न हो, जो खुद निर्णय न ले सके, हर काम को समझने या निर्णय लेने में किसी अन्य पर आश्रित हो, ऐसा व्यक्ति भी जीवित होते हुए मृतक समान ही है।

६. **अजसि:** जिस व्यक्ति को संसार में बदनामी मिली हुई है वह भी मरा हुआ है जो घर-परिवार, कुटुंब-समाज, नगर-राष्ट्र, किसी भी इकाई में सम्मान नहीं पाता, वह व्यक्ति भी मृत समान ही होता है।

७. **सदा रोगवश:** जो व्यक्ति निरंतर रोगी रहता है, वह भी मरा हुआ है स्वस्थ शरीर के अभाव में मन विचलित रहता है नकारात्मकता हावी हो जाती है

व्यक्ति मृत्यु की कामना में लग जाता है। जीवित होते हुए भी रोगी व्यक्ति जीवन के आनंद से वंचित रह जाता है वह व्यक्ति भी मृत समान ही होता है।

८. **अति बूढ़ा:** अत्यंत वृद्ध व्यक्ति भी मृत समान होता है क्योंकि वह अन्य लोगों पर आश्रित हो जाता है शरीर और बुद्धि, दोनों असक्षम हो जाते हैं ऐसे में कई बार वह स्वयं और उसके परिजन ही उसकी मृत्यु की कामना करने लगते हैं। ताकि उसे इन कष्टों से मुक्ति मिल सके।

९. **सतत क्रोधी:** २४ घंटे क्रोध में रहने वाला व्यक्ति भी मृतक समान ही है ऐसा व्यक्ति हर छोटी-बड़ी बात पर क्रोध करता है क्रोध के कारण मन और बुद्धि दोनों ही उसके नियंत्रण से बाहर होते हैं जिस व्यक्ति का अपने मन और बुद्धि पर नियंत्रण न हो, वह जीवित होकर भी जीवित नहीं माना जाता। पूर्व जन्म के संस्कार लेकर यह जीव क्रोधी होता है क्रोधी अनेक जीवों का घात करता है और नरकगामी होता है वह व्यक्ति भी मृत समान ही होता है।

१०. **अघ खानी:** जो व्यक्ति पाप कर्मों से धन अर्जित करके अपना और परिवार का पालन-पोषण करता है वह व्यक्ति भी मृत समान ही है। उसके साथ रहने वाले लोग भी उसी के समान हो जाते हैं। हमेशा मेहनत और ईमानदारी से कमाई करके ही, धन प्राप्त करना चाहिए क्योंकि पाप की कमाई पाप में ही जाती है और पाप की कमाई से नीच गोत्र की प्राप्ति होती है।

११. **तनु पोषक:** ऐसा व्यक्ति जो पूरी तरह से आत्म संतुष्टि और खुद के स्वार्थों के लिए ही जीता है संसार के किसी अन्य प्राणी के लिए उसके मन में कोई संवेदना न हो, ऐसा व्यक्ति भी मृतक समान ही है। जो लोग खाने-पीने में, वाहनों में, स्थान के लिए, हर बात में सिर्फ यही सोचते हैं कि सारी चीजें पहले हमें ही मिल जाएं बाकी किसी अन्य को मिलें, या न मिलें, वे मृत समान होते हैं। ऐसे लोग समाज और राष्ट्र के लिए अनुपयोगी होते हैं शरीर को अपना मानकर उसमें रत रहना मूर्खता है क्योंकि यह शरीर विनाशी है नष्ट होने वाला है।

१२. **निंदक:** अकारण निंदा करने वाला व्यक्ति भी मरा हुआ होता है जिसे दूसरों में सिर्फ कमियाँ ही नजर आती हैं जो व्यक्ति किसी के अच्छे काम की आलोचना करने से नहीं चूकता है। ऐसा व्यक्ति जो किसी के पास भी बैठे, तो सिर्फ किसी न किसी की बुराई ही करे, वह व्यक्ति भी मृत समान होता है परनिंदा करने से नीच गोत्र का बंध होता है।

१३. **परमात्म विमुख:** जो व्यक्ति ईश्वर यानि परमात्मा का विरोधी है वह भी मृत समान है। जो व्यक्ति यह सोच लेता है कि कोई परमतत्व है ही नहीं हम जो करते हैं वही होता है संसार हम ही चला रहे हैं। जो परमशक्ति में आस्था नहीं रखता, ऐसा व्यक्ति भी मृत माना जाता है।

१४. **श्रुति संत विरोधी:** जो संत, ग्रंथ, पुराणों का विरोधी है वह भी मृत समान है श्रुत और संत, समाज में अनाचार पर नियंत्रण (ब्रेक) का काम करते हैं। अगर गाड़ी में ब्रेक न हो, तो कहीं भी गिरकर एक्सीडेंट हो सकता है वैसे ही समाज को संतों की जरूरत होती है। वरना समाज में अनाचार पर कोई नियंत्रण नहीं रह जाएगा।

अतः मनुष्य को उपरोक्त चौदह दुर्गुणों से यथासंभव दूर रहकर स्वयं को मृतक समान जीवित रहने से बचाना चाहिए।

प्रश्न - ८१

सुख क्या है और सुख कहाँ है?

उत्तर - **सुख** - मन की भ्रम भ्रान्ति का नाम सुख है सुख कही नहीं है सुख अगर होता तो सारे लोग जो रात दिन मेहनत करके सुख की प्राप्ति करने बालों को, सुख मिल गया होता। लेकिन आज तक किसी को सुख नहीं मिला मनुष्य यही सोचता रहता है की हमें यह मिल जाए, तो सुखी हो जाऊँगा वह मिल जायँ, तो सुखी हो जाऊँगा वह जो चाहता है वह मिल भी गया, तो क्या वह सुखी हो गया? नहीं!

जो सुख संसार व जगत में है ही नहीं तो वह कहाँ से मिलेगा केवल कहने सुनने की बात है। जब तक मनुष्य की तृष्णा का अन्त नहीं है, जब तक कर्म से मुक्ति नहीं? जब तक माया, मोह, लोभ, काम, क्रोध अहंकार इन सबसे मुक्ति नहीं, तब तक सुख का नाम नहीं मनुष्य अपने कर्मों से आनंद और खूसी प्राप्त कर सकता है जो क्षणिक कुछ समय के लिए होता है। अगर मनुष्य को हमेशा नित्य रहने वाला आनन्द चाहिए। तो उसे परमानंद खूसी को प्राप्त करना होगा जो हमेशा नित्य होगी उसके लिए सत्कर्म मार्ग पर चल कर, भगवत प्राप्ति करनी होगी और भगवत प्राप्ति होने के पश्चात् ही, उसे परमानंद मिल सकता है सुख संसार में कही नहीं है इसका प्रमाण रामायण में मिलता है।

सच्चितानंद ब्रह्म जो अपने भक्तों के यलिए, मनुष्य रूप में अवतरित (अवतार) हुए, और वह सर्व सामर्थ होते हुए, अपने भक्तों के लिए उन्होंने नाना प्रकार का कष्ट दुःख और क्लेश उठाया। क्या उन्हें कही सुख मिला है ऐसे परब्रह्म सर्वशक्ति मान

भगवान को सुख नहीं मिला तो दूसरे को कहाँ से मिलेगा जो है ही नहीं, वो कहाँ से मिलेगी।

प्रश्न - ८२

प्रेम प्यार की परिभाषा क्या है?

उत्तर - (प्यार की परिभाषा) प्रेम, प्यार तो अचूक अनिष्फल ब्रह्मास्त्र है। जो चलाने पर कभी फेल यनी निष्फल नहीं होता। इसका उपयोग हर समय और सबके साथ किया जा सकता है।

इसकी विशेषता क्या है।

श्री रामदास्य पंचम जी रचित (प्यार की परिभाषा)

प्यार एक अमूल्य रत्न है।	जिसका कोई मोल नहीं।
प्यार अनन्त गहरा है।	जितना समुद्र भी नहीं।
प्यार एक मधुर गीत है।	जो दिलो की संवेदना का गुण गान करता है।
प्यार सुन्दर खुश्बू और कोमल फूल है	जो दिलो को सुगंधित करता है।
प्यार एक मौन भाषा है।	जो प्यार करने वाले ही समझते है।।
प्यार एक भेंट है।	जो नसीब वालों को मिलता है।
प्यार अमर और अनन्त है।	जिसे समझना बहुत कठिन है।
प्यार एक झरने जैसा है	जो कल कल की मधुर आवाज़ में हमेशा बहता रहता है।
प्यार दिलो का संगम है।	जो दिलो को मिलाता है।
प्यार जीवन की ज्योति है।	जो जीने का उमंग भरता है।
प्यार जीवन की संगीत है।	जो जीवन में खूसिया बरसाता है।
प्यार जीवन का सब कुछ है।	जो अवरणनीय है।
पंचम प्यार नहीं तो कुछ भी नहीं है।	जीवन नर्क समान है।

यही जीवन की सच्चाई है की जहाँ प्यार और प्रेम नहीं है वहाँ लोगों की ज़िंदगी का कोई माने नहीं है। प्यार हमेशा आनंद और खूसिया देता है हर परेशानी में हमें साहस देता है। जीवन में हमें जीवन जीने का तरीक़ा सिखाता है और हर सम्भव जीवन जीने की राह दिखता है जीवन जीने की उमंग भरता रहता है।

जीने का अगर अन्दाज़ आए तो कितनी हँसी है ज़िन्दगी।

जीने अगर आया नहीं तो कुछ भी नहीं है ज़िन्दगी॥

प्रश्न - ८३

जीवन का अमोल ख़ज़ाना क्या है?

उत्तर - जीवन का अनमोल ख़ज़ाना विद्या और ज्ञान है जिसकी कोई क़ीमत ही नहीं है जो स्वेक्षा से देने पर ही मिलता है। बिना स्वेक्षा वह मिलता नहीं है अनिक्षा से अगर कोई लेना चाहे तो उसे नहीं मिलता वंशगत से भी नहीं मिलता। ज्ञान पाने के लिए जिज्ञासु होना ज़रूरी है देनेवाला के प्रति भाव होना चाहिये प्रेम भाव से ही, विद्या व ज्ञान को हासील किया जा सकता है इसके अलावा मिलना असम्भव है।

अच्छे ज्ञानी गुरुओं के लिए (श्री रामदास्य पंचम जी रचित कविता)

प्रभु धन्य मेरी भारत धरती, जो ऐसा इन्सान दिया।

इस अन्धकार जीवन पथ को, प्रकाशित करने का चिराग़ दिया॥

कितना निर्मल, कितना सुन्दर, उच्च कोटि विचार दिया।

कितना दान करे चाहे, ख़त्म न हो ऐसा भण्डार दिया॥

ऐसा धन दिया आप ने, जो कभी नहीं वह घटता है।

जितना बाटो रात दिन, उतना दूना बढ़ता है॥

कोई लेना चाहे अनिच्छा से, तो कभी नहीं वह पाता है।

सवेक्षा दान बेगर वह, किसी के काम न आता है॥

लाख करो तुम जतन ए पंचम, ख़ज़ाना हाथ नहीं आता है।

जब मरता है इन्सान तो, उसके साथ ख़त्म हो जाता है॥

यदि तेरा संविधान प्रभु, मेरे बस में होता।

तो इनका स्थान यहाँ से, कभी नहीं परिवर्तित होता॥

जीवन में विद्या का महत्व बहुत ज़रूरी है। अपनी उन्नति के लिए विद्या, ज्ञान का दूसरा नाम है क्योंकि ज्ञान का रास्ता विद्या से होकर ही गुजरता है ज्ञान एक ऐसा भण्डार है की जितना उसमें से खर्च करो यनी बाटो, उतना ही दुगुना बढ़ाता है और अनिक्षा से, ज़बरदस्ती से, अगर कोई लेना चाहे तो वह कभी नहीं पाता है स्वेक्षा से देने के, बेगर वह किसी के काम नहीं आता है।

प्रश्न - ८४

क्या जीवन में समय जाने के बाद वापस नहीं आता?

उत्तर - जीवन में वह समय है जो जाने के बाद वापस नहीं आता। समय जीवन का चाहे एक पल भी हो वह जाने के बाद वापस नहीं आता है। जीवन का पल पल का समय भी बहुत किमती होता है। जीवन का पल पल बिता हुआ समय, और मुख से निकली हुई वाणी दोनो वापस नहीं आते।

प्रश्न - ८५

क्या न मानने से जीवन में हानि होती है?

उत्तर - जीवन में अपने बड़ों की माता पिता, गुरु और, महात्मा व सज्जन पुरुष की, बात न मानने में बहुत बड़ी हानि होती है अपने बड़े की बात मानने से लाभ ही होता है नुक़सान तो कभी होता नहीं। क्योंकि उनके जीवन का अनुभव और तजुर्बा उनके पास होता है इसका उदाहरण सुंदर काण्ड में है। जामवन्त जी ने हनुमान को सीख दिया जो हनुमान जी उसे मान कर कार्य किया सब कार्य सम्पूर्ण हुआ और वही रावण ने अपने नाना की बात नहीं मानी। उसका परिणाम हुआ की उसका सर्वनाश हो गया इसलिए जीवन में अपने बड़ों की बात हमेशा माननी चाहिए।

प्रश्न - ८६

जीवन समंव्य कितने हैं?

उत्तर - जीवन का समंब्य तीन है जो हमारे जीवन पहलु से जुड़ा है।

१. पंचमहाभूत शरीर हैं - क्षित, जल, पावक, गगन, समीर, यह पाँचों की रचना शरीर है।

२. पाँच विकार हैं - काम, (वासना) क्रोध, लोभ, मोह, अहंकार, ऐ पाँच विकार है।

३. पाँच निर्विकार हैं - करुणा, क्षमा, प्रेम सेवा, भक्ति, ऐ पाँच प्रकार का निर्विकार है।

यही मानव जीवन चक्र है इसी में से मानव, सफलता और असफलता का स्वाद चखता है और पाप, पुण्य के सागर में गिरता है और उसमें से निकलने पर अगर पाप किया। तो चौरासी लाख योनियों का भ्रमण करना पड़ता है और अपने पुण्य कर्मों के अनुसार, जल्द ही बाहर आ जाता है यही मानव जीवन का मुख्य सार है।

प्रश्न - ८७

मनुष्य का वास्तविक स्वरूप क्या है?

उत्तर - मनुष्य का वास्तविक स्वरूप उसकी सर्वदेशीय सत्ता है जिसमें अहम (जड़ता) नहीं है। क्योंकि जब मनुष्य अहम को स्वीकार करता है तब बँध जाता है और जब वह केवल सत्ता (है) को स्वीकार करता है तब वह मुक्त हो जाता है। क्योंकि हम शरीर नहीं है हम आत्मा है जो हमारे अंतः कारण की सत्ता है।

संसार का स्वरूप - क्रिया और पदार्थ है और ए दोनो क्रिया और पदार्थ वग़ैरह अनित्य है नाशवान है प्रत्येक क्रिया का आरम्भ और अन्त होता है और प्रत्येक पदार्थ की उत्तपत्ति और विनाश होता है। जो वस्तु संसार से मिली है और प्रतिक्षण बिछुड़ रही है उसका उपयोग केवल संसार की सेवा में ही हो सकता है अपने लिए उसका कोई उपयोग नहीं है अपनी वस्तु तो वह होती है। जिसपर अपना पूरा अधिकार हो और जिसको पाने के बाद कुछ भी पाना शेष नहीं रहता। क्योंकि हमारा प्राप्ति उद्देश्य परमात्मा का है उसकी प्राप्ति के बाद कुछ शेष, इसलिए नहीं रहता की वह नित्य है जो हमेशा रहने वाला है आदि और अन्त के बाद भी नित्य है।

प्रश्न - ८८

मनुष्य के दुःख का कारण क्या है?

उत्तर - मनुष्य के दुःख का कारण ममता, लोभ से उत्तपन्न, कामना क्योंकि ममता से ही कामनाओं की उत्तपत्ति होती है और ममता वाले मनुष्य के द्वारा, प्राप्त वस्तुओं का दुरुपयोग ही होता है। भोग और संग्रह करना ही, प्राप्त वस्तुओं का दुरुपयोग है जब तक कामनाओं से जुड़ा रहता है तब तक वह दुखी रहता है। जब वह अपनी कामनाओं को मिटा दे, तो वह सुखी हो जाएगा क्योंकि कामना रहित मनुष्य आध्यात्मिक जीवन में कुछ भी नहीं पा सकता है। क्योंकि वह कामना रहित मनुष्य पराधीन होता है पराधीन मनुष्य न तो जीवन में त्याग कर सकता है न तो सेवा कर सकता है और न ही वह भगवत प्रेम कर सकता है। और न वह ज्ञानयोग मार्ग पर चल सकता है न कर्मयोग मार्ग पर और, न तो भक्तियोग मार्ग पर चल सकता है अतः पराधीनता को मिटाने के लिए निष्काम होना ज़रूरी है। पराधीन सुख सपनेव नाहीं।

प्रश्न - ८९

किसकी निवृत्ति और किसकी प्राप्ति होती है?

उत्तर - इसके दो विभाग हैं:

१. पहला विभाग - जड़ प्रकृति (शरीर और संसार) का है।

२. दूसरा विभाग - चेतन तत्व (जीवात्मा तथा परमात्मा) का है।

१. **जड़ और प्रकृति -** (शरीर और संसार) यह असत सत्ता है। असत की हमेशा निवृत्ति होती है जैसे प्रकृति जगत संसार यह असत् है। जिसकी हमेशा निवृत्ति होती है। यनी यह धीरे धीरे निवृत्ति (समाप्ति) की ओर बढ़ रहा है और असत् हमारे जीवन से जुड़ा हुआ एक अज्ञान अन्धकार है जो हमारे आत्मा को अपने असत् और माया के आवरण से ढक लिया है। जिससे हम कुछ समझने में असमर्थ रहते है ए सब इस असत् का ही प्रभाव है। जिसकी निवृत्ति स्वतः हो रही है और स्वतः होती है।

२. **चेतन तत्व -** (आत्मा और परमात्मा) सत की सत्ता है। सत् की स्वतः प्राप्ति है वह सत् कभी अप्राप्त हुआ ही नहीं, और न होगा और न कभी अप्राप्त होने की सम्भावना है। सत् हर देश, काल, स्थिति, परिस्थिति, अवस्था, घटना आदि में भी ज्यों का त्यों रहता है वह सभी को प्राप्त है। जैसे मिट्टी वह सत् है लेकिन उससे बना घड़ा असत् है क्योंकि घड़े में भी मिट्टी ही है, घड़ा नष्ट होगा तो भी मिट्टी रहेगी, घड़ा नहीं था तो भी मिट्टी थी, निवृत्ति घड़े की होगी, मिट्टी की नहीं। इसी प्रकार हमारी चिन्मय सत्ता वह सत् है जो स्वतः प्राप्त है फर्क केवल इतना है। की अज्ञानी उसका अनुभव नहीं करता और ज्ञानी उसका अनुभव करता है। जो प्राप्त सत आत्मा परमात्मा है उसको जीव अप्राप्त मान लिया है और जो अप्राप्त जड़ प्रकृति (शरीर व संसार) है। उसे प्राप्त मान लिया है इसी भूल के कारण स्वतः प्राप्त का अनुभव जीव को नहीं होता और जीव भ्रमित रहता है।

प्रश्न - ९०

हमारे सभी ग्रंथो का सार और तत्वज्ञान क्या है?

उत्तर - सभी ग्रंथो का सार एक ही है चिन्मय सत्ता यही तत्वज्ञान है। सत्ता सबमे एक ही है वह चिन्मय सत्ता जो कभी न बदलती है और न कभी मिटती है न कभी घटती है न कभी बढ़ती है। और न कभी वह आती है न जाती है वह सत्ता ही हमारा स्वरूप आत्मा है। बस इतनी सी बात है ब्रह्म वह भी एक सत्ता है इस चिन्मय सत्ता

के सिवाय हमारा कोई दूसरा स्वरूप है ही नहीं। यही तत्वज्ञान और यही ब्रह्म ज्ञान है। शास्त्र, चार वेद, अठारह पुराण, एक सौ आठ उपनिषद, सबका यही सार है। चिन्मय सत्ता (आत्मा) आत्मा ही परमात्मा का अंश है हमारे अन्दर सत्ता वह परमात्मा की ही है।

प्रश्न - ९१

ज्ञान वैराग्य और भक्ति कौन है?

उत्तर - ज्ञान और वैराग्य यह दोनो भक्ति के पुत्र हैं। यह दोनो सत्संग से ही जीवित रहते हैं। इनकी ताकत ही सत्संग है। रामायण में भी कहा गया है:

बिन सत्संग विवेक न होई। राम कृपा बिन सुलभ न सोई॥

बिना सत्संग का विवेक नहीं होता ज्ञान नहीं मिलता है तो इसलिए साधु, संतो, ऋषि, मुनीयो का सत्संग करना ज़रूरी है। सत्संग से विवेक होता है और विवेक से वैराग्य होता है और वैराग्य से ही भगवत प्राप्ति मार्ग प्रसस्थ होता है यानी भक्ति मिलती है जहाँ ज्ञान है, वही वैराग्य है, और जहाँ दोनों है, वही भक्ति है, जहाँ भक्ति है वही भगवान है।

प्रश्न - ९२

भगवत प्राप्ति के अधिकारी कौन है?

उत्तर - भगवत प्राप्ति के अधिकारी मानव मात्र परमात्मा प्राप्ति का समान रूप से अधिकारी है। और अन्य किसी जीव को भगवत प्राप्ति के अधिकारी नहीं है क्योंकि मनुष्य जीवन ही परमात्मा प्राप्ति के लिए मिला है। मनुष्य मात्र कर्म करके अपना कल्याण कर सकता है इसके अलावा अन्य किसी को चेतन्य विवेक का अभाव होने के कारण अन्य जीव को भगवत प्राप्ति के अधिकारी नहीं है।

प्रश्न - ९३

माया के कितने भेद यानी प्रकार है?

उत्तर - माया के दो भेद (प्रकार) है - १. अविद्या २. विद्या

१. **अविद्या** - दुष्ट और दोष युक्त रूप है और अत्यंत दुःख रूप है जिसके बस होकर जीव, संसार रूपी कुएँ में पड़ा हुआ है। भक्ति हीन संसार के सभी जीवो को अपने बस में करके रखा है, उसमें से जीव जल्दी बाहर निकलना चाहता ही नहीं है।

२. **विद्या** - जिसके बस में गुण और ज्ञान है विद्या, गुण जो जगत की रचना करती है। वह प्रभु ईश्वर से ही प्रेरित होती है उसको अपना बल कुछ भी नहीं है। ज्ञान वह है जहाँ जिसमें मान आदि एक भी दोष नहीं होता और जो सबमे समान रूप से ब्रह्म को देखता है। उसी को परम वैराग्यवान कहना चाहिए जो सारी सिद्धि, और तीनो गुणो को त्याग चुका हो। जिसमें मान, दम्भ, कपट, हिंसा, क्षमारहित, टेढ़ापन, संत सेवा का अभाव, अपवित्रता, अस्थिरता, मन का संग्रहित न होना, इंद्रीयो के विषय में, अशक्त, अहंकार, ज़रा, व्याधिमय जगत में सुख बुद्धि, स्त्री, पुत्र, घर आदि में अशक्त, तथा, ममता अनिष्ट की प्राप्ति में हर्ष, शोक, और भक्ति का अभाव, एकांत में मन न लगना, विषयी मनुष्यों के संग में, प्रेम सम्बंध रखना आदि - ये अठारह (18) न हो। और जो नित्य, अध्यात्म, आत्मा में स्थित, तत्व ज्ञान अर्थ के द्वारा, जानने योग्य और, परमात्मा का नित्य दर्शन हो। वही ज्ञान व ज्ञानी कहलाता है।

गीता में अध्याय 13 (7 से 11)

प्रश्न - ९४

जीव और ईश्वर में भेद क्या है?

उत्तर - **जीव** - जो माया को और अपने ईश्वर को अपने स्वरूप को, नहीं जनता, नहीं समझ पाता उसे जीव कहना चाहिये ऐसे जीव में जीवात्मा तो है पर चैतन्य रूप में नहीं है।

ईश्वर - जो कर्मानुसार बन्धन मुक्त और मोक्ष देने वाला सबसे परे और माया का प्रेरक है वही ईश्वर है। धर्म के धारण से वैराग्य होता है और संत योग से ज्ञान होता है तथा ज्ञान मोक्ष देने वाला है ऐसा वेदों में वर्णन किया गया है। जीव और ईश्वर दोनो एक है केवल रूप अलग अलग है जैसे सोना और गहना, गहनो का नाम अलग अलग है परन्तु है तो सोना ठीक उसी प्रकार जीव और ईश्वर एक है।

प्रश्न - ९५

भक्ति क्या है?

उत्तर - भक्ति स्वतंत्र है जिससे ईश्वर शीघ्र प्रसन्न होते है वह परमात्मा की भक्ति जो भक्तों को सुख देने वाली है। भक्ति, भगवत प्राप्ति की उच्च पराकाष्ठा है भक्ति को, दूसरे साधन ज्ञान, विज्ञान की अपेक्षा नहीं है ज्ञान विज्ञान तो भक्ति के अधीन है। भक्ति स्वतन्त्र अनुपम सुख की मूल है और वह तभी मिलती है। जब प्रभु कृपा और संत अनुकूल (प्रसन्न) होते है भक्ति भगवत प्रेम से मिलती है।

"भक्ति स्वतन्त्र सकल गुण खानी।

बिन प्रभु कृपा न पावे प्रानी॥"

प्रश्न - ९६

भक्ति का निरूपण भक्ति लक्षण क्या है?

उत्तर - पहले संत और महात्माओं के चरणो में प्रेम हो ब्रह्म वेदा ब्राह्मणो के चरणो में प्रेम हो मन में भगवान के लीलाओं के प्रति अत्यन्त प्रेम होना, मन, बचन और कर्म से भजन का दृण नियम हो, जो भगवान को ही गुरु, माता पिता और देवता सब कुछ जाने और भगवत्सेवा में दृण हो, और भगवत् गुणगान करते समय मन पुलकित हो, और वाणी गदगद हो जाए, नेत्रो से (प्रेमासुओं का) जल बहने लगे, काम मद और दम्भ आदि जिनमे न हो, ऐसे भक्त के बस में हमेशा भगवान रहते है। भगवान कहते है जिसको कर्म, बचन और मन से मेरी ही गति है और जो निष्काम भाव से मेरी भजन करता है उसके हृदय कमल में सदा विश्राम करता हूँ यही सच्चे भक्त है।

प्रश्न - ९७

संतो और भक्तों के लक्षण क्या है?

उत्तर - संत वह है जो छ ६ विकारों दोषों को जीते हुए, पाप रहित, कामना रहित, निश्चल (स्थिर बुद्धि) अकिंचन (सर्व त्यागी), हृदय से पवित्र, ज्ञानवान, इच्छारहित, सत्य निष्ठ, विद्यमान, कवि, योगी दूसरों को मान देने वाला अभिमान रहित, धैर्यवान, धर्म आचरण, ज्ञान में निपुण, सदगुणो का घर, संसार के दुखो से रहित, संदेह रहित, न घर और न शरीर से प्रीति, जो अपनी बड़ाई गुण को न सुनते है। शम, और शीतल, न्यायिक, सरल स्वभाव, सब जीवों से प्रेम, और गुरु गोविंद, ब्रह्म वेदा

ब्रह्माणो के चरणो में प्रेम, और वैराग्यवान, विवेकी, विनय विज्ञान (परमात्मा तत्व का ज्ञान) वेद पुराण का यथार्थ ज्ञान हो। और दम्भ अभिमान से रहित, और भूल कर भी कुमार्ग पर पैर नहीं रखते हो। और सदा भगवान की लीलाओं कथाओं को सुनते और गाते है। बिना कारण ही, दूसरे का हित चाहने वाले होते है संतो व भक्तों के गुण को तो शेष सरस्वती भी नहीं कह सकते भगवान श्री हरि ने अपने मुखारवृंद से भक्तों संतो के गुणो का वर्णन किया है। ऐसे संतो और भक्तों के हृदय में भगवान जी वास करते है।

प्रश्न - ९८

भगवान का उपासना की प्रधानता क्या है?

उत्तर - भगवान के लिए की गयी उपासना में भगवान की कृपा प्रधान होती है। अतः इसमें साधक का कर्तृत्व नहीं है। (क्रिया, कर्म, उपासना और, विवेक) यह चारों अलग अलग है।

१. **क्रिया** - किसी से सम्बंध नहीं जोड़ती है।

२. **कर्म** - अनुकूल प्रतिकूल परिस्थिति (फल) के साथ सम्बंध जोड़ता है।

३. **उपासना** - भगवान के साथ सम्बंध जोड़ती है।

४. **विवेक** - जड़ चेतन का विच्छेद करता है।

जैसे सम्पूर्ण क्रियाएँ प्रकृति की है वैसे ही सम्पूर्ण पदार्थ भी प्रकृति के ही है। अतः क्रिया और पदार्थ दोनो ही प्रकृति विभाग में है पुरुष (सत्ता यनी आत्मा) विभाग में किंचिन्मात्र भी न क्रिया है न पदार्थ, क्रिया का आदि और अन्त होता है। तथा पदार्थ का उत्पत्ति और विनाश तथा संयोग और वियोग होता है। परन्तु पुरुष आदि (सत्ता) अंत, उत्पत्ति, विनाश, संयोग, वियोग से सर्वथा रहित है यानी होता ही नहीं है।

प्रश्न - ९९

समय, मृत्यु, जन्म की विशेषता क्या है?

उत्तर - समय का महत्व जीवन से बड़ा गहरा सम्बंध है समय की क़ीमत सभी लोग जानते है। जन्म और मृत्यु का संयोग साथ ही है जितनी उम्र बढ़ती है उतना मृत्यु का समय घटता है। जिस जीव की उत्पत्ति होती है उस जीव का उसी क्षण के साथ ही मृत्यु का आगमन होता है उम्र जितनी आगे बढ़ती है काल उतना ही नज़दीक

आता है। जो हम शरीर का जन्म दिन मनाते है जितना हमारी उम्र बढ़ने की खूसी मनाते है उतना ही मृत्यु नज़दीक आती है न थोड़ी कम, और न थोड़ी ज़्यादा, एक समान साथ चलती है।

प्रश्न - १००

भ्रम क्या है?

उत्तर - भ्रम जीवन में सत्य और असत्य का प्रारूप है ज्ञान और अज्ञान का समन्वय है। जैसे तुलसीदास जी को हुआ था तुलसी दास की जब शादी हुई थी और उनकी पत्नी जब अपने मैके (पियर) चली गयी तब तुलसीदास को पत्नी की बहुत याद आने लगी। तो वह ससुराल चल दिए उस समय बहुत ज़ोर से वर्षा हो रही थी और जब ससुराल पहुँचे तो काफ़ी रात हो गयी थी और द्वार बंद था इधर उधर देखने लगे तो, उन्हें एक रस्सी लटकी हुई दिखाई दिया लेकिन वह रस्सी नहीं थी एक साँप था लेकिन उसी को रस्सी समझ चढ़ गए और पत्नी के पास पहुँचे। वह एक भ्रम की वजह से साँप को रस्सी समझ लिया ज्ञान, प्रकाश का प्रतीक है और अज्ञान, अन्धकार का प्रतीक होता है। भ्रम प्रारूप थोड़ा प्रकाश और थोड़ा अन्धकार का प्रतीक भ्रम है अगर पूरा प्रकाश होता तो साँप दिखता। और पूरा अन्धकार होता। तो कुछ नहीं दिखता। तो कोई भ्रम नहीं होता।

प्रश्न - १०१

भगवत प्राप्ति करने का, और ज्ञान देने का अधिकार किसको है?

उत्तर - भगवत प्राप्ति के अधिकारी सभी लोग है चाहे वह किसी नीच से नीच योनि में हो, या ऊँच से ऊँच योनि का हो, सभी को भगवत प्राप्ति का सम्पूर्ण अधिकार है। (शांडिल्य ७८) (गीता १८/४५/४६)। अपने अपने कर्म में लगा हुआ, मनुष्य सम्यक् सिद्धि (परमात्मतत्व) को प्राप्त कर लेता है। और उस परमात्मा का, अपने कर्म के द्वारा पूजन करके, मनुष्य सिद्धि को प्राप्त हो जाता है।

तात्पर्य है कि जिस पद को ब्राह्मण, अपने कर्तव्य का पालन करके प्राप्त करता है उसी पद को शूद्र भी अपने कर्तव्य का पालन करके प्राप्त कर सकता है। इतना ही नहीं तीव्र जिज्ञासा होने पर पापी से पापी मनुष्य भी तत्वज्ञान प्राप्त कर सकता है भक्ति ज्ञान और भगवत प्राप्ति में कोई भेद नहीं जो भी पाप योनि वाले हो, तथा जो भी स्त्रियाँ,

वैश्य और शूद्र हो, सभी सर्वथा मेरी शरण होकर निःसन्देह परमगति को प्राप्त हो जाते है।

जाति पाति कुल धर्म बड़ाई। धन बल परिजन गुन चतुराई॥
भगत हीन नर सोहई कैसे। बिनु जल बारीद देखिए जैसे॥

(श्रीमभ्दा० ७। ७। ५१-५२-५४)। भगवान को प्रसन्न करने के लिए केवल ब्राह्मण, देवता, ऋषि होना, सदाचार और विविध ज्ञानो से सम्पन्न होना, तथा दान, तप, यज्ञ शारीरिक और मानसिक शौच (पवित्रता) और बड़े बड़े व्रतों का अनुस्ठान ही पर्याप्त नहीं है और यह सब तो विडम्बना मात्र है भगवान केवल निष्काम प्रेम भक्ति से ही प्रसन्न होते है। प्रत्येक वर्ण आश्रम का मनुष्य तत्वज्ञान प्राप्त कर सकता है इतना ही नहीं वह तत्वज्ञान देने का अधिकारी भी है। ब्राह्मण, क्षत्रिय, वैश्य, शुद्र अथवा नीच वर्ण में उत्तपन्न हुए, मनुष्य से भी, यदि ज्ञान मिलता हो, तो उसे प्राप्त करके, मनुष्य को सदा उस ज्ञान देने वाले पर श्रध्दा रखनी चाहिए जिसके भीतर श्रध्दा है, उस मनुष्य में जन्म मृत्यु का प्रवेश नहीं हो सकता। वर्ण आश्रम जो भी यह सब सांसारिक व्यवहार के लिए ठीक है भक्ति, ज्ञान, भगवत प्राप्ति के लिए, कोई वर्ण आश्रम की कोई विशेषता नहीं है, सत्ता सबकी एक है, जीव एक है। तो भगवत प्राप्ति में भेद भाव कैसा हो सकता है वैश्य, शूद्र, और नीच योनि को प्राप्त करने वाले, नीच से नीच वर्ण के मनुष्य आदि, सभी अपने कर्मों द्वारा भगवत प्राप्ति किया है। भगवत प्राप्ति का अधिकार सभी को है वर्ण आश्रम में बड़ा और छोटा मानना भी भगवतप्राप्ति में बाधक है साधक कोई भी हो उसमें छोटे बड़े का अभिमान नहीं होना चाहिए, अपितु भगवत प्राप्ति की भूख होनी चाहिए भोजन वही करता है जिसके अन्दर भूख हो चाहे वह ब्राह्मण हो, या चाहे शूद्र हो, इसी प्रकार भगवत प्राप्ति उसे होती है जिसके अन्दर ज़ोरदार लालसा है चाहे वह किसी भी वर्ण का हो भगवत प्राप्ति के सभी अधिकारी है।

भगवान को अपना मानने का सबको अधिकार है अनन्य भाव से भगवान को अपना मानने से, भगवान में प्रेम हो जाता है। विष्णु पुराण में एक कथा आती है एक बार ऋषीयो ने मिल कर श्रेष्ठता का निर्णय करने के लिए वेदव्यास जी के पास गये वेदव्यास जी ने आदर सत्कार पूर्वक उन सबको बैठाया, और स्वयं गंगा में स्नान करने चले गये स्नान करते हुए उन्होंने कहा कि कलियुग तुम धन्य हो, शूद्रों तुम धन्य हो, स्त्रीयो तुम धन्य हो। जब वे स्नान करके वापस आए, तब ऋषीयो ने पूछा, की महाराज आप कलियुग को, शूद्रों को, स्त्रीयो को, धन्यवाद क्यों दिया यह हमारी समझ में नहीं आया वेदव्यास जी ने कहा। की कलियुग में अपने अपने

कर्तव्य का पालन करने में शूद्रों, और स्त्रीयो का कल्याण, जल्दी और सुगमता से हो जाता है इसलिए ए तीनो धन्यवाद के पात्र है जो वर्ण आश्रम में जितना ऊँचा होता है उसके लिए धर्म पालन उतना कठिन होता है ऊँचा कहलाने के कारण देहाअभिमान, वर्ण अभिमान, भी अधिक होता है अतः कल्याण भी कठिनता से होती है।

नीच ऊँच सब तरे गये जे राम भजन लवलीन।

जाति के अभिमान से डूबे सभी कुलीन॥

जात नहीं जगदीश के जन के कैसे होय।

जात पाँत कुल कीच में बंध मरो मत कोय॥

ये यथा मॉप्रपद्यंते गीता (४। १०)

परमात्मा की प्राप्ति केवल अनन्य भाव भक्ति से साधक को होती है चाहे वह किसी वर्ण, या, ऊँच, नीच का हो।

प्रश्र - १०२

ब्राह्मण नाम किसका है कौन ब्राह्मण है?

उत्तर - जो चार वर्ण है। ब्राह्मण, क्षत्रिय, वैश्य, और शूद्र, इन वर्णों में मुख्य क्या है। ऐसे वेदों और स्मृतीयो में भी कहा है उस विषय में यह शंका उत्पन्न होती है की ब्राह्मण नाम किसका है।

(व्रजसूचिकोपनिषाद)

ॐ वज्रसूचि प्रवक्ष्यमी शास्त्रज्ञान भेदनम।

दूषणम ज्ञानहींनानाम भूषणम ज्ञानचक्षुषाम॥

अज्ञान का नाश करने वाला (व्रजसूची) नामक शास्त्र कहता हूँ जो अज्ञानीयो के लिए दूषणरूप है और ज्ञानचक्षु वालों के लिये भूषण रूप है। क्या जीव का नाम ब्राह्मण है? क्या देह ब्राह्मण है? क्या जाति ब्राह्मण है? क्या ज्ञान ब्राह्मण है? क्या कर्म ब्राह्मण है? अथवा क्या धार्मिक व्यक्ति ब्राह्मण है?

१. क्या जीव ब्राह्मण है ऐसा नहीं हो सकता, कारण की पहले हुए, और इस समय, तथा आगे होने वाले, अनेक शरीरों में जीव एक रूप ही रहता है जीव एक होने पर भी कर्मों के कारण अनेको शरीर को धारण करता है परन्तु सब शरीरों में जीव एक रूप रहता है इसलिए जीव को ब्राह्मण माने तो सभी शरीर को ब्राह्मण मानना पड़ेगा इसलिए जीव ब्राह्मण नहीं है।

२. क्या देह ब्राह्मण है ऐसा भी नहीं हो सकता चांडाल से लेकर, मनुष्य पर्यन्त सबके शरीर, पंचमहाभौतिक होने से एक रूप है ज़रा, मृत्यु, धर्म, अधर्म, पाप, पुण्य आदि भी एक समान ही देखे जाते है ब्राह्मण सफ़ेद वर्ण, क्षत्रिय लाल वर्ण, वैश्य पिला वर्ण और शूद्र का काला वर्ण, ऐसा होता है? नहीं! ऐसा नियम भी नहीं है अतः देह ब्राह्मण नहीं है।

३. तो क्या जाति ब्राह्मण है? नहीं! ऐसा भी नहीं हो सकता विभिन्न जाति वाले प्राणीयो से अनेक जाति वाले बहुत से महर्षि उत्पन्न हुए है जैसे मृगी से ऋष्यशृंग, कुश से कौशिक, जम्बूक (सियार) से जाम्बुक वाल्मीक और मल्लाह की कन्या से व्यास, शशपृष्ठ (ख़रगोश की पीठ) गौतम, और उर्वशी से वसिष्ठ, कलश (घट) से अगस्त, उत्पन्न हुए है ऐसा माना जाता है। इसमें जाति के बिना भी पहले बहुत पूर्ण ज्ञानवान ऋषि हुए है अतः जाति ब्राह्मण नहीं है।

४. तो क्या ज्ञान ब्राह्मण है? नहीं! ऐसा भी नहीं हो सकता, बहुत से जनक (अश्वपति आदि) क्षत्रिय आदि भी परमार्थ को जानने वाले तत्वज्ञ हुए है अतः ज्ञान भी ब्राह्मण नहीं है।

५. तो क्या कर्म ब्राह्मण है? नहीं! ऐसा भी नहीं हो सकता सम्पूर्ण प्राणीयो में प्रारब्ध संचित तथा क्रियमाण कर्मों में सधर्मता देखी जाती है और कर्मों से प्रेरित होकर वे मनुष्य क्रिया करते है अतः कर्म भी ब्राह्मण नहीं है।

६. तो क्या धार्मिक व्यक्ति ब्राह्मण है? नहीं! ऐसा भी नहीं हो सकता बहुत से लोग क्षत्रिय अन्य आदि ने भी स्वर्ण आदि का दान करने वाले हुए है अतः धार्मिक व्यक्ति भी ब्राह्मण नहीं है।

तो फिर ब्राह्मण नाम किसका है?

जो कोई अद्वितीय आत्म जाति गुण तथा क्रिया से रहित है छः उर्मीयो तथा छः विकारों आदि समस्त दोषों से रहित है। सत्, चित, आनंद तथा अनन्त स्वरूप है स्वयं निर्विकल्प है अनन्त कल्पों का आधार है अनन्त प्राणीयो में अंतर्यामी रूप से रहने वाला है सदा नित्य रहने वाला है आकाश की तरह सबके बाहर भीतर परिपूर्ण है अखण्ड आनन्द स्वभाव वाला है अप्रमेय है, अर्थात् इंद्रीयो और अंतःकरण का विषय नहीं है केवल अनुभव से जानने योग्य है तथा अपरोक्षरूप से प्रकाशित होने वाला है। उस परमात्मतत्व का साक्षात्कार करके जो कृतकृत्य (ज्ञातज्ञातव्य प्राप्तप्राप्तव्य) हो गया है। और जो काम, राग आदि दोषों से रहित है तृष्णा आशा मोह आदि से रहित हो और जिसका चित, दम्भ, अहंकार आदि, दोषो से निर्लिप्त है और जो शम, दम आदि से सम्पन्न भाववाला है। वही वास्तविक ब्राह्मण है ऐसा श्रुति

स्मृति पुराण आदि एवं इतिहास का अभिप्राय है इसके सिवाय अन्य किसी भी प्रकार से ब्राह्मणत्व की सिद्धि नहीं होती।

आत्मा, सचिदानंदस्वरूप अद्वितीय ब्रह्म है। उसका साक्षात्कार करने वाला ब्राह्मण है। ब्राह्मण वही है जो ब्रह्म को जानने वाला और, कामना, इच्छा, मोह, इंद्रिय निग्रह, विकार रहित होकर धर्म की रक्षा करता है। वह ही ब्राह्मण है।

प्रश्न - १०३

चतुःश्लोकी भगवत क्या है?

उत्तर - चार श्लोक में भगवत सार है जब ब्रह्मा जी को सृष्टि रचने लिए भगवान ने कहा तो ब्रह्मा जी ने कहा की पहले हमें जानना होगा। की सृष्टि कैसे रचे तब भगवान ने चार श्लोक में पूरी भगवत समझा दी।

१. भगवान ने कहा। मैं जैसा हूँ उसका वैसा ही बोध हो, मुझे कोई जान नहीं पाये, जब तक मै नहीं जनाता हूँ। मेरे जानने के बाद ही वह मुझे जान पाता है मेरा बोध मेरे द्वारा ही होता है जिसे हमारा बोध होता है तो हमारे उसके में अन्तर कुछ नहीं रहता है और मेरे ही स्वरूप में समा जाता है।

जेही जाने तेहु देऊ जनाई।
जानत तुमै तुमही होई जाई॥

२. जो सत्य है वह दिखता नहीं है, जो असत्य है वही दिखता है, जो परमात्मा है वह दिखता नहीं है, यह शरीर दिखता है परन्तु आत्मा नहीं दिखती, परमात्मा है तो प्रकृति संसार है प्रकृति संसार दिखता है लेकिन परमात्मा नहीं दिखता लेकिन प्रकृति संसार नहीं रहता है। तब भी परमात्मा रहता है परमात्मा, था, है, और रहेगा।

३. प्रकृति संसार है तो परमात्मा भी है। प्रकृति संसार परमात्मा में है और प्रकृति संसार परमात्मा में समाया हुआ है। परमात्मा नित्य है और प्रकृति संसार अनित्य है जैसे सोने से गहने बने है। सिकडी, अंगूठी, झुमका, बाली वग़ैरह इनका नाम अलग अलग है पर यह अनित्य है जब इन गहनो को गलाया जायेगा तो सब नष्ट हो जाएगे लेकिन रहेगा क्या? सोना। क्योंकि सोना नित्य है सोने से गहना बना है। जब गहना था, तब भी सोना था, और गहना नष्ट होने पर भी, सोना है। उसी प्रकार प्रकृति संसार है तब भी परमात्मा है और प्रकृति संसार नष्ट होने पर भी परमात्मा रहेगा वह नित्य है।

४. कार्य और कारण - जो हुआ, वह कार्य है और जिससे हुआ, वह कारण है इसी प्रकार मिट्टी से घड़ा बना, घड़ा कार्य है और मिट्टी उपादान कारण है और कुम्हार जो घड़ा बनाया वह निमित्त कारण है इसी प्रकार प्रकृति और संसार कार्य है और उसको बनाने वाला परमात्मा दोनो है उपादान कारण और निमित्त कारण भी है। प्रकृति संसार में परमात्मा है और परमात्मा में सारा संसार है परमात्मा से अलग कुछ भी नहीं है।

प्रश्न - १०४

कलयुग का क्या महत्व है?

उत्तर - कलयुग में, अन्य युगों की अपेक्षा जल्दी भगवत प्राप्ति होती है। कलियुग में, ठीक विधि विधान से ब्रह्मचर्य, गृहस्थ और, वानप्रस्थ आश्रम का पालन करके, सन्यास आश्रम में जाना, तथा सन्यास आश्रमों के नियमो का पालन करना बहुत कठिन है इसलिए शास्त्रों में संन्यास को (कलियुग में वर्जित) माना गया है। अगर ऐसा माने की सन्यासी हुए बिना मनुष्य कल्याण (मोक्ष) का अधिकारी नहीं हो सकता है तो फिर कलयुग में किसी का कल्याण होगा ही नहीं, जब की कलयुग में अन्य युगों की अपेक्षा कल्याण होना सुगम बताया गया है। बिष्णुपुराण (६/२/१५)

जो फल सतयुग में दस वर्ष तपस्या, ब्रह्मचर्य, जप आदि करने से मिलता है उसे मनुष्य त्रेता में एक वर्ष और द्वापर में एक माह और कलयुग में केवल एक दिन रात में प्राप्त कर लेता है।

कलिजुग समजुग आन नहीं जौ नर कर बिस्वास।
गाई राम गुन गन बिमल भव तर बिनहि प्रयास॥।

प्रश्न - १०५

माया क्या है?

उत्तर - मेरा, तेरा, तेरा, मेरा, ऐ सब माया है जो सत्य को छुपाती है और असत्य को दिखती है प्रगट करती है। वह माया है जब मनुष्य इस संसार में जन्म लेता है तभी से माया भी उसके साथ लग जाती है। क्योंकि सम्पूर्ण संसार प्रकृति यह माया है संसार में आने वाला जीव माया से बच ही नहीं सकता इसलिए आत्मा, सत्य

स्वरूप होते हुए भी माया के आवरण से ढक जाती है। क्योंकि माया का काम है सत्य को जो नित्य है उसको छुपाना यही कारण है, की आत्मा और परमात्मा का दर्शन, माया के रहते नहीं होता यह संसार माया स्वरूप असत्य अनित्य है और परमात्मा सत् और नित्य है जो मायावी इंद्रीयो से नहीं दिखता माया के हटने पर ही परमात्मा का साक्षात् होगा। माया को स्त्री का बल है इसलिए ध्यान, जप, तप, योग, यज्ञ आदि पुरूष वर्ग में आते है अतः स्त्री (माया) का आकर्षण होना स्वभाविक है और भक्ति स्त्री स्वरूप है। इसलिए स्त्री दूसरे स्त्री पर आकर्षित नहीं होती, यही कारण है की भक्ति करने वाले से माया दूर ही रहती है भक्ति से ही भगवत दर्शन सम्भव है और अपने भक्तों के बस में भगवान भी रहते है सारे जगत को नाचने वाली भगवान की माया है।

प्रश्न - १०६

सुविचार व विकृति का उद्गम स्थान क्या है?

उत्तर - सुविचार जो भी आते है वह मन के सकारात्मक सोच से उत्तपन्न होता है लेकिन उसको उत्तपन्न करने का काम ध्यान का होता है जब तक किसी बात का चिन्तन नहीं होता। तब तक वह हमारे सामने वो सोच नहीं आती चाहे वह भगवान का चिन्तन क्यों न हो उसी प्रकार विकृति हो, चाहे विकार हो, जिस बात का आप ध्यान देते है उसका चिन्तन करते है और वह चिन्तन बुद्धि से होकर इंद्रीयो तक पहुँचता है ध्यान एक उपयोगी खाद जैसा काम करता है आप जितना ध्यान का उपयोग करते हो, उतना उसके प्रति आकर्षण पैदा होता है उत्सुक्ता पैदा होती है। इसलिए इस ध्यान को भगवत नाम संकीर्तन और भगवत भक्ति में लगाना श्रेष्ठ है।

प्रश्न - १०७

संसार जगत किसने बनाया है?

उत्तर - संसार हमारे मन का बनाया हुआ है क्योंकि हमारी सोच का ही संसार है। उसमें अपनी कामनाओ और इच्छाओ का ही उद्गम स्रोत है यह माया से प्रेरित और अहंकार से ही ओतप्रोत है। जो असत्य है और अनित्य है जो हमेशा बदलता रहता है जिसका विनाश (पतन) निश्चित है। जगत भगवान का बनाया हुआ है यनी जगत भगवत स्वरूप है।

प्रश्न - १०८

मनुष्य का पतन कैसे होता है?

उत्तर - अपने सुख के लिए किया गया, विषयों का चिन्तन भी, पतन करने वाला हो जाता है। (गीता। २/६२/६३) विषयों का चिन्तन करने वाले मनुष्य की, उन विषयों में आसक्ति पैदा हो जाती है आसक्ति से कामना पैदा होती है। कामनाओं की आपूर्ति से क्रोध पैदा होता है और क्रोध होने पर सम्मोह (मूढ़ भाव) हो जाता है। सम्मोह होने से स्मृति भ्रष्ट हो जाती है स्मृति भ्रष्ट होने पर बुद्धि का नाश होता है बुद्धि का नाश होने पर मनुष्य का पतन हो जाता है।

प्रश्न - १०९

अविनाशी रस क्या है?

उत्तर - रसोवैसः (तैत्तिरीय २/७) उपनिषद

वह परमात्मतत्व रसस्वरूप है। तात्पर्य है कि रस वास्तव में परमात्मतत्व में ही है जो शान्त, अखण्ड, तथा अनन्त है उस परमात्मतत्त्व का ही अंश होने से जीवात्मा में भी वह रस स्वतः स्वाभाविक है। परन्तु शरीर से सम्बन्ध की, मुख्यता होने के कारण, जीवात्मा को वह रस सांसारिक भोगो में, इंद्रीयो के विषयों में दिखने लगता है अर्थात् जीव की भोगो में रस बुद्धि हो जाती है तब वह सत्मार्गिय पथो की उपेक्षा करते हुए भोगो की तरफ़ अग्रसर होता है। परन्तु यह जो सांसारिक विनाश वान रस क्षणभंगुर होते है और नाशवान होता है जिसमें जीव का पतन हो जाता है। और परमात्मतत्त्व रस अविनाशी होता है और परमात्मतत्त्व नित्य है और निरन्तर बढ़ता रहता है यह परमात्मतत्त्व आनन्द रस की हमेशा बढ़ोत्तरी होती रहती है क्योंकि यह रस नित्य और अविनाशी है। सांसारिक भोग रस घटता रहता है क्योंकि वह, अनित्य, पतन, नाशवान है जिसका विनाश निश्चित है।

प्रश्न - ११०

रस क्या है?

उत्तर - भोगी की सत्ता और महत्ता मानने से, भीतर में भोगो के प्रति एक सूक्ष्म, आकर्षण, प्रियता, मिठास पैदा होती है जो क्षणिक आनन्द की अनुभूति करवाता है।

उसी का नाम रस है जैसे कि लोभी व्यक्ति को ज़्यादा पैसा मिल जाय। कामी व्यक्ति को स्त्री मिल जाय। और बहुत ज़्यादा भूखा को भोजन मिल जाए तो उसको भीतर ही भीतर एक खूसी आती है। यही रस है परन्तु यह रस क्षण भंगुर होता है।

प्रश्न - १११

रस बुद्धि की निवृत्त कैसे होती है?

उत्तर - परमात्मतत्त्व का अनुभव होने पर, स्थितप्रज्ञ मनुष्य की रसबुद्धि निवृत्त हो जाती है नाशवान रस की निवृत्ति होने पर अविनाशी (। शान्त, अखण्ड, तथा अनन्त) रस की जागृति हो जाती है। तब ज्ञानयोग में तत्त्व अनुभव का रस और कर्मयोग में सेवा का रस और भक्तियोग में भगवतस्मरण का रस मिलने लगता है। (गीता २/६४-६५) अंतः करण वाला साधक राग, द्वेष से रहित अपने वश में की हुई इंद्रीयो के विषयों का सेवन करते हुए। अंतः करण की प्रसन्नता को प्राप्त हो जाता है प्रसन्नता प्राप्त होने पर साधक के सभी दुखो का नाश हो जाता है और ऐसे प्रसन्नचित वाले साधक की बुद्धि निःसन्देह बहुत जल्दी परमात्मा में स्थिर हो जाती है।

प्रश्न - ११२

सम्पत्ति, धन, पैसा किसके काम का है?

उत्तर - सम्पत्ति, धन, पैसा, संसार रूपी अहंकार और अहंकार रूपी शरीर के काम आता है और अहंकारी संसार के काम आता है वो भी लवण यनी नमक के समान बराबर अनुपात में है तो ठीक है अन्यथा ज़्यादा हुआ तो ज़हर बन जाता है। और अहंकारी शरीर का पतन हो जाता है पैसा जीवात्मा के काम का नहीं है हम तो आत्मा है। शरीर नहीं! हमारे लिए यनी हम आत्मा है हमको, भगवत् प्राप्ति मार्ग, सत्कर्म, सदाचार, सेवा, भक्ति मार्ग से, भगवत प्राप्ति ही हमारी सच्ची कमाई है वही हमारा सच्चा धन है जो हमारे खुद के लिए होगा यह वो धन है जो हमेशा हमारे साथ रहेगा। और दुबारा भी अगले जन्म में भी काम आएगा जिसे हम प्रारब्ध कहते है यह असली धन है यह धन हम तभी कमा पाते है जब हम अपने को जान सके! पहचान सके! की हम कौन है, हमें क्या करना है! यह हम सत्संग के

द्वारा और अध्यात्म गुरु के द्वारा जान सकते है और अपने को पहचान सकते है की हम कौन है!

प्रश्न - ११३

भगवत् प्राप्ति मार्ग की पहचान क्या है?

उत्तर - भगवत् प्राप्ति मार्ग की पहचान वही कर पाता है जो उस मार्ग पर चलने की, जिसमें उत्कंठा है। तीव्र इच्छा, और प्यास है जिसके अन्दर, करुणा, क्षमा करने की शक्ति आ जाए। सभी जीवों से, प्रेम होने लगे सबकी सेवा करने की इच्छा होने लगे। और ईश्वर का, परमात्मा का, बार बार हमेशा चिन्तन होने लगे। तब हमें समझना चाहिए की हम भगवत् प्राप्ति मार्ग पर चल रहे है क्योंकि जब तक पंचम भाव, करुणा, क्षमा, प्रेम, सेवा, भक्ति, नहीं होगा यानि (पंचम भाव) नहीं होगा तब तक भगवत् प्राप्ति मार्ग पर चलना असम्भव है। क्योंकि भगवान स्वयं, करुणा निधान, क्षमावान और, प्रेम, के सागर है परमात्मा के गुणो का अनुसारणी बन कर ही, परमात्मा को पाया जा सकता है।

प्रश्न - ११४

जीव का कुशल कब होता है?

उत्तर - तब तक, जीव का कुशल नहीं है और स्वप्न में भी उसके मन को शान्ति नहीं है जब तक वह, शोक के घर काम (विषय कामना) को छोड़ कर, प्रभु श्री राम जी को नहीं भजता, लोभ, मोह, मत्सर (डाह), मद, मान आदि अनेको दुष्ट तभी तक हृदय में बसते है जब तक कि धनुष बाण, और कमर में तरकश धारण किये हुए, श्री राम जी हृदय में नहीं बसते। ममता रूपी रात, तभी तक जीव में बस्ती है जब तक प्रभु का प्रताप रूपी सूर्य हृदय में उदय नहीं होता।

तब लगी कुशल न जीव कहुँ, सपनेहुँ मन बिश्राम।

जब लगि भजत न राम कहुँ, सोक धाम तजी काम॥

तब लगि हृदय बसत खाल नाना। लोभ मोह मत्सर मद माना॥

जब लगि उर न बसत रघुनाथा। धरे चाप सायक कटी भाथा॥

ममता तरुण तमी अंधियारी। राग द्वेष उलूक सुखकरी॥

तब लगि जीव बसत मन माही। जब लगि प्रभु प्रताप रबि नाहीं॥

(मानस सुंदर काण्ड ४६)

प्रश्न - ११५

मनुष्य जीव का कल्याण कैसे?

उत्तर - चौरासी लाख योनियों के भ्रमण में, जीव के ऊपर भगवान की, परम असीम कृपा दृष्टि पड़ने के कारण जीव को मनुष्य जीवन मिलता है अपना कल्याण करने के लिए। क्योंकि मनुष्य ही स्वयं अपना कल्याण कर सकता है। जीव को मनुष्य शरीर से, अपना कल्याण करने के लिए ही मिला है और मनुष्य जन्म, दूसरा प्रयोजन के लिए है ही नहीं। संसार की सभी वस्तुयें शरीर, सम्पत्ति, धन, ज़मीन, मकान, परिवार आदि जितनी भी सांसारिक वस्तुयें है। कोई भी अपने कल्याण में काम नहीं आयेगी ये सभी बाधा (रुकावट) स्वरूप है क्योंकि यह सांसारिक वस्तुयें अनित्य है ऐ सब की सब मिलने और बिछुड़ने वाली है जैसे कोई कितना धनवान व बड़ा आदमी बन जाय, बलवान, विद्यमान, प्रतिष्ठावान बड़ा कुटुम्ब परिवारवाला बन जाय। तो भी अपने कल्याण के बिना, ये सब की सब वस्तुयें अपने काम की नहीं है अपने कोई काम आने वाली नहीं है एक उपयोगी बात यह है की अपना कल्याण करने में मनुष्य मात्र सर्वथा स्वतंत्र है समर्थ है योग्य है। और अधिकारी है क्योंकि भगवान जीव को मनुष्य शरीर देते है तो उसके साथ ही अपना कल्याण करने के लिए स्वतंत्रता सामर्थ्य, योग्यता और अधिकार भी प्रदान करते है ताकि मनुष्य स्वयं अपना कल्याण आसानी से कर सके।

प्रश्न - ११६

मनुष्य कल्याण कैसे होगा?

उत्तर - मनुष्य जीव को अपना कल्याण करने के लिए, यदि आत्म विश्वास और दृढ़ता से इन चार बातों को स्वीकार कर ले तभी उसका कल्याण होगा। क्योंकि संसार से निवृति होने पर ही, भगवत प्राप्ति होगी सभी ग्रंथो का यही सार है।

१. मेरा संसार में कुछ भी नहीं है।

२. मुझे संसार से कुछ भी नहीं चाहिये

३. मेरा संसार में किसी से कोई सम्बंध नहीं है।

४. मेरा केवल भगवान ही मेरे, अपने है।

संसार की सभी वस्तुयें मिलने और बिछुड़ने वाली है इसे अपना मानना मूल दोष है जिससे सम्पूर्ण दोषों की उत्पत्ति होती है। वह सम्पूर्ण संसार में आसक्त हो जाता है कामना और इच्छाओं के वशीभूत होकर, सत् और असत् का ज्ञान नहीं रहता है।

इसलिए वह अपना कल्याण नहीं कर पाता है। उपरोक्त चार ४ बातों का अनुसरण करके ही मनुष्य अपना कल्याण कर सकता है। मेरा कुछ भी नहीं है ऐसा स्वीकार करने से जीवन में निर्दोषिता आ जाती है। निर्दोषिता आते ही मनुष्य धर्मात्मा बन जाता है। और जब मेरा कुछ है ही नहीं, तो फिर हम किस वस्तु की चाह करे अतः मुझे कुछ नहीं चाहिए ऐसा स्वीकार करते ही जीवन में निष्कामता आ जाती है। निष्कामता आते ही मनुष्य योगी बन जाता है अर्थात् उसको समत्व रूप योगी की प्राप्ति हो जाती है।

समत्वम योग उच्यते (गीता २/४८) कोई भी कामना न होने से, उसकी चित्तवृत्ति में निरोध रूप योग की प्राप्ति हो जाती है।

प्रश्न - ११७

शरीर कितने प्रकार की है?

उत्तर - शरीर तीन प्रकार की है - १. स्थूल शरीर २. सूक्ष्म शरीर ३. कारण शरीर। स्थूल शरीर की चार ४ अवस्था होती हैं - बाल अवस्था, किशोर अवस्था, युवा अवस्था और, वृद्धा अवस्था! यह चारों अवस्थाये स्थूल शरीर की है और मरने (मृत्यु) होने पर स्थूल शरीर तो छूट जाता है परन्तु सूक्ष्म शरीर और कारण शरीर नहीं छूटते जब तक मुक्ति नहीं होती, तब तक सूक्ष्म और कारण शरीर से सम्बन्ध बना रहता है।

प्रश्न - ११८

शरीर और हमारा (चिन्मय सत्ता) आत्मा का क्या सम्बन्ध है?

उत्तर - साधक को सर्वप्रथम इस बात को समझ लेना चाहिए कि मै चिन्मय सत्ता स्वरूप हूँ शरीर रूप नहीं हूँ। क्योंकि बचपन से हमारे शरीर में इतना बदलाव आया है की हम शरीर को पहचान भी नहीं सकते। शरीर हर क्षण बदलता रहता है। कारण की एक क्षण ज्यों त्यों नहीं रहता निरन्तर बदलता रहता है तात्पर्य यह हुआ की जो बदलता है वह हमारा स्वरूप नहीं है। क्योंकि मृत्यु काल में शरीर तो यही छूट जाता है पर अन्य योनियों में हम (चिन्मय सत्ता) आत्मा जाते है स्वर्ग, नर्क आदि लोकों में जाते है मुक्ति हमारी होगी भगवान के धाम में हम जाएगे। इसलिए जो नहीं बदलता

वही हमारा स्वरूप है। चिन्मय सत्ता, जो वही का वही है वह कभी बदलती ही नहीं, ज्यों का त्यों रहती है हम (आत्मा) शरीर के आधिन नहीं है हमारी स्वतंत्र सत्ता है हमारा और शरीर का स्वभाव बिलकुल अलग अलग है हम शरीर के साथ चिपके हुए, मिले हुए नहीं है। हमारा जीवन इस शरीर के आधिन नहीं है शरीर बनता है, बिगड़ता है जन्म लेता है मरता है लेकिन हम कभी न जन्म लेते है न कभी मरते है। हमारी चिन्मय सत्ता है।

वासांसी जीर्णानि यथा विहाय

नवानी गृहाती नरोयपराणि।

तथा शरीराणि विहाय जीर्णान्य-

न्यानि संयाती नवानी देहि॥

(गीता २/२२)

जिस प्रकार मनुष्य पुराने वस्त्रों को त्याग कर, नया वस्त्र धारण करता है उसी प्रकार आत्मा पुराने तथा व्यर्थ शरीर को त्याग कर, नवीन भौतिक शरीर धारण करता है हम ईश्वर अंश आत्मा है। हम शरीर नहीं है और शरीर से हमारा कोई सम्बन्ध नहीं है। शरीर का सम्बन्ध संसार प्रकृति से जड़ से है और हमारा सम्बन्ध परमात्मा चिन्मय सत्ता से है।

प्रश्न - ११९

भगवत प्राप्ति कब और कैसे?

उत्तर - आप में अगर भगवत प्राप्ति की ज़ोरदार इच्छा नहीं है आप सत्संग करते हो, तो लाभ ज़रूर मिलेगा। जितना सत्संग करोगे, विचार करोगे चिन्तन आदि करोगे, उसका लाभ अवश्य मिलेगा इसमें कोई संदेह नहीं है पर भगवत प्राप्ति जल्दी नहीं होगी इसके लिए आप को कई जन्म भी लग सकते है। अगर भगवत प्राप्ति की ज़ोरदार इच्छा हो जाए उत्कंठा हो जाए लालसा हो जाये तो भगवान को मिलने के लिए आना ही पड़ेगा। भगवान तो हर दम भक्तों से मिलने की लिए तैयार ही रहते है। जिस प्रकार भक्त को भगवान से मिलने की ज़ोरदार इच्छा होती है। उसी प्रकार भगवान को भी भक्त से मिलने की ज़ोरदार इच्छा होती है। और राह देखते रहते है। की वह मुझे आर्त होके पुकारे, मनुष्य जीव और परमात्मा में कोई अन्तर ही नहीं है परन्तु जीव संसार से सम्बन्ध जोड़ कर रखा है।

संसार से नज़दीकियाँ बना रखा है और परमात्मा से दूरियाँ बना रखा है इसलिए परमात्मा से सम्बन्ध विच्छेद हो गया है इसलिए जीव, परमात्मा से मिल नहीं पाता परमात्मा प्राप्ति में समय लगाना हमारे आधीन है। चाहे एक घड़ी में प्राप्ति कर ले या चाहे अनेको दिन, महीनो, या वर्षों में, फ़र्क़ हमारी चाहत में है परमात्मा के मिलने में फ़र्क़ नहीं है। सनमुख होई जीव मोही जबहि। जन्म कोटि अघ नसहि तबही॥

प्रश्न - १२०

मनुष्य जीव का कल्याण कितने प्रकार से हो सकता है?

उत्तर - मनुष्य जीव का कल्याण दो प्रकार से होता है।

१. सत्कर्म करके मोक्ष प्राप्ति २. भगवत प्राप्ति करके भगवत्तत्त्व में विलीन

१. जीव अपना कल्याण करने के लिए मनुष्य जीवन तो पाता है किन्तु जब जीव संसार में आता है तो संसार को अपना मानने की भूल करके, उसी में उलझ जाता है और यह संसार अहम् (अहंकार) रूप है इसके संसर्ग में, चित, मन, बुद्धि आ जाती है। तब मनुष्य संसारी बिषयों में उलझ कर संसार में सुख और आनन्द की खोज करता है जो की है, ही नहीं। तो मिलेगी कहाँ से, जिस प्रकार प्रकाश से रेत में पानी का भ्रम होता है उसी प्रकार मनुष्य संसार में सुख दुःख के भ्रम में जीता है अपना यह किमती मनुष्य जीवन यू ही गवा देता है अगर प्रारब्ध (पूर्वजन्म) से किसी तरह उसे कोई सत्संग या किसी अच्छे संत का दर्शन हो जाता है तो वह अपने जीवन को परिवर्तित करके, सुधार करके, सत्कर्मों के पथ पर चल कर जन्म मरण के बन्धन से मुक्त हो सकता है और परिश्रम करके मोक्ष की प्राप्ति भी कर सकता है।

२. भगवत प्राप्ति - परमात्मा में जीव का मिलन तभी हो पाता है जब उसे कोई परब्रह्म का दर्शन हो और उनके बताए मार्ग पर चल कर, जीव को भगवत प्राप्ति की तृब्र इच्छा उत्पन्न हो और बाहर भीतर से वैराग्य हो उसे इस संसार जगत से कुछ भी लेने की इच्छा नहीं हो इस संसार में किसी को अपना न देखते हुए संसार को भगवत् मय देखे जहाँ अपना पराया, कोई न हो। सबको ईश्वर रूप देखता हो भगवत प्रेम में पागल हो जाए सभी जगह हर तरफ़ भगवान ही नज़र आए, तब वह मनुष्य जीव भगवत प्राप्ति करके परमात्मा में विलीन हो जाता है उसका मनुष्य जीवन साकार होकर धन्य हो जाता है।

प्रश्न - १२१

मनुष्य जीव का रहने के कितने स्थान है?

उत्तर - मनुष्य जीव का रहने के दो स्थान है - १. संसार की शरण २. परमात्मा की शरण

१. संसार की शरण में रहने का स्थान उस जीव का है जो स्वार्थ रत होता है। जो अज्ञानता जीवन ही चाहता है जिसका जीवन अंधकार को प्रसन्न करता हो जैसे बालक को उसका पिता खिलौने की गठरी रख देता है और कहता है की जाओ खेलो और बालक जाता है उस खिलौने में खेलने लगता है उसे आनंद आता है। उसी खिलौने में उलझ कर पड़ा रहता है दूसरा कुछ उसे ख़्याल ही नहीं रहता और पिता जी को भूल जाता है इसी प्रकार सांसारिक लोग है। जो इस संसार में, विषय रुचि के अनुसार लिस होकर अपने उस परमपिता परमात्मा को भूल गये है जिन्होंने इतना अमूल्य मनुष्य जीवन दिया है आज केवल संग्रह और भोग को ही अपना जीवन मान कर संसार की शरण ले रखा है यह जीवन का उद्देश नहीं है यही संसार की शरण है।

२. परमात्मा की शरण में रहने का स्थान वही बना पाता है जो सत्कर्मों के मार्ग को अपना कर संसार से बिमुख होकर भगवत प्राप्ति की कामना इच्छा रख कर आगे बढ़ता है और अपने हर काम को भगवान को समर्पित करता है। जो परमात्मा को ही अपना सब कुछ मानता है और परमात्मा से ही अटूट प्रेम करता है जैसे पिता अपने बच्चे को खिलौने की गठरी दे दिया और बच्चा से कहा जाओ खेलों, बच्चे ने उसे देखा और उसमें से एक खिलौना लेकर वह पिता के पास आ गया और पिता के पास ही बैठ कर खेलता है। उस बालक को खिलौने में रुचि नहीं है उसे पिता के साथ रहने में रुचि है उसी प्रकार जो जीव मनुष्य संसार में रुचि न रखकर परमात्मा में रुचि रखता है परमात्मा से ही प्रेम करता है निःसन्देह वही परमात्मा की शरण में रहता है सांसारिक खिलौनो को त्याग कर जो परमात्मा को ही अपना मानता है निःसन्देह उसी को शरणागति मिलती उसी का जीवन सार्थक है यही जीवन उद्देश्य है यही परमात्मा की शरणागति है।

प्रश्न - १२२

सेवा किसकी और कैसे करे?

उत्तर - सेवा दो प्रकार की होती है - १. खुद अपनी पारिवारिक २. सामाजिक व सांसारिक

१. **खुद अपनी पारिवारिक सेवा** - जीवन में मनुष्य अपने परिवारीक जीवन को भी अच्छे से जीने की राह पर ले जाना चाहिए उन्हें अच्छे भगवत संस्कार देना

चाहिए समाज की अच्छी बातों से, परिवार को अवगत, करवाते रहना चाहिए संग्रह और भोग से दूर रहना चाहिए। कोई ग़लत कार्य नहीं करना चाहिए, किसी की मजबूरी का फ़ायदा नहीं उठाना चाहिए यदि किसी का अच्छा भी नहीं कर सकते हो, तो बुरा भी नहीं करना चाहिए और माता पिता है तो उनसे बढ़कर कोई नहीं है। अपने माता पिता की सेवा, दिल से भगवान समझ कर करो, ऐसा कार्य करते रहो, की तुमसे किसी का अहित न हो और किसी को कोई कष्ट दुःख न हो इसका हमेशा ख़्याल रखो।

२. **सांसारिक और सामाजिक सेवा -** आप अगर सक्षम है तो ज़रूरत मंदो की मदद करे और धन सम्पत्ति पैसे का अहंकार न करे और किसी को छोटा न समझे। किसी का अपमान न करे किसी की मजबूरी का फ़ायदा कभी भूल कर भी न उठाये सभी जीव परमात्मा का अंश है। सभी जीवों की सेवा भी भगवान की सेवा है और अधिक धन संग्रह व भोग में न पड़े, और न करे, इस संसार में, हम केवल एक मुसाफ़िर है अपना कुछ भी नहीं है देनेवाला कोई और है, जो तुम्हें दे रहा है तो तुम भी आगे देते रहो मदद करते रहो।

प्रश्न - १२३

प्रभु की भक्ति कैसे हो?

उत्तर - प्रभु भक्ति पाने के लिए सत्संग करे, भगवत् लीलाएं सुने, भगवान के उपकारों को याद करे। भगवान से प्रेम करो और भगवान नाम स्मरण करो भगवत नाम सकीर्तन करो और भगवत् प्राप्ति और भगवत भक्ति की तृब्र इच्छा पैदा करो बिना भूख का भोजन अच्छा नहीं लगता। उसी प्रकार, बेगर इच्छा की भक्ति या प्रेम भी नहीं होता जब हमारे अंदर भगवत प्रति की तृब्र इच्छा होगी तभी हम भगवत प्राप्ति की लक्ष्य की तरफ़ उत्सुकत्ता से आगे बढ़ेंगे, तभी भक्ति जागृत होगी।

प्रश्न - १२४

श्रीमदभागवत गीतार्थ क्या है?

उत्तर - जब भगवान कृष्ण अपने धाम जाने लगे तब ऊधौव जी रोने लगे और भगवान ने पूछा ऊधौव क्यों रो रहे हो। तब ऊधौव ने कहा! प्रभु आप के दर्शन बिना हम कैसे रहेंगे भगवान ने कहा! अब आप हमारा दर्शन श्रीमदभगवत में कर सकेंगे, उसमें हमारे स्वरूप का दर्शन होगा भगवत प्राप्ति का सम्पूर्ण ज्ञान मार्ग दर्शन है

जिसके, सुनने, पढ़ने जानने से मनुष्य का परम कल्याण होगा। श्रीमदभगवत अर्थ = श्री का अर्थ = लक्ष्मी, मद का अर्थ = मस्ती, भा का अर्थ = भक्ति ग का अर्थ = ज्ञान, व का अर्थ = वैराग्य, त का अर्थ = त्याग (भावार्थ) श्रीमद भागवत का अर्थ, ज्ञान से, वैराग्य और वैराग्य से, संसार का त्याग, और त्याग से भक्ति और भक्ति के मद में मस्त हो वही सच्चा भक्त है।

भगवत गीता का ज्ञान असीमित है सभी वेद पुराण ग्रंथ उपनिषद का सार है भक्त को भगवान में आत्मा को परमात्मा में मिलाने का सम्पूर्ण पथप्रदर्शित ज्ञान मार्ग है जिससे जीव अपना कल्याण आसानी से कर सके।

प्रश्न - १२५

सत्संग की महिमा इतनी ज़्यादा क्यों है?

उत्तर - भगवान कहते है की मेरा और सत्पुरुषों का आश्रय लेकर, श्रद्धा, भाव, विश्वास और प्रेम पूर्वक कोशिश करने पर ही मेरी (भगवत) कृपा से सत्संग मिल सकता है भगवत नाम स्मरण सकीर्तन, श्रद्धा, प्रेम से करने पर, नया प्रारब्ध बन कर, परम कल्याण कारक, सत्संग मिल सकता है।

बिन सत्संग विवेक न होई।

राम कृपा बिन सुलभ न सोई॥

बिना सत्संग के विवेक नहीं होता बिना विवेक का (ज्ञान) नहीं होता। बिना ज्ञान का सेवा आदि का साधन नहीं होता। बिना ज्ञान के न तो भजन न ध्यान होता हैऔर न भगवान में अनन्य प्रेम हो सकता है और इन सबके बिना भगवान की प्राप्ति होना कठिन है इसी से सत्संग की महिमा अधिक है सत्संग करने से हमारा अधूरा ज्ञान परिपक्व होता है और भगवान के प्रति श्रधा विश्वास प्रेम दृण होता है और दृणता के बाद भगवान के प्रति उत्सुकता जिज्ञासा अधिक हो जाती है जिससे भगवत प्रति लक्ष्य को पाना आसान हो जाता है सत्संग के बिना किया हुआ, परिश्रम एक गति रूप होता है जिससे अनुभव और ज्ञान बढ़ता है।

प्रश्न - १२६

हमारा स्वभाव कैसे सुधारे?

उत्तर - अपने स्वभाव को सुधरने के लिए हमें अपनी निगेटिविटी नकारात्मक सोच को बदलना होगा उसकी जगह सकारात्मक सोच को लाना है। सकारात्मक सोच के

लिये, अपनी या किसी की अच्छी बातों को बार बार याद करना अच्छे विचारो को याद करना और उससे होने वाले लाभ हानि के बारे में सोचना। तद् पश्चात जो बात विचार परिणाम स्वरूप अच्छे लगे उसे याद करके जीवन में उतारने की कोशिश करें अपने आप अपना स्वभाव बदल जायेगा।

प्रश्न - १२७

सांसारिक और पारिवारिक जीवन में भगवान से नज़दीकियाँ कैसे होगी?

उत्तर - पहले हम अपने आप को जाने की मै कौन हूँ जब तक बच्चा अपने आप को नहीं पहचानता तब तक वह अपने पिता के पास कैसे पहुँचेगा जब हम यह जान जाएगे की हम शरीर नहीं है। हम आत्मा है आत्मा ही परमात्मा का अंश है। तब हम उस परमात्मा को हम, जानना, समझना पाना चाहेंगे और आगे मनुष्य जीव अपने सहूलियत अपने सुविधा अनुसार परमात्मा को पाना चाहता है जो सम्भव नहीं होता है।

प्रश्न - १२८

हमें सुख के लिए अथक प्रयास करने पर भी सुख नहीं मिलता?

उत्तर - आज तक सुख की कोई परिभाषा ही नहीं है की हम किसको सुख कहते है सुख क्या है! तो हम पायेंगे कैसे, सच्चाई तो यह है की सुख, दुख मन का भ्रम है सुख संसार में है ही नहीं तो सुख कहाँ से मिलेगा। जो है वही मिलता है संसार हम मनुष्यों का बनाया हुआ है माया से संसार बना संसार से अहंकार अहम की उत्पत्ति है और अहम से, चित, मन बुद्धि, का संसर्ग है भगवान ने तो केवल जगत प्रकृति को बनाया है जहाँ किसी प्रकार के विकार स्वार्थ आदि नहीं है प्रकृति हमेशा परोपकार परमार्थ का ही कार्य करती है इस धरती पर स्वयं भगवान भी आए और उन्हें भी सुख नहीं मिला तो हमें कहाँ से मिलेगा।

प्रश्न - १२९

सुख न मिलने का कारण क्या है?

उत्तर - मनुष्य - हमेशा कामना इच्छा से कार्य करता है कामना किसी की आज तक पूरी नहीं हुई क्योंकि एक पूरी होती है तो दूसरी मन में आ ही जाती है अपनी इच्छाओं की पूर्ति न होने से मनुष्य दुखी ही रहता है उसे सुख का आभास भी नहीं

होता सुख तो केवल परमात्मा के चरणो में ही है और कही नहीं। भगवान ही सुख और आनन्द स्वरूप है उनके सम्पर्क में, उनकी भक्ति में ही सुख आनंद है और कही है ही नहीं।

प्रश्न - १३०

क्या मनुष्य जीवन कष्ट दायक है?

उत्तर - नहीं! मनुष्य जीवन कष्ट दायक नहीं है लेकिन मनुष्य जीवन को अज्ञानता पूर्वक अहंकार संग्रह, भोग, कामना, इच्छा आदि और अन्य विकारों के साथ जीते है तो अवश्य कष्ट दायक है परन्तु मनुष्य कर्मयोगी होने के नाते, ज्ञानता पूर्वक जीवन समझ कर, जीने से आनन्द दायक है और यह आनंद कब मिलता है। जब हम संसार की सेवा और भगवान की भक्ति करेंगे। स्वार्थ रहित जीवन जीने से आनंद मिलता है।

प्रश्न - १३१

पारमार्थिक उन्नति क्या है?

उत्तर - पारमार्थिक उन्नति स्वयं की होती है पारमार्थिक सम्पत्ति को कोई छिन नहीं सकता। सत्संग से मिलने वाली या कोई अन्य साधन से मिलने वाली, उन्नति हमेशा अपने साथ रहती है मिटती नहीं है। किन्तु उजागर नहीं रहती समय आने पर स्वयं प्रगट हो जाती है।

प्रश्न - १३२

सांसारिक उन्नति क्या है?

उत्तर - सांसारिक उन्नति स्वयं (आत्मा) की नहीं होती दूसरे की होती है क्योंकि सांसारिक पूजी सम्पत्ति वह साथ नहीं रहती वह भोग में नष्ट हो जाती है संसार की कोई चीज़ वस्तु साधन संसार के लिए होता है वह अपने लिए नहीं है।

प्रश्न - १३३

पारिवारिक जीवन में भगवत् प्राप्ति कैसे?

उत्तर - पारिवारिक जीवन में अपनी जबाब दारी को पूर्ण करते हुए। कुछ बातों का ध्यान रखना चाहिए।

१. अपने कार्य को ईमानदारी से करे। २. कोई कार्य ऐसा न करे जिससे किसी को कष्ट हो।

३. संसार की कोई वस्तु को अपना न समझे।

४. ज़रूरत मंदो की सेवा करे। ५. किसी की बुराई न करे, न बुरा सोचे

६. सभी सांसारिक जीव को भगवत स्वरूप समझकर उन पर दया करे। उनकी सेवा करे।

७. पंचम भाव को अपने जीवन लाए जिससे भगवत् भाव उत्तपन्न होगा।

पंचम भाव = करुणा, क्षमा, प्रेम, सेवा, भक्ति - इस पंचम भाव से ही भगवत् प्राप्ति होगी इसके अलावा कोई उपाय या साधन नहीं है।

प्रश्न - १३४

व्यस्तता के जीवन में भक्ति कैसे करे?

उत्तर - (गृह काले नाना जंजाला) गृहस्त जीवन में बहुत काम होते है। यह सत्य है परन्तु काम करते हुए, भगवत नाम स्मरण करने का अभ्यास करे जिस प्रकार कोई सिनेमा देखने पर कुछ समय दिन तक, हम अपने मन में उस गीत को गुनगुनाते है उसी प्रकार भगवत् नाम को, अपने मन और ओठों से गुनगुनाते रहे भगवत् भजन गाने का अभ्यास करे और भगवान का नाम काम करते समय, खाना बनाते समय, साफ़ सफ़ाई करते समय, नहाते समय, सोते समय, जब भी जो भी करे, भगवान के नाम का गुणगान करते रहे भगवान की लीलाओं को याद करे और इसप्रकार प्रयास करने से एक दिन सफलता अवश्य मिलेगी और भक्ति जागृत होगी प्रयास के अनुसार भगवत् प्राप्ति होगी एक परम सत्य यह है। कि संसार की निबृति होने के बाद ही भगवान की प्राप्ति होती है।

प्रश्न - १३५

क्या शरीर आत्मा बिना रह सकती है?

उत्तर - शरीर आत्मा बिना नहीं रह सकती शरीर पंचमहाभूत संसार प्रकृति का अंश है संसार अनित्य और विनाशी है। और पल पल हर छ्ण मृत्यु की तरफ़ जा रहा है मर रहा है शरीर भी नाशवान है। यह भी पल पल मृत्यु की तरफ़ जा रही है शरीर में जब तक जीव आत्मा है तब तक यह शरीर चल रहा है जैसे शरीर से आत्मा निकलती है शरीर निस्क्रिय हो जाता है और ज़्यादा समय तक शरीर को नहीं रख

सकते। आत्मा ही प्राण स्वरूप है जो है पर दिखाई नहीं देता इस लिए शरीर आत्मा के बिना नहीं रह सकती जिस प्रकार शरीर पुराने वस्त्रों को त्याग कर नया वस्त्र धारण करती है उसी प्रकार आत्मा भी पुराने शरीर को त्याग कर नया शरीर धारण करती है।

वासांसी जीर्णानि यथा विहाय नवानी गृहाती नरोयपराणि।
तथा शरीराणि विहाय जीर्णान्य न्यानि संयाती नवानी देहि॥ (गीता २/२२)
न जायते मृयतेवा कदाचिन नायम भूत्वा भवितावा न भूय।
अजो नित्य: शाश्वतोअयम पुरानो न हन्यते हन्यमाने शरीरे॥ (गीता २/२०)

आत्मा का किसी काल में न तो जन्म है न मृत्यु है, वह न तो कभी जन्मा है न जन्म लेता है और न जन्म लेगा आत्मा तो अजन्मा, नित्य, शाश्वत, तथा पुरातन है शरीर के मरने पर वह मरता नहीं है। आत्मा भौतिक शरीर धारण करता है अतः शरीर जन्म लेता है जिसका जन्म होता है उसकी मृत्यु होती है। आत्मा नित्य शाश्वत तथा सनातन है इसके जन्म लेने का कोई इतिहास नहीं है। शारीरिक परिवर्तन से आत्मा पर कोई फेर नहीं पड़ता परिवर्तन तो केवल शरीर का होता है आत्मा का नहीं होता।

नैनम छिन्दन्ति शास्त्राणि नैनम दहती पावक:।
न चैनम क्लेदयन्त्यापो न शोषयति मारूत:॥ (गीता २/२३)

यह आत्मा न तो कभी किसी शस्त्र द्वारा खण्ड खण्ड किया जा सकता है न अग्नि द्वारा जलाया जा सकता है न जल द्वारा भिगोया जा सकता है न हवा द्वारा सुखाया जा सकता है। धरती पर कोई शक्ति या कोई कुदरती आफ़त तूफ़ान से आत्मा का कोई कुछ अनिष्ट नहीं होता यानी नुक्सान नहीं हो सकता है आत्मा अमर और अजर है भगवद्गीता के अनुसार भी वे शाश्वत रूप से ऐसे ही है। वराह पुराण में जीवों को परमात्मा का रूप अभिन्न माना है जिस प्रकार मनुष्य पुराने वस्त्रों को त्याग कर, नया वस्त्र धारण करता है उसी प्रकार आत्मा पुराने तथा व्यर्थ शरीर को त्याग कर नवीन भौतिक शरीर धारण करता है।

प्रश्न - १३६

क्या आत्मा शरीर बिना रह सकता है?

उत्तर - जी हाँ, आत्मा शरीर बिना रह सकती है क्योंकि मरने के बाद भी आत्मा रहती है आत्मा अजर अमर और अविनाशी है हम आत्मा स्वरूप है हम शरीर नहीं

है। शरीर को तो जला देते है तो कर्म का फल कौन भोगता है हम आत्मा को भोगना पड़ता है आत्मा हमेशा रहती है आत्मा तो परमात्मा का ही अंश है परमात्मा का अभिन्न अंग कहा गया है। परन्तु आत्मा सनातन अणु है अतः माया के संसर्क में आने से माया द्वारा आवृत होने की उसकी प्रवृति स्वभाविक है। इस तरह से भगवान की संगति से पृथक हो जाता है परमात्मा अखंड नित्य निर्विकार अविनाशी है परमात्मा संसार से पहले भी था और संसार है तो भी है और संसार नहीं होगा, तब भी परमात्मा रहेगा। आत्मा को अपने कर्मों के फल के अनुसार जीव योनियों में जाना पड़ता है अपने कर्मों का फल भोगना पड़ता है आत्मा शरीर बिना रह सकती है कर्मफल के अनुसार शरीर धारण करती है।

प्रश्न - १३७

कलियुग में भगवन्नाम में शक्ति क्या है?

उत्तर - कलियुग में भगवान ने अपने नाम में, सभी शक्तिओ को समाविष्ट कर (समा) दिया है। पार्वती जी ने शिव जी से पूछा? की कलियुग में किसकी पूजा करना सुलभ है। भगवान शिव जी ने उमा को बताया।

कलियुग की महिमा

उमा कहऊ मै अनुभव अपना। सतहरि भजन जगत सब सपना॥

कलियुग केवल नाम अधारा। सुमिर सुमिर नर उतरहि पारा॥

भगवान शिव ने पार्वती से कहा! की हे उमा, मै अपना अनुभव तुम्हें कहता हूँ, की कलियुग में केवल श्री हरि का भजन ही सत्य है बाक़ी सब साधन का कोई महत्व नहीं है। कलियुग में, प्रभु श्री हरि का नाम संकीर्तन का सहारा है इसी नाम का सुमिरन करके लोग भवसागर से पार जा सकेंगे।

कलियुग में भगवन्नाम में बहुत शक्ति है।

चहू जुग चहू श्रुति नाम प्रभाऊ। कलि विशेषि नहीं आन उपाऊ॥

श्री चैतन्य महा प्रभु ने कहा है की कलियुग में केवल नाम में, भगवान ने अपनी सब पूरी की पूरी शक्ति रख दी है कलियुग में रामनाम की महिमा को, सर्वश्रेठ बताया है कलियुग को देखकर भगवान ने, भगवन्नाम में जो अनेक साधनो में जो शक्ति है सामर्थ्य है। जिन साधनो के करने से जीव का कल्याण होता है उन सब साधनो की शक्ति, ताक़त भगवन्नाम में रख दी। **कलिसंतरणोपनिषद** में नाम की महिमा आयी है एक बार नारद जी ब्रह्मा जी के पास गये ब्रह्मा जी ने पूछा? कैसे आये हो नारद जी

ने कहा - पृथ्वीमण्डल पर अभी कलियुग आया हुआ है। इस कलियुग में जीवो का उध्यार सुगमता पूर्वक कैसे हो? ब्रह्मा जी ने कहा - कलियुग के पापों को दूर करने और अपना कल्याण करने के लिए भगवन्नाम, यह महामन्त्र है:

हरे राम हरे राम राम राम हरे हरे।
हरे कृष्ण हरे कृष्ण कृष्ण कृष्ण हरे हरे।।

भगवन्नाम ही इस कलियुग का कल्याणकारी सुगम साधन है भगवन्नाम में अपार शक्ति है अकेले राम नाम महामन्त्र है। वाल्मीकि रामायण में इसका संबोधन आता है।

प्रश्न - १३८

कलियुग में भगवन्नाम की महिमा क्या है?

उत्तर - कलियुग में भगवन्नाम की महिमा का वर्णन क्या किया जा सकता क्योंकि भगवन्नाम की शक्ति महिमा असीमित है।

महामन्त्र जोई जपत महेसु। कासी मुकुति हेतु उपदेसु॥

यह रामनाम महामन्त्र है। जिसे हमेशा महेश्वर भगवान शिव जी जपा करते है और उनके द्वारा यह राम नाम उपदेश काशी में मुक्ति का कारण है राम नाम की महिमा सबसे पहले भगवान शंकर जी जान लिया और राम नाम को अपने हृदय में बसा लिया। राम नाम की महिमा शबरी जानती थी उसी रामनाम की महिमा के कारण भगवान राम ने ऋषि मुनीयो को छोड़ कर शबरी के आश्रम पर भगवान राम खुद पधारे।

तुलसीदास जी ने कहा है:

बिधि हरि हरमय बेद प्राण सो। अगून अनुपम गुण निधान सो॥

यह राम नाम ब्रह्मा विष्णु और महेशमय है। विधि हरि हर - सृष्टि मात्र की उत्पत्ति स्थिति और संहार करने वाली ये तीन शक्तियाँ है। संसार में राम नाम से बढ़कर कुछ नहीं है सब कुछ शक्तियाँ इसमें भरी हुई है। (सत कोट्ठो महामंत्रा) सात करोड़ मंत्र है वे चित को भ्रमित करने वाले है यह दो अक्षर वाला राम नाम परम मंत्र है। यह सब मंत्रो में श्रेष्ठ मंत्र है सब मंत्र इसके अन्तर्गत आ जाते है कोई भी मंत्र बाहर नहीं रहता। सब शक्तियाँ इसके अंतर्गत है।

महिमा जासू जान गणराऊ। प्रथम पूजियत नाम प्रभाऊ॥

राम नाम की महिमा को नारद जी ने गणेश जी को बताया, जो राम नाम ज़मीन पर लिख कर उसी की प्रदीक्षणा करके प्रथम पूज्यनिय बन गए।

जान आदि कबि नाम प्रतापू। भयउ सुध्द करि उलटा जापु॥

आदि कबि बाल्मीकी जी ने उलटा राम नाम जप कर आदि कबि बन गए और ब्रह्म के समान हो गये।

उलटा नाम जपत जग जाना। बाल्मीक भये ब्रह्म सामना॥

भगवत्नाम नाम की महिमा कहने में कोई पार नहीं पा सकता। भगवान के नाम की महिमा अपार है।

राम रामेति रामेति रमे रामे मनोरमे। सहस्रनाम तत्तुल्यम राम नाम वरानने॥

भगवान शिव जी पार्वती से कहते है कि हे पार्वती! राम नाम विष्णुसहस्र नाम के तुल्य है। मै सर्वदा 'राम, राम, राम, इस प्रकार मनोरम राम नाम में ही रमण करता हूँ श्री शिव जी अपने ध्यान में हमेशा राम नाम का ही स्मरण करते है।

ध्यान प्रथम जूग मख बिधि दूजे। द्वापर परितोषत प्रभु पूजे॥

कलि केवल मल मूल मलीना। पाप पयोनिधि जन मन मीना॥

सतयुग में भगवान का ध्यान लगाकर, तल्लीन होने से, परमात्मा की प्राप्ति होती थी और त्रेता में यज्ञ करने से, और द्वापरयुग में भगवान की पूजा करने से, परमात्मा की प्राप्ति होती थी लेकिन (कलि केवल मल मूल मलिना) कलयुग में पाप ही मूल हो गया है। मनुष्य का मन पाप रूपी समुद्र में मछली बन गया है जिस प्रकार मछली को पानी से, निकाल दिया जाय तो वह तड़फने लगती है उसी प्रकार आज मनुष्य को कह दिया जाय की झूठ, कपट और, बेइमानी का काम मत करो, तो वह व्याकुल हो जायेगा। क्योंकि मनुष्य का मन कभी पाप से अलग होना चाहता ही नहीं, इस लिए उससे ध्यान, यज्ञ, पूजन, कुछ नहीं हो सकता इस लिए कलयुग में बहुत सरल उपाय है। की नाम जप, और नाम जप के शिवाय, दूसरा कोई उपाय नहीं है, दूसरा कोई साधन नहीं है। नाम जप से ही सारे साधन सुलभ हो जायेंगे।

मानस उत्तर काण्ड

कलिजूग सम जूग आन नहि जौ नर कर विश्वास।

गाई राम गुन गन विमल भव तरहि बिनहि प्रयास॥

यदि मनुष्य विश्वास करे तो कलियुग के समान दूसरा युग नहीं है क्योंकि इस युग में श्री राम जी के निर्मल गुणसमूहों को गा, गाकर मनुष्य बिना ही परिश्रम संसार रूपी समुद्र से तर जाता है कलियुग में भगवत प्राप्ति बहुत आसान है। केवल हमें अपने कल्याण के लिए भगवत नाम का स्मरण करते रहना है कलियुग में, भगवान श्री राम के नाम की महिमा का वर्णन वाल्मीकि महाराज ने रामायण में की, और

भगवान शिव जी ने की है और राम चरित मानस में गोस्वामी तुलसी दास जी ने की है। और वेदों ने भी राम नाम की महिमा का वर्णन किया है।

प्रश्न - १३९

खाना कितने प्रकार से बनता है?

उत्तर - खाना चार प्रकार से बनता है - प्रसाद, भोजन, खाना, आहार।

१. **प्रसाद** - प्रसाद वह है जो कुछ हम बना कर, भगवान को अर्पण करने के बाद, जो हम ग्रहण करते है। उसे प्रसाद कहते है भगवान का प्रसाद लेने से किसी प्रकार की कोई तकलीफ़ नहीं होती। और मन, चित, बुद्धि, प्रसन्न रहता है हमारा पाप भी क्षीण होता है।

२. **भोजन** - भोजन वह है जो सकारात्मक सोच से, अच्छे विचार से, जैसे भोजन बनाते समय, भगवान का नाम स्मरण करते रहना। प्रसन्न चित होकर भोजन बनाना, इस भाव से की इसे ग्रहण करने वाला, अतिथि भगवान ही है। भोजन करवाने की अपार भाव, खूसी लेकर भोजन बनाते है। वह भोजन है। इसे ग्रहण करने से आनंद ही आनंद आता है। इसके साथ प्रसन्नता और मन को तृप्ति मिलती है।

३. **खाना** - खाना बनाते समय निगेटिव नकारात्मक सोच है मन में चिढ़ चिढ़ा पन है क्रोध है तरह, तरह की ग़लत इच्छायें है तो जो ख़ाना बनाता है वह सिर्फ़ खाना होता है केवल पेट भरना। क्रूरता और दुःखी मन से बनाया हुआ खाना वह बहुत नुक़सान कारक होता है। उससे, न मन, न तन, न विवेक, न बुद्धि, न विचार ही शुद्ध रहता है यह ख़ाना सेहत के लिए बहुत नुक़सान देय है।

४. **आहार** - यह अशुद्ध कहा गया है। जैसे सुंदरकाण्ड में सुरसा ने हनुमान जी को खाने के लिए कहती है कि - **आज सूरन्ह मोही दिन्ह अहारा।** और जब लंका में हनुमान जी छोटा सा रूप बना कर घुसते है, तब वहाँ लंकिनी नामक राक्षसी ने कहा - **जानई नहीं मरम सठ मोरा। मोर आहार जहा लगी चोरा॥** और हनुमान जी राम जी के परम भक्त है। जो भगवान के भक्त और साधु, सन्त, ऋषि, मुनीयो का दर्शन करता है तो इस आहार से बच जाता है। हनुमान जी ने बिभीषण से कहा -

प्रात लेई जो नाम हमारा। तेही दिन ताहीं न मिलई अहारा॥

जो सुबह में मेरा नाम लेता है तो उसको उस दिन आहार नहीं मिलता है उसे प्रसाद मिलता है। आहार से बचना तो भगवान की भक्ति करना ज़रूरी है।

प्रश्न - १४०

क्या सन्त कभी दुःखी होते है?

उत्तर - नहीं सच्चे सन्त कभी दुखी नहीं होते अपितु वे सदा सुखी रहते है। भगवान के नाम का स्मरण करने वाले को, किसी बात की कमी नहीं रहती है तो एक प्रश्न उठता है की फिर दुखी क्यों हो रहे है जो दुखी है, वह भगवान पर विश्वास नहीं करते। सबके सब भगवन्नाम में विश्वास न करने के कारण मौत के चक्कर में पड़ते है और कामना व मोह के कारण दुखी भी होते है।

अश्रद्दधाना: पुरुषा धर्मस्यास्य परंतप।

अप्राप्य मां निवर्तन्ते मृत्युसंसार वत्मर्नि॥ (गीता ९/३)

जन्म मरण के दुःख से, बड़ा कोई दुःख नहीं है नाम महाराज के स्मरण से, सब दुखो से मुक्ति निश्चित है लेकिन श्रधा विश्वास बहुत ज़रूरी है। विश्वास पूर्वक सन्त भगवत नाम का सहारा लेकर मस्त रहते है कभी दुःखी होते ही नहीं। इसका प्रमाण बाल्मीकी जी ने रामायण में दिया है और सभी वेद पुराण ग्रन्थ सबका यही मत है। हरि नाम, राम नाम जपने से मनुष्य की मुक्ति और कल्याण अवश्य होता है। इसमें कोई संदेह नहीं है।

प्रश्न - १४१

भक्त कितने प्रकार के होते है?

उत्तर - भक्त चार प्रकार के होते है। १. अर्थार्थी भक्त २. आर्त भक्त ३. जिज्ञासु भक्त ४. ज्ञानी भक्त

जपहि नामु जन आरत भारी। मिटहि कूसंकट होहि सूखारी॥

राम भगत जग चारी प्रकारा। सुकृति चारिऊ अनघ उदारा॥

१. **अर्थार्थी भक्त** - जो भगवान की भक्ति धन, सम्पत्ति आदि की चाह से, इच्छा से करता है। वह अर्थार्थी भक्त है।

साधक नाम जपहि लय लाए। होहि सिध्द अनिमादिक पाए॥

जो धन सम्पत्ति चाहते है। वह भी भगवत् नाम जप करते है और भगवान उनको भी सभी कुछ अनिमादिक सिध्दिया देते है।

२. **आर्त भक्त** - जो भगवान की भक्ति अपने सुख, और संकट की निबृति के लिए करता है। वह आर्त भक्त है।

जपहि नामु जन आरत भारी। मिटहि कूसंकट होहि सुखारी॥

और जो दुखी होता है और संकट से छूटना चाहता है वह आर्त होकर व्याकुलता पूर्वक नाम जप करता है तो उसका सब संकट मिट जाता है वह सुखी हो जाता है।

३. **जिज्ञासु भक्त** - जो भगवान के गुण तत्व को, भगवत् रहस्य को जानने की अभिलाष से भक्ति करता है। वह जिज्ञासु भक्त है।

जाना चहहि गूढ़ गति जेऊ। नाम जीह जपि जानहिं तेऊ॥

जो परमात्मा के परम तत्व को जानना चाहते है वे जिज्ञासु भक्त है।

४. **ज्ञानी भक्त** - जो भगवान के तत्व को जान कर, स्वभाविक प्रेम से भगवान को भजने वाला भक्त है वह ज्ञानी भक्त है। जिस परमात्मा प्राप्ति की तिब्र इच्छा होती है।

नाम जीह जपि जागहिं जोगी। बिरती बिरंचि प्रपंच बियोगी॥

ब्रह्म सुखहि अनुभवहि अनुपा। अकथ अनामय नाम न रूपा॥

ब्रह्मा के बनाये हुए प्रपंच (दृश्य जगत) से भलीभात छूटे हुए वैराग्यवान मुक्त योगी पुरुष, इस नाम जप से तत्वज्ञान रूपी दिन में हमेशा जागते रहते है और, अनुपम, अनिवर्चनीय, अनामय, ब्रह्मसुख का अनुभव करते है और ज्ञानी भक्त का संसार से उनका कोई प्रयोजन नहीं रहता है यही ज्ञानी भक्त है।

राम भक्त ये चरो पुण्यात्मा पाप रहित और उदार है गीता में भी आया है कि **उदारा: सर्व एवैते** (७/८) यह चारों भक्तों को नाम का ही आधार है। इसमें ज्ञानी भक्त प्रभु को विशेष अधिक रूप से प्रिय है ये चारों युगों में चारों वेदों में नाम का प्रभाव है परन्तु कलियुग में विशेष रूप से है इसमें नाम को छोड़ कर दूसरा कोई उपाय ही नहीं है। (गीता ७/ १६)

प्रश्न - १४२

अंतः कारण की शुद्धि क्या है?

उत्तर - अंतः कारण की शुद्धि करने के लिए, अपने विचारो को, अपनी सोच को, अपने भाव को, अपनी दृष्टि को समझने की ज़रूरत है। हमें अपने विचारो को सकारात्मक रखना है जिससे हमेशा अच्छा सोचे अच्छा विचारे अपना भाव सभी के लिए भगवत भाव हो। जिससे सबका हित हो और अपनी दृष्टि, सृष्टि मय नहीं होनी चाहिए दूसरे के दोषों को नहीं देखे। अपनी दृष्टि अंतः कारण भाव दृष्टि होनी चाहिए। हमें सबको समझना चाहिए और सबका आदर करना चाहिए। भगवत्नाम संकीर्तन का सहारा लेकर, कामना, इच्छा का त्याग, मोह का त्याग, इन सबके निवृति से अंतःकरण की शुद्धि होती है। जिसको देखकर आप को क्रोध आता है उसके

बदले में, सौम्यभाव (सोचने की नज़रिया) के साथ, उसके प्रति सम्मान के भाव आवे भगवत भाव से सोचे।

सर्वे भवन्तु सुखिन: सर्वे सन्तु निरामया:।

सर्वे भद्राणि पश्यन्तु मा कश्चिद दुःख भाग्भवेत॥

सब सुखी हो, सब निरोग हो, सबका सदामंगल कल्याण हो, किसी को ज़रा भी दुःख न हो, ऐसा हमारा विचार और आचरण होना चाहिए। हमें हमेशा सकारात्मक सोचते हुए भगवत मय संसार को समझना चाहिए। हमें दूसरे के अवगुणो की ओर न देख कर हमेशा अपनी ओर देखना चाहिए अपने जीवन को सदा पवित्र मस्तिष्क को सदा संतुलित, और मन को सदा शुभ, विचारयुक्त रखना चाहिये हमें कुछ बातों का जीवन में ध्यान रखना चाहिये।

१. कभी आवेश में नहीं आना चाहिये, आवेश में आने से कार्य बिगड़ता है अगर आवेश आता है तो उसे बाहर न आने देना चाहिये

२. सबके प्रति विनम्र होना और सबका आदर करना चाहिये। इससे अभिमान अहंकार की निबृति होगी।

३. सबसे सदा मीठा बोलना चाहिये। इससे सज्जनता का आभास होता है।

४. विवेक के द्वारा भभिष्य की बातें सोच विचार करके, उन्हें करने का निश्चय करना चाहिये। ताकि भभिष्य में पछताना ना पड़े।

५. अपने खान पान को सदा पवित्र भगवत प्रसाद समझ कर ग्रहण करना चाहिये। जिससे मन विचार हमेशा शुद्ध रहे।

६. भगवान पर अटल विश्वास रखते हुए। हमेशा उनसे अटूट प्रेम करे प्रभु सत्य है बाक़ी सब असत्य है। सत्य के सिवा और कुछ नहीं है।

७. अपनी भूल को स्वीकार कर, उसे सुधारना चाहिए और भभिष्य में दुबारा ना हो, उसकी प्रतिज्ञा लेनी चाहिये वही उसकी बहादुरी है और उत्तम सोच है उसी प्रकार विष वाणी वाले व्यक्ति को अमृत वाणी दो इस प्रकार के व्यवहार से अचार विचार भाव से अंतः करण की शुद्धि होती है अंतः करण हमेशा शुद्ध रखना ही चाहिये, जिसमें भगवान का नित्य निवास और दर्शन होता है।

प्रश्न - १४३

जीवन सर्वोच्च महत्व की बातें क्या है?

उत्तर - जीवन की महत्व तीन बातें है। इन तीन बातें हमेशा जीवन में उतारने की ज़रूरत है।

ध्यान देने योग्य (कर्म)

१. किसी को बुरा न कहना। किसी की बुराई न करना।

२. किसी की बराई न सुनना।

३. किसी की बुराई न देखना।

१. संसार की किसी वस्तु को, अपना न समझना।

२. संसार की कोई वस्तु से लगाव न रखना।

३. संसार की कोई वस्तु अपने लिए नहीं है, ऐसा समझना।

१. संसार में किसी जीव को, कष्ट न पहचाना।

२. संसार में सभी जीवों पर दया करना।

३. संसार में सभी जीवों को भगवत मय मानना।

१. मन को अपने वश में रखना।

२. मन को स्थिर (शान्त) रखना।

३. मन को इंद्रीयो से दूर रखना।

निबृति (त्याग)

१. संसार २. परिवार ३. कामना ४. अहंकार ५. तृष्णा

१. काम २. क्रोध ३. मोह ४. माया ५. असंगत

१. मन २. चित ३. बुद्धि ४. राग द्वेष ५. ईर्ष्या

प्राप्ति (पंचम भाव) की

१. करुणा दया २. क्षमा ३. प्रेम ४. सेवा ५. भक्ति

संसार आदि से निबृति होने पर ही परमात्मा की प्राप्ति होगी लेकिन पंचम भाव की सीढ़ी से ही गुजरना ही होगा। पंचम भाव बिना परमात्मा प्राप्ति असम्भव है।

प्रश्न - १४४

सगुण भगवान से प्रेम कैसे?

उत्तर - सगुण भगवान से प्रेम करना है। तो पहले सगुण स्वरूप में अटूट विश्वास होना आवश्यक है। इसके अलावा दो बातें ख़ास है।

१. **वैराग्य** - पहले अपनी अज्ञानता को ख़त्म करना, यनी भगवान के प्रति जानना, और हक़ीक़त का वैराग्य, जो ज्ञानता पूर्वक हो, वैराग्य घर छोड़ना नहीं है वैराग्य मन से करना है सच्चा वैराग्य वही होता है। जो संसार की वस्तु चीज़ पदार्थ का त्याग हो और संसार का असत्य, मेरा, तेरा, हमारा, तुमरा और, घर, परिवार आदि से लगाव हट जाये केवल एक भगवान में मन लग

जाये, उसे वैराग्य कहते है। जैसे मीरा का वैराग्य था, नरसिंह मेहता था, गोरा भगत आदि का था, यही सच्चा वैराग्य है। और आज कल का तो वैराग्य अजीब है। ऊपर से रंगा कपड़ा पहन लिया और भीतर से कामना इच्छा आदि से ग्रसित है केवल घर छोड़ना वैराग्य नहीं है अज्ञानी वैरागी नहीं? ज्ञानी वैरागी बनो।

२. **प्रेम -** जब मनुष्य को सच्चा वैराग्य हो जाता है। तब उसे भगवान से प्रेम हो जाता है और जब उसका प्रेम अपने परिपक्व सीमा तक पहुँचता है। तो उसे सब में भगवान दिखाई देते है वह संसार को भगवान मय ही देखता है। और प्रेम में मस्त होकर नाचता झूमता है भगवान के शिवा उसे कुछ नहीं दिखता लोग उसे पागल भी कहने लगते है। पागल का उलटा - लग पा! पा का मतलब पग, प्रभु के पग में लग जैसे मीरा भक्ति में पागल हो गयी। और पागल होकर भगवान में ही समा गई यही सच्चा प्रेम है।

प्रश्न - १४५

भगवन्नाम लेने की बिधि क्या है?

उत्तर - नारद जी ने पूछा - **कोऽस्ति विधिरिति सहोवाच प्रजापतिः**

ब्रह्मा जी ने कहा - **नास्ति विधिः** कोई बिधि नहीं है। कोई कैसा भी हो, पापी हो या पुण्यात्मा। वह नाम जपता हुआ। सायुज्य सालोक्य आदि मुक्तिओं को प्राप्त कर लेता है इसलिए नाम जपते जाओ कलियुग में बड़ी सुगम बात है नाम जप कोई भी मनुष्य, किसी भी समय, किसी भी परिस्थिति में, कर सकता है, नाम जप में कोई निषेध नहीं है।

तुलसीदास जी - **सुमिरत सुलभ सुखद सब काहु।** सबके लिए सुलभ है। **सुलभम भगवन्नाम वगास्ति वशवर्तिनि** भगवान का नाम, सब जगह, सब समय सुलभ है। सभी मानव जीव को, जो जागते है यानी जिज्ञासु है जो नीद में सो रहे है आलसी है, जिन्हें भगवान के बारे में कुछ पता ही नहीं है। उनकी बात कुछ और है भगवत नाम लेने में कोई भेद भाव नहीं है न कोई वर्ण आश्रम की बात है पापी, दुराचारी, अधम से अधम, कोई भी भगवन्नाम का जप करके, अपने विश्वास लगन और निष्ठा से पुण्यात्मा बन कर, भगवत प्राप्ति का अधिकारी बन सकता है इसमें कोई संसय नहीं है।

प्रश्न - १४६

अपरा (जगत) प्रकृति क्या है?

उत्तर - भगवान ने गीता में कहा है। (गीता ७। ४- ५) पृथ्वी, जल, तेज (अग्नि), वायु, आकाश? ये पंचमहाभूत और मन, बुद्धि तथा अहंकार इस प्रकार यह आठ भेदोवाली, मेरी यह अपरा प्रकृति है। इस अपरा प्रकृति से भिन्न, भिन्न, जीव रूप बनी हुई, मेरी पराप्रकृति को जान! जिसके द्वारा यह जगत धारण किया जाता है। परमात्मा के बिना जगत और जीव की सत्ता है ही नहीं परमात्मा के ही अंश, जीव है और जीव के अंश से ही जगत है। (ययेदम धायर्ते जगत) 'इसलिए गीता में जगत, जीव, परमात्मा को अलग अलग बताने में नहीं है अतएव तीनो एक ही है। मनुष्य जीव आत्मा को, अपने ही भीतर स्थित इस ब्रह्म को ही सर्वदा जानना चाहिये। क्योंकि इससे बढ़ कर, जानने योग्य तत्व, दूसरा कुछ भी नहीं है भोगता जीव आत्मा है और भोग्य जगत है और इन सबके प्रेरक परमात्मा को जान कर, मनुष्य सब कुछ जान लेता है इस प्रकार तीन भेदो में बताया हुआ ब्रह्म है अर्थात्, जीव, जगत और, परमात्मा- ये तीनो समग्र ब्रह्म के ही रूप है।

प्रश्न - १४७

शास्त्र दर्शन में कितने भाग है?

उत्तर - शास्त्र दर्शन में दो भाग हैं -

१. भगवान व परमात्मा को मानने वाले है। ईश्वर को मानने वाले शास्त्रों में गीता को मुख्य माना है गीता का सिद्धांत है। **वासुदेवम: सर्वम** - अर्थात् सब कुछ परमात्मा है और सर्वत्र है जिन साधकों ने ईश्वर में, अपने अनुभव का, अपने मन में संतोष कर लिया है वह तो वही अपनी स्थिति में रुक गये। पर जिन्होने अपने दर्शन अनुभव में संतोष नहीं किया उन्होंने वासुदेव: सर्वम का अनुभव कर लिया वासुदेव: सर्वम' का अनुभव होने पर सम्पूर्ण साधकों में अपने अनुभव में परस्पर मतभेद सर्वथा मिट जाता है और वे सब एक हो जाते है। शास्त्रों में जगत, जीव और, परमात्मा ये तीनो का ही विवेचन आता है क्योंकि इन तीनो के सिवाय चौथा कोई है ही नहीं।

२. भगवान व परमात्मा को न मानने वाले कुछ लोग अपने कर्म पर निष्ठा करके काम करते है। कुछ लोग सत्कर्म पर विश्वास करके आगे बढ़ते है। लेकिन भगवान को नहीं मानते जैसे किसी को कहो की आप गेहूं मक्का खाते है। वह आप को ना कहेगा और कहेगा कि मै केवल रोटी खाता हूँ केवल समझ का फेर है उसी प्रकार

भगवान को न मानने वाले में भी समझ का केवल फेर है भगवान बिना तो कुछ है ही नहीं तुम मानो या न मानो सत्य तो सत्य ही होता है।

प्रश्न - १४८

भगवत्नाम कितने प्रकार से जपते हैं?

उत्तर - भगवत्नाम तीन प्रकार से जपते हैं।

१. शुरुआती (प्रारम्भिक) अपने कर कमलों से माला फेर कर, नाम का जप करते है और मुख से नाम का उच्चारण करते रहते है और माला फेरने के कुछ नियम है माला दो अंगुली ऊपर तर्जनी और नीचे कनिष्ठा को छोड़ कर बीच की दो अंगुली से फेरना चाहिए और माला फेरते समय माला किसी को दिखाई नहीं पड़नी चाहिये। इस प्रकार से हाथों से माला फेरना चाहिये।

२. जब हम माला नियम से फेरते है तो हमें अभ्यास हो जाता है और अभ्यास होने पर, आप अपने करकमल से और अपने जीभ से नाम का उच्चारण करके माला फेर सकते है और फिर जीभ से ही भगवत्नाम लेना चाहिये।

३. जब हमारी लगन भगवान के साथ हो जाती है और भगवान की स्मृति हमेशा याद आती है। तब हमें माला की आवश्यकता नहीं होती क्योंकि ऐसे जगह पर पहुचने पर भगवत्नाम अपने आप आने लगता है। हमारे अन्दर मन से कण्ठ से प्रभु नाम का उच्चारण अपने आप होता है। आप को मुँह खोलने की ज़रूरत ही नहीं पड़ती। केवल भगवान का ध्यान हमेशा रखना है। उन्हें भूलना नहीं है आप ऐसे मोकाम पर पहुँच जाते है की आप कुछ भी करते रहो चाहे कोई काम करो, या खाना बनाओ, या खाना खाओ, नाम धुन चालू रहती है। केवल बोलते समय राम नाम धुन बन्द हो जाती है।

कलियुग में भगवत शरण! भगवत् दर्शन! भगवत प्राप्ति! कितनी सुगम है। कितनी आसान है केवल कामना और मोह अहंकार का त्याग हुआ और प्रभु चरणो में प्रेम अनुराग हुआ तो भगवान की प्राप्ति और दर्शन मिल गया।

प्रश्न - १४९

पारिवारिक जीवन में त्याग कैसे?

उत्तर - पारिवारिक जीवन में रहते हुए यह हमेशा ख़्याल रखो! ध्यान रखो! की हमें कहाँ से कैसे, सत्संग मिल सकता है या मिलेगा। क्योंकि बिना सत्संग के, विवेक (ज्ञान) नहीं होता बिना ज्ञान का किसी को समझ पाना असम्भव है।

बिन सत्संग विवेक न होई। राम कृपा बिन सुलभ न सोई॥ (राम चरित मानस)

ऊपर हमने लिखा है की ज्ञान कहाँ कहाँ से मिल सकता है सत्संग से और स्वाध्याय (आध्यात्मिक पठन पाठन) से ज्ञान मिलता है अगर कोई ज्ञानी गुरु मिल जाये, पर मिलना कठिन है अगर कोई नहीं मिलता तो भगवान को, राम, कृष्ण, शिव को ही गुरु बना लो और नाम जपना शुरू कर दो अपने आप कृपा होना, और ज्ञान मिलना शुरू हो जाएगा और नाम जप से जो अनुभव हो, वह अपने गुरु चाहे भगवान ही हो उन्ही से कहना। वो सब सुनते है और किसी इन्सान से अपने अनुभव को नहीं कहना चाहिये। और मत कहना काम करते रहो नाम लेते रहो प्रभु को पुकारते रहो! उनको याद करते रहो!

चाहे कुछ भी हो प्रभु को भूलना नहीं है प्रभु से लगाव, लगन लग गयी तो हमारा कल्याण होना ही है। अपने अन्दर एक आनन्द महसूस होता है भीतर का आनन्द, सबसे बडा ऊर्जा है आन्तरिक सन्तोष, सबसे बड़ा धन है। शुद्ध चरित्र ही हमारी सबसे बडी सत्ता है ज्ञान जीवन की स्वतन्त्र सत्ता है प्रेम ही अनिष्फल महामन्त्र है। घर परिवार में रहते हुए अपने कर्तव्य का अच्छे तरीक़े से निर्वाह करते हुए सभी जीव को चाहे मनुष्य हो, या अन्य जीव सभी को भगवान का ही, स्वरूप समझना और जो हो सके, उनकी सेवा करना। और भगवान को हमेशा याद करते रहो।

भगवान से कहो - हे प्रभु हम आप के है। और आप हमारे है। क्योंकि हम सब भगवान के अंश है। हमें अपना कल्याण खुद करना है। अपने कर्मों से? धीरे धीरे संसार परिवार से, अपनी लगन रुचि को हटा कर, भगवान में अपने मन और, लगन व रुचि, को लगाओ। यह जगत संसार परिवार सब स्वार्थी है।

स्वारथ लाई करई सब प्रीति। सुर नर मुनि सबहि कई रीति॥ (राम चरित मानस)

अपना केवल ईश्वर ही है। और कोई नहीं है। अगर कुछ साथ लेके जाना है। तो सत्कर्म और सेवा पुण्य के रूप में साथ जाएगा। केवल पुण्य और पाप यही दोन जाते है।

प्रश्न - १५०

जीवन का परमसत्य क्या है?

उत्तर - सत्य तो बहुत कड़वा होता है। मतलब अप्रिय होता है। हमारे सभी ग्रंथो का सार श्रीमदभगवत पुराण व गीता है। सबका कहना एक ही है। जगत, जीव और, परमात्मा ए तीन ही मुख्य है। और चौथा कोई नहीं है। इन तीनो में सत्ता परमात्मा की है। परमात्मा से ही, यह जीव और जगत है। माया से संसार है। और संसार से

अहंकार है। अहंकार से, चित, मन, बुद्धि का आवरण है। जीव जब संसार में आता है। तो वह माया के संसर्ग में आने से, वह असत्य के आवरण से ढक जाता है। इसलिए वह सत्य से वह बहुत दूर हो जाता है। इसलिए सभी जीव को, असत्य ही दिखाई देता है। असत्य में जीना ही, उसे अच्छा लगता है।

प्रश्न - १५१

जीवन की ज़रूरी, पालन योग्य बातें क्या है?

उत्तर - सतयुग, त्रेता, और, द्वापर में बड़ों से आशीर्वाद लेने के, महत्व को जानते थे। और तीनो युगों में इसका पालन हुआ। त्रेता में भगवान श्री राम जी, माता, पिता और, गुरु को नित्य चरण स्पर्श करके, प्रणाम करते थे। उनका प्रतिदिन आशीर्वाद लेते थे।

प्रात: काल उठके रघुनाथा।

मात पिता गुरु नवहि माथा॥

द्वापर में युधिष्ठिर का यह नियम था। की वह अपनी माता और गान्धारी को नित्य प्रति प्रणाम करते थे। उनसे आशीर्वाद पाया करते थे। (गीता १७। १४)

देवद्विज गुरु प्राज्ञपूजनम शौचमार्जवम।

ब्रह्मचर्यमहिंसा च शारीरम तप उच्यते॥

देवता, ब्राह्मण, गुरु, माता, पिता, महापुरुषों का पूजन, और पवित्रता, सरलता, ब्रह्मचर्य, अहिंसा, जीवन, यह शरीर सम्बन्धी तप कहा जाता है। देवता, ब्राह्मण, साधु, गुरूजनो को, और माता, पिता को, बड़ों को प्रणाम करने में, अधिक समय नहीं लगता है। लेकिन कलियुग में कितने दुःख की बात है। कि माता, पिता, गुरु और बड़ों को, प्रणाम करने में हमें लज्जा आ रही है।

प्रश्न - १५२

यज्ञ कितने प्रकार का है?

उत्तर - यज्ञ कई प्रकार से किया जाता है। (गीता ४। २८)

द्रव्ययज्ञास्तपोयज्ञ योगयज्ञास्तथापरे।

स्वाध्यायज्ञान यज्ञाश्च यतन: संशितब्रता:॥

कई लोग द्रव्य सम्बंधित यज्ञ करते है। कितने तपस्या रूप यज्ञ करते है कितने अहिंसा पालन ब्रत यज्ञ करते है कितने स्वाध्याय रूप ज्ञान यज्ञ करते है कितने

सात्विक दान देकर द्रव्य यज्ञ करते है कितने तप यज्ञ परमात्मा प्राप्ति उद्देश्य से दृढ़ निश्चय पूर्वक तप यज्ञ करते है। **योगयज्ञ** - संयम में रहकर ध्यान करना। **सेवायज्ञ** - अतिथियों की सेवा करना। और प्राणायाम करके मन में प्रसन्नता प्राप्त करना प्राणायाम यज्ञ है। किसी कार्य को किसी विशेष उद्देश्य से करना। एक तरह का वह यज्ञ ही मानना चाहिये।

१. **द्रव्य सम्बंधित यज्ञ** - जो देवताओं को प्रसन्न करने के लिए किया जाता है।

२. **तपस्या रूपी यज्ञ** - जो परमात्मा को जानने के लिए करते है।

३. **अहिंसा ब्रत यज्ञ** - जो सभी जीवों को भगवत मय जान कर प्रेम करना। (सियाराम मै सब जग जानी)

४. **स्वाध्याय रूपी यज्ञ** - जो वाचन कर्म द्वारा ज्ञान अर्जित करना है।

५. **सात्विक दान यज्ञ** - जो अन्य वगैरह का दान देकर पुण्य अर्जित करना है।

६. **तप ध्यान यज्ञ** - जो परमात्मा प्राप्ति उद्देश्य से दृढ़ निश्चय पूर्वक तप ध्यान करना है।

७. **योग यज्ञ** - जो अपने को संयम में रह कर ध्यान करना।

८. **सेवा यज्ञ** - जो घर आये अतिथीयो (मेहमान) की और ज़रूरत मंदो को भोजन करवा कर, और अन्य ज़रूरतों को पूरा करके सेवा करना।

९. **प्राणायाम यज्ञ** - मन की प्रसन्नता प्राप्ति के लिए प्राणायाम करना जिससे मन प्रसन्न रहता है।

१०. **कर्म यज्ञ** - किसी कार्य को किसी विशेष उद्देश्य से दूसरो के लिए करना ही कर्म यज्ञ है।

यह सब जीवन के परम हितैसि यज्ञ हैं।

प्रश्न - १५३

मनुष्य का सबसे बडी शक्ति क्या है?

उत्तर - मनुष्य की सबसे बड़ी शक्ति, प्रेम, और मौन है।

१. **प्रेम** - प्रेम एक ऐसा शस्त्र है इसमें अपरम्पार शक्ति है प्रेम आनन्द रस का उद्गमश्रोत है यह प्रभु कृपा से मिलता

है। यह अमोघ ब्रह्मास्त्र है जो अचूक है कभी आज तक निष्फल हुआ ही नहीं है। चाहे क्रूर से बड़ा क्रूर हो। चाहे कितना बड़ा दुष्ट ही क्यों न हो या चाहे अत्यन्त क्रोधी हो सब पर यह काम करता है इससे स्वयं भगवान प्रेम का नाम ही भक्ति है चाहे किसी के प्रति हो।

२. **मौन** - मौन धारण करना एक क्रिया है इससे मौन धारी की शक्ति, और योग्यता का पता नहीं चल पाता है। मौन व्यक्ति को बहुत गम्भीर समझा जाता है मौन व्यक्ति के शक्ति भण्डार का, अन्दाज़ा नहीं लगा पाते है। और ऐसे लोगों से लोग डरते भी है और मौन रहने से सेहत के लिए भी बहुत बड़ा लाभ है। उसका दिमाग (माइण्ड) बुद्धि बहुत तेज होती है मौन रहने से मन, चित, बुद्धि, शान्त रहती है। सही समय पर सही निर्णय लेने की शक्ति बढ़ जाती है। जिससे अनेको फ़ायदे होते है। साधु, सन्त, मौन धारण करके, मन, चित, बुद्धि को, एकाग्र करके भगवान के चरणो में लगाते है जो सबसे उत्तम तपेश्या मानी जाती है मौन धारण करने से अत्याधिक अनेको बहुत फ़ायदे है

प्रश्न - १५४

वर्ण व्यवस्था क्या है?

उत्तर - वर्ण व्यवस्था स्वार्थ रूपी अज्ञानी भ्रम है। जिसको कुछ लोगों ने, अपने स्वार्थ रत उसका व्याख्यान किया है। और हिन्दू सनातन को बटाने का कार्य किया है हालत अब ये हो गयी है की अब केवल सनातन धर्म का नाम है। सनातनी नहीं रहे। स्वार्थ भरी केवल मूर्खता रह गयी जिसका परिणाम सबने भोगा है हज़ारों साल गुलामी की दुसपरिणाम को सबने भोगा। जब की इन ज्ञानी मूर्खों को यह नहीं समझ आया, की भगवान राम और गुरु वसिष्ठ जी ने, भील निषाद को अपने हृदय से लगाया भरत जी ने भी हृदय से लगाकर भेंटा था और सबने प्यार से तो भी लोगो को वर्ण व्यवस्था समझ में नहीं आयी। गीता में दर्शन आता है की भगवान ने भक्ति अनुसार वर्ण व्यवस्था के बारे में कहा है।

१. **ब्राह्मण** - ब्राह्मण वह होता है जो ब्रह्म को जनता है जो वेद, पुराणकी रक्षा करने वाला, तथा उसके ज्ञान का, प्रचार प्रसार करने वाला, और ब्रह्म से सम्बंधित ज्ञान को जानने वाला ही ब्राह्मण है अन्यथा ब्राह्मण कहने का अधिकार किसी को नहीं है।

२. **क्षत्रिय** - क्षत्रिय उसे कहा गया है जो भगवत पथ पर चल दिया, तो फिर पीछे मुड़कर नहीं देखता। जो अपने भक्ति मार्ग पर दृढ़ विश्वास से अटल रहता है और अपने कर्म पथ से ज़रा भी विचलित नहीं होता। दृढ़ निश्चय का ही गुण क्षत्रिय है।

३. **वैश्य** - जिसके पास ज्ञान भी है और अज्ञान भी है जो केवल अपने बारे में ही सोचता रहता है जो अपना फ़ायदा ही पहले सोचता है औरों के बारे में कम रुचि

रखता है जो अपना, हित, स्वार्थ, महत्वाकांक्षा को सरोपरी मानता है। उसे वैश्य ही समझना चाहिये जो भगवत भक्ति से दूर भागता रहता है और भ्रमित रहता है।

४. **शूद्र** - जो अज्ञान में रहता है अज्ञान में जीता है जो अपने को ऊपर उठाना नहीं चाहता है। जो अत्यन्त अज्ञानी है। जो समझाने की इच्छा नहीं रखता है। दूसरे की बातों पर विश्वास रखता है परन्तु स्वयं विचार नहीं कर सकता है। वह ही शूद्र है।

सबका सारांश सार

जो व्यक्ति धर्म प्रचारक ज्ञान विज्ञान में निपुण है	-	वही ब्राह्मण है।
जो व्यक्ति अपने कर्ममार्ग से विचलित न हो	-	वही क्षत्रिय है।
जो अपने जीवन में भ्रमित रहता है	-	वही वैश्य है।
जो अपने को कुछ न समझ कर अज्ञानता में जीता है	-	वही शूद्र है।

विशेष जानकारी - जाती वर्ण को छोड़ कर अगर सारे हिंदु एक नहीं हो पाये। तो फिर से गुलामी के लिए तैयार रहना क्योंकि अन्य धर्मों में वर्ण भेद भाव नहीं है जाति भेदभाव नहीं है। इसलिए सब एक है और एक सम्मति में रहते है और हिंदू अहंकारी स्वार्थी भी ज़्यादा है। इसलिए एक जुट भी नहीं हो पाते है यह सबसे बड़ा दुख का कारण है।

प्रश्न - १५५

क्या भगवान मन्दिर में रहते है?

उत्तर - मन्दिर में कोई भगवान नहीं रहते है केवल भगवान व देवी, देवताओं के नाम पर डर पैदा करके डेरवाया जाता है जिससे इस ना समझ जनता को लूटा जा सके मन्दिर तो ना समझ अज्ञानीयो के लिए है। हमारे स्वार्थी ज्ञानवान लोगों का मत है कि ईश्वर कण कण में है तो दिखाई क्यों नहीं देते और मन्दिर में भगवान है तो अपनी रक्षा सुरक्षा क्यों नहीं करते। मन्दिर में ताले क्यों लगते है और फिर चोर ताले तोड़ कर चोरी करता है। तो अपना पूजा और अन्य समान की रक्षा क्यों नहीं करते है। जिस मन्दिर (घर) में भगवान रहते है। उसे तोड़ दिया जाता है। तो भगवान उसे क्यों तोड़ने देते है? बचाते क्यों नहीं? जो अपनी रक्षा नहीं कर पाते है। तो दूसरे की रक्षा क्या करेंगे क्योंकि कोई भगवान मन्दिर में नहीं रहते ये ना समझ दुनिया है लोगों ने मन्दिर के नाम पर अपना धंधा बनाकर लुट मचा रखी है और कुछ नहीं है।

मुर्दों के ऊपर चादर चढ़ते है पत्थर की मूर्ति को भोग लगते है पितरों को पिण्ड दान करते है ज़िन्दा रहने पर एक ग्लास पानी नहीं दिया मरने पर नाटक ड्रामा करते है। यह जो सभी कुछ हो रहा है सब ना समझी का ही नतीजा है।

जो मन्दिर इन्सान बनाया, उसे पूजता है सब कोय।

जो मन्दिर भगवान बनाया, उसे न पूजता कोय॥

इन्सान का बनाया मंदिर सब पूजता है और जो मन्दिर भगवान ने बनाया, उसे कोई भाग्य ही पूजते है। जिसके अन्दर श्रधा और विश्वास है। तो उसके लिए भगवान हर जगह है। कोई ऐसी जगह नहीं है। की जहाँ भगवान न हो। शिव जी ने देव, गौ, धरती से कहा। जो राक्षसों से परेशान होकर ब्रह्मा जी के पास गये थे।

हरि व्यापक सर्वत्र समाना। प्रेम ते प्रगट होई मै जाना॥

शिवजी, ब्रह्मा और, देवताओं से कहते है। भगवान तो हर जगह है। केवल उनको प्रेम से पुकारो। वो हर जगह प्रगट हो जाते।

'सियाराम मय सब जग जानी' मीरा बाई, जलाराम बापा, गोरा भगत, नरसिंह मेहता, संत रविदास, संतकबीर। सूरदास, संत तुकाराम और भी बहुत है। जो कभी कोई मन्दिर में नहीं गए परन्तु भगवान के प्रिय भक्त बन गये। मन्दिर तो केवल उनके लिए है। जो भगवत विमुख नास्तिक और ना समझ है। उनके लिए प्रथम सीढ़ी है। सनातनधर्म की। सच्चाई, और हक़ीक़त क्या है। जानो पंचम भाव, करुणा, क्षमा, प्रेम, सेवा, भक्ति, और यह पंचम भाव दृढ़ विश्वास, निश्छल प्रेम, **(निर्मल मन जन सो मोहि पावा। मोहि कपट छल छिद्र न भावा॥)** के बिना भगवान कही किसी जगह नहीं मिलते चाहे मंदिर में सिर फोड़ो चाहे कितना भी पूजा पाठ कर लो। चाहे कितना ही पैसा चढ़ा लो। जो तुम्हें दिया उसे ही रिस्वत देते हो। ज़रा सा अहंकार आने पर, भगवान नहीं मिलते। गोपियों में ज़रा सा अहंकार दिखाई पड़ा भगवान अदृश्य हो गये तो यह कलियुग तो अहंकार का है यहाँ भगवान कहाँ मिलेंगे। कर्म से ही सुख और दुःख भोगने के लिए मिलता है। **(सुख दुःख भोग कर्म सुन भ्राता)** लक्ष्मण जी निषाद राज से कहते है वेद पुराण सभी का कहना है। की भगवान कण कण में है। तो क्या सिखाई देंगे! 'जी, हाँ। अवश्य दिखाई देंगे। अगर आप को देखने की प्रबल इच्छा जागृत होगी। तो देख सकते है जिस प्रकार दूध में घी है लेकिन दिखाई नहीं पड़ता। जिस प्रकार लकड़ी में अग्नि है। दिखाई नहीं पड़ती वैसे ही भगवान है। कण कण में है। उन्हें देखने के लिए पंचम भाव चाहिये तभी आप देख पायेंगे।

भगवान का दो रूप है – १. निर्गुण स्वरूप २. सगुण स्वरूप।

निर्गुण स्वरूप - जो दिखाई नहीं देता, पर हर जगह है। निर्गुण ब्रह्म - सर्व शक्तिमान अनुपम अकथनीय अवर्णनीय अतुलनीय सचितानन्द निराकार निर्विकार ईश्वर ब्रह्म है। निर्गुण का मतलब जिसका कोई रूप नहीं। जिसका कोई आकार नहीं। परन्तु सभी जगह विद्यमान है। और सभी कार्य भी करते है।

प्रश्न - १५६

हमारे जन्म को सफल, निसफल बनाने का श्रेय किसका है?

उत्तर - माया और भक्ति का श्रेय है। १. माया से जीवन असफल व निरर्थक होता है। २. पंचम भाव और भक्ति से जीवन सफल सार्थक होता है।

माया से संसार उत्पन्न हुआ और संसार से अहंकार पैदा होता है अहंकार से हमारे चित, मन, बुद्धि पर असर होता है। और हमारी चित, मन, बुद्धि दूषित होती है और फिर चित, मन, बुद्धि, के द्वारा अकर्म, अशुभ और समस्त विकार वाले कार्य होता है। जो पतन की ओर ले जाता है जिसकी वजह से मनुष्य जीवन व्यर्थ में ही बीत जाता है जिससे जीवन निसफल निरर्थक हो जाता है यह किमती मनुष्य जीवन व्यर्थ हो जाता है **पंचम भाव** भक्ति का श्रेय जीवन की सार्थकता से है। **पंचम भाव** से भक्ति की उत्पत्ति होती है। भक्ति के दो पुत्र है। ज्ञान और वैराग्य, ये दोनो पुत्र अपनी माता भक्ति के साथ ही रहते है कभी साथ नहीं छोड़ते, क्योंकि अपने पुत्र ज्ञान और वैराग्य के बिना भक्ति रहती ही नहीं भक्ति प्रभु की दासी है इस लिए माया उसके पास आने से डरती है। जहाँ भक्ति अपने पुत्रों के साथ रहती है वहाँ माया कभी भूल के भी नहीं जाती वह कोशों दूर रहती है। जिससे मनुष्य भगवत प्रासि में सफल होता है। भगवान की कृपा दासों पर विशेष रूप से होती है भक्ति भी भगवान की दासी है। इसलिए भक्ति युक्त मनुष्य जीव भगवान को अधिक प्यारा है जिस मनुष्य को भक्ति का सहारा मिल गया। उसका मनुष्य जीवन सार्थक और धन्य हो गया।

प्रश्न - १५७

कलियुग कैसा आयेगा। कैसा समय होगा?

उत्तर - कलियुग का भागवत् के, बारहवें स्कंद में इसका वर्णन आया है। राम चरित मानस में, कलियुग का वर्णन है। राजा परीक्षित ने, शुकदेव जी से पूछा। की श्री कृष्ण

जी के जाने पर, कलियुग का आक्रमण तो बढ़ जाएगा। शुकदेव जी ने कहा राजन, भगवान के जाने के बाद, पृथ्वी पर असत्य, लोभ, कामना, दम्भ, पाखण्ड का ही सम्राज्य होगा। राजा अपनी सीमा बढ़ाने के लिये, एक दूसरे से लड़ेंगे। भारत के दूकड़े होंगे ब्राह्मण वेद विहीन होंगे। कलियुग में पैसेवाले की बोलबाला होगी पैसे के बल पर न्याय ख़रीदेंगे। चोटी, टीका और, बनावटी भगवा कपड़ा, दम्भी, संतो की पूजा होगी छोटा साइज़ (टुका) कपड़ा, और डिजाइनिंग बाल कटिंग होगी। कलियुग मे विद्या, विवेक (ज्ञान), तप, सदाचार वालों को बहुमान, सत्कार नहीं मिलेगा। धनवान को ख़ानदानी मानेंगे। प्रजा दुष्काल टेक्स के बोझ से दुखी होगी। पुत्रों द्वारा माता पिता का अपमान होगा पुत्र अपने माता और पिता को अपने से अलग रखेंगे। माता पिता की सेवा पुत्र से नहीं होगी। साक्षात् भगवान स्वरूप धरती पर, माता, पिता के आशीर्वाद से वंचित रह कर सभी प्रकार के कष्ट भोगेंगे। आश्रम का सहारा और बढ़ोत्तरी होगी कलियुग में गौ हत्या बढ़ेगी मनुष्य, वृक्ष, पशुओं का क़द छोटा होगा ब्राह्मण वेद, विद्या, बेचने वाले होंगे! शुकदेव जी ने कहा हे राजन! कलियुग के घोर कपटी, पाखंडी, दम्भी होंगे! और, अधर्म, अपनी पराकाष्ठा (चरमसीमा) को पहुँचेगा तब भगवान धर्म की स्थापना के लिए, कल्कि अवतार लेंगे।

सूरदास जी गाते थे -

जब लग यमुना गाय गोवर्धन, जब लग गोकुल गाँव गोसाईं।

जब लग श्री भागवत कथा रस, तब लग कलियुग नाहिं॥

जब तक यमुना, गाय, गोवर्धन, गुरुदेव और, श्रीमद्भागवत कथा, शुद्ध पवित्र संत के मुख से गायी जाएगी। तब तक कलियुग हैरान नहीं करेगा। जिस घर में श्री हरि नाम का स्मरण होता रहेगा। वहाँ उस घर में कलियुग नहीं आएगा। कलियुग में हरि नाम स्मरण यही एक उपाय है। प्रभु नाम सकीर्तन ही, जीवन कल्याण कारी और मोक्षदायी है। धर्म के चार चरण है। सत्य, दया, दान, तप केवल सतयुग, त्रेता, द्वापर के लिए, कलियुग में कुछ और है। भगवन्नाम संकीर्तन।

प्रश्न - १५८

कामना क्या है?

उत्तर - कामना दो प्रकार की होती है।

१. स्वार्थ रत कामना - यह कामना सांसारिक जीवन में, अपनी आवश्यकता की पूर्ति के लिए अपने सुख के लिए, अपने पारिवारिक सूखो के लिए, अपने स्वार्थ

में कामना करना, इच्छा रखना, यह स्वार्थी कामना है। जो इस मनुष्य जीवन को निरर्थक बना देती है हमारा मनुष्य जीवन व्यर्थ हो जाता है। अपने लिए कामना करना जीवन व्यर्थ बनाना है। बड़े भाग्य मानुष तन पावा। सुर दुर्लभ सदग्रंथहि गवा॥

२. **सात्विक कामना** - यह कामना अपने लिये नहीं होती अपितु दूसरे के कल्याण हेतु। सेवा करने हेतु, दूसरे को सुख पहचाने हेतु भगवान की भक्ति प्राप्ति हेतु और जिससे दूसरे का हित होता हो अपने लिए आध्यात्मिक कामनाये, जिससे यह मनुष्य जीवन सार्थक बन जाए यही सात्विक आध्यात्मिक कामना है भगवत कामना ही मनुष्य जीव का उद्देश्य होना चाहिए। जो सत्य मार्ग से जीवन को धन्य बनाने में सार्थक है।

प्रश्न - १५९

चरण स्पर्श से क्या फ़ायदा है?

उत्तर - चरण स्पर्श से बहुत फ़ायदा है अपने बड़ों का आदर, और अभिवादन होता है। चरण उन्ही का स्पर्श करना चाहिए। जिनका चरण और आचरण अच्छा हो।

१. चरण स्पर्श करने से, हमारा संस्कृति और कल्चर विकसित होता है। और अपने बड़ों का आदर और अभिवादन होता है। जिससे अपनत्व की भावना बढ़ती है अपना पन, महसूस होता है और शक्ति शाली आशीर्वाद मिलता है। जो सभी कार्यों को सफल बनाने की, शक्ति रखता है।

२. जब आप बड़ों का आशीर्वाद लेने यनी चरण छूने जाये तो उन्हें अपने लक्ष्य और कार्यों के बारे में ज़रूर बताए। बड़ों का, और माता पिता के, चरण स्पर्श से जो आशीर्वाद मिलता है। उससे बड़े से बडे कार्य सफल हो जाते है।

३. नीचे झुकने से सिर में ब्लड और ओक्सिजन का सरकुलेशन अच्छा होता है जिससे बुद्धि प्रखर (तेज) होती है।

४. चरण स्पर्श से नम्रता और विनम्रता आती है।

५. आध्यात्मिक और वैज्ञानिक दृष्टि से जब कोई पैर छूता है तो हाथ आशीर्वाद देने के लिए उठता है तब हृदय से ऊर्जा का प्रवाह निकल कर हाथों के द्वारा उसके सिर पर जाती है और सिर से होकर ऊर्जा पूरे शरीर में प्रवाहित होती है। इस पोज़ेटिव ऊर्जा से हमें शक्ति मिलती है। कार्य दक्षता बढ़ जाती है।

६. आध्यात्मिक दृष्टि से सिर को उत्तर ध्रुव और पैर को दक्षिण ध्रुव माना गया है हमारी धरती पर गुत्वाकर्षण के कारण ऊपर से आने वाली एनर्जी, उत्तर दिशा (सिर) से होकर, दक्षिण दिशा यनी पैर तक जाती है और पैरो में संगृहित होती है और पैरो के अँगूठे में सबसे ज़्यादा ऊर्जा होती है और पैर चरण स्पर्श करते समय, यह एनर्जी हाथों से होकर हमारे शरीर में प्रवेश करती है। जिससे शरीर में एनर्जी का प्रवाह रहता है और हमारे, चित, मन, बुद्धि पर सकारात्मक असर पड़ता है।

७. चरण स्पर्श करने से जो हमें सकारात्मक पोज़ेटिव एनर्जी मिलती है उससे, विद्या, बल, आयु, तेज, एस, बढ़ता है। जिससे जीवन में आनन्द की बढ़ोत्तरी होती है।

८. चरण स्पर्श से शारीरिक का व्यायाम होता है।

९. चरण स्पर्श से अहंकार नष्ट होता है और विनम्रता आती है।

१०. पैर के अँगूठे से शक्ति का संचार होता है जो हमारे शरीर में प्रवेश करती है जो अनेकों लाभ पहुँचाती है।

११. आशीर्वाद में बुरे वक़्त को पलटने की शक्ति होती है।

प्रश्न - १६०

सरोत्तम भाग्य शाली माँ कौन है?

उत्तर - भाग्यशाली माँ वह है जिन्होंने भगवान को अपने उदर में रखा था जिसमें माँ कौसिल्या है माँ देवकी है। भाग्यशाली माँ भी बहुत है। जिसने भगवत स्वरूप कई महान विभूतीयो को जन्म दिया है। लेकिन वह सबसे ज़्यादा सरोत्तम भाग्य वान माँ उत्तरा है। जो अपने उदर में भगवान और भक्त दोनो को रखा है और यह उस समय हुआ जब उत्तरा के गर्भ में अभिमन्यु के पुत्र परीक्षित को, द्रोणचार्य पुत्र अस्वसथामा ने, ब्रह्मास्त्र का प्रयोग करके, उन्हें मारना चाहता था। उस समय भगवान उत्तरा के गर्भ में जाकर परीक्षित की रक्षा की है। इस प्रकार भगवान और उनके भक्त दोनो उत्तरा के गर्भ रहे थे।

प्रश्न - १६१

सनातन धर्म की ख़ास बातें क्या है जो बच्चों को जानने योग्य है?

उत्तर - सनातन धर्म के ख़ास बातें, जो हमारे धर्म और हमारे जीवन से जुड़ी है हमारी सनातन भारतीय संस्कृति का ज्ञान है। लेकिन कितनी बातें हमारी जानकारी में नहीं है।

१. महीने में दो पक्ष- १. कृष्ण पक्ष, २. शुक्ल पक्ष!

२. मनुष्य तीन ऋण - १. देव ऋण, २. पितृ, ऋण, ३. पृथ्वी ऋण!

३. तीन प्रचलित माहपुराण १. श्री शिव महापुराण २. श्रीमहाभगवत महापुराण ३. श्री रामायण महापुराण ऐसे पुराण कुल १८ है।

४. तीन मौसम - ग्रीष्म ऋतु, शरद ऋतु, वर्षा ऋतु

५. चार युग - सतयुग, त्रेतायुग, द्वापरयुग, कलियुग!

६. चार वेद - ऋग्वेद, अथर्वेद, यजुर्वेद, सामवेद!

७. चार धाम - द्वारिका, बद्रीनाथ, जगन्नाथ पुरी, रामेश्वरम धाम!

८. चारपीठ - १. शारदा पीठ (द्वारिका) २. ज्योतिष पीठ (जोशीमठ बद्रिधाम) ३. गोवर्धन पीठ (जगन्नाथपुरी), ४. शृंगेरीपीठ!

९. चार आश्रम - ब्रह्मचर्य, गृहस्थ, वानप्रस्थ, संन्यास!

१०. चार अंतःकरण - मन, बुद्धि, चित्त, अहंकार!

११. पंच गव्य - गाय का घी, दूध, दही, गौ मुत्र, गोबर!

१२. पंच तत्त्व - पृथ्वी, जल, अग्नि, वायु, आकाश!

१३. पाँच अंगुलि छोटी से शुरू। १. जल (कनिस्ठीका) २. पृथ्वी (अनामिका) ३. आकाश (माध्यमाँ) ४. वायु (तर्जनी) ५. अग्नि (अनुस्ठा)

१४. पाँच जगह हँसना पाप के बराबर है। १. श्मशान में २. अर्थी के पीछे ३. शौक में ४. मन्दिर में ५. कथा में

१५. छह दर्शन - वैशेषिक, न्याय, सांख्य, योग, पूर्व, मिसांसा, दक्षिण मिसांसा!

१६. सत ऋषि - विश्वामित्र, मंदाग्नि, भरद्वाज, गौतम, अत्रि, वशिष्ठ और कश्यप!

१७. सत पुरी - अयोध्या पुरी, मथुरा पुरी, माया पुरी (हरिद्वार), काशी, कांची (शिन कांची - विष्णु कांची), अवंतिका और द्वारिका पुरी!

१८. आठ योग - यम, नियम, आसन, प्राणायाम, प्रत्याहार, धारणा, ध्यान एवं समाधि!

१९. दस दिशाएँ - पूर्व, पश्चिम, उत्तर, दक्षिण, ईशान, नैऋत्य, वायव्य, अग्नि, आकाश एवं, पाताल

२०. बारह मास - चैत्र, वैशाख, जेयेष्ठ, आषाढ़, श्रावण, भाद्रपद, अश्विन, कार्तिक, मार्गशीर्ष, पौष, माघ, फागुन!

२१. पंद्रह तिथियाँ - प्रतिपदा, द्वितीय, तृतीय, चतुर्थी, पंचमी, षष्ठी, सप्तमी, अष्टमी, नवमी, दशमी, एकादशी, द्वादशी, त्रयोदशी, चतुर्दशी, पूर्णिमा, और अमावास्या!

२२. स्मृतियाँ - मनु, विष्णु, अत्रि, हारीत, याज्ञवल्क्य, उशना, अंगीरा, यम, सर्वत, कात्यायन, ब्रहस्पति, पराशर, व्यास, शांख्य, लिखित, दक्ष सतातप, वशिष्ठ!

प्रश्न - १६२

जीवन अमूल्य बातें क्या है जो जीवन सार्थक है?

उत्तर - जीवन अमूल्य बातें, अपने जीवन को सार्थक बनाने के लिए बहुत उपयोगी है। हमें जीवन अमूल्य बातों को अपने जीवन में उतरना अनिवार्य समझना चाहिये।

१. अपनी बड़ाई और सराहना नहीं सुनना चाहिए। इससे अहंकार उत्तपन्न होता है।

२. अपने गुणो का, और ज्ञानवान होने का प्रदर्शन नहीं करना चाहिए। इससे अहंकारिता का बोध होता है। ज्ञानवान, गुणवान को समय इन्तज़ार करना चाहिए। समय अनुसार गुण और ज्ञान का उपयोग करना चाहिए।

३. अपने स्वभाव को समय के अनुसार, परिवर्तित करते रखना चाहिए।

४. अपने पास आये हुए, सभी सज्जन, असज्जन व्यक्तिओं का सम्मान करना चाहिए।

५. अपने को हमेशा छोटा और अज्ञान समझना चाहिए। क्योंकि भगवान के अलावा कोई भी सम्पूर्ण ज्ञानी नहीं है। ज्ञान जीवन प्रयांत सीखते है ज्ञान अथाह सागर है छोटा बन कर ही कुछ सिखा जा सकता है।

६. सभी जीवों को, अपने समान समझना उनके गुण धर्म के अनुसार, व्यवहार करना चाहिए। (ईश्वर अंश जीव अविनाशी)

७. अपने बड़ों को, गुरु, माता, पिता के, चरण स्पर्श करके प्रणाम करना चाहिए। क्योंकि इनके पास से हमें शक्तिशाली ऊर्जा (एनजी) मिलती है। जिसमें असफलता को सफलता में बदलने की शक्ति होती है।

८. चरण स्पर्श करके, अपने बड़ों का आदर और अभिवादन करना चाहिए। इससे माता पिता का गौरव बढ़ता है।

९. प्रेम व प्यार केवल भगवान से और अपने माता पिता से ही करना चाहिए और किसी से भी नहीं करना चाहिए।

१०. अपने माता पिता और सच्चा निःस्वार्थ गुरु के अलावा, किसी पर विश्वास नहीं करना चाहिए। माता पिता और सच्चा गुरु, इनसे बड़ा कोई अपना हितैसि नहीं होता है।

११. परम सत्य यह है। की दुनिया संसार में, अपना परमात्मा के शिवाय कोई नहीं है। (स्वार्थ लाई करई सब प्रीति)

१२. अपने, दुःख, दर्द के साथी, माता पिता, सच्चा गुरु, और सच्चा मित्र के, अलावा कोई नहीं होता है।

१३. हमारा जो अहित करता है नुक़सान व दुःख पहुँचाता है तो उसके साथ समयानुसार व्यवहार करना चाहिए। (माफ़ी योग्य या दण्ड योग्य है।) आवेश में आकर कोई निर्णय तत्काल नहीं करना चाहिए।

१४. जीवन में किसी को, अपने से छोटा नहीं समझना चाहिए और न कम, और व्यवहार अयोग्य, नहीं समझना चाहिए। सबके साथ अच्छा व्यवहार करना चाहिए। समय बलवान होता है। समय कब बदल जाये, कोई भरोसा नहीं।

१५. अपने सद्गुणो, अपनी अच्छाईओं को, कभी नहीं बदलना चाहिये। कैसी भी संगत मिले अपनी अच्छाईओं से, दूसरे को बदलना चाहिए बुरे लोगों की संगति में आने पर भी, अपनी अच्छाई को नहीं छोड़ना चाहिए। जैसे चंदन का स्वभाव है। (चन्दन बिष व्यापत नहीं लपटें रहत भुजंग) चन्दन में सर्प लिपटा रहता है। फिर भी चन्दन विषैला नहीं होता है।

१६. मागने वाले को कभी डॉटकर नहीं भगाना चाहिए। तुम्हारे से जो हो सके दो! और नहीं दे सकते तो प्रेम से हाथ जोड़ कर नमस्कार कर लेना चाहिए। (ना जाने किस रूप में नारायण मिल जाय)

रहीमन वे नर मर चुके, जो कछु माँगन जाय। उनसे पहले वे मूए, जिन मुख निकसत नाय॥

१७. हमेशा दान वग़ैरह, ऐसा देना चाहिए। कि मन में अहंकार न आये। न अपना प्रचार हो। न किसी को पता चलना चाहिए तभी दान का फल मिलता है। दान के अलावा, हमें एक दूसरे की यथा शक्ति मदद करना चाहिए। यही सार्थक जीवन है।

१८. माता पिता के, किसी भी बातों का, कभी भी बुरा नहीं मानना चाहिए। क्योंकि वह हमेशा, तुम्हारे हित की बात सोचते है। बच्चा कितना भी बड़ा हो जाय। चाहे कितने बड़े पद पर हो। माता पिता के लिए, वह बच्चा ही होता है। अच्छे सज्जन माता पिता की, मार, डाट, फटकार में, बच्चों का हित और प्रेम, और अपना पन ही छुपा होता है।

१९. किसी की मदद करते समय, किसी की मजबूरी का फ़ायदा, कभी भी नहीं उठाना चाहिए। वह बहुत बड़ा पाप है। क्योंकि हमें अपने कर्मों का फल स्वयं भोगना होता है।

२०. जीवन का सार, परमात्मा से सच्चा प्रेम, और माता पिता की सेवा, इसके अलावा कुछ भी सत्य नहीं है। क्योंकि हम परमात्मा का अंश आत्मा है। और माता पिता की वजह से यह शरीर मिला है। गुरु जैसा ज्ञान मिला। जिससे हमारा यह अस्तित्व है। आज हम उन्ही के कारण है।

२१. सांसारिक जीवन में, पैसे चाहे जितने हो। पर सुख और आनन्द पैसे में नहीं है। क्योंकि सांसारिक सुख, मात्र चंद समय के लिए ही होता है। इस शरीर के लिए, पैसे से सुख और खूसिया ख़रीदी जा सकती है। वह भी काल्पनिक है। हक़ीक़त नहीं है। हक़ीक़त का सुख, और आनन्द परमात्मा की शरण, और माता पिता के आशीर्वाद में ही है। और कही नहीं है।

प्रश्न - १६३

मानव बुद्धित्व कितने प्रकार की है?

उत्तर - मानव बुद्धि तीन प्रकार की होती है। १. ज्ञानेंद्र, २. भ्रमित, ३. अज्ञानेन

१. **ज्ञानेंद्र** - ज्ञान के द्वारा पूर्ण होना ही ज्ञानेंद्र बुद्धि है।

२. **भ्रमित** - अधूरा ज्ञान और अधूरा अज्ञान से भ्रमित बुद्धि होती है

३. **अज्ञानेंद्र** - पूर्ण अज्ञान जहां ज्ञान का अभाव ही अभाव हो। वह अज्ञानेंद्र बुद्धि है।

प्रश्न - १६४

श्री हरि ने कितना अवतार लिया है?

उत्तर - भगवान श्री हरि के २१ अवतारो का वर्णन हैं। वैसे तो भगवान श्री हरि के अनगिनत अवतार हैं।

१. चार ब्राह्मण के रूप में - सनक, सनन्दन, सनातन, सनत कुमार।

२. सुकर रूप में - पृथ्वी को रसातल से लाने के लिए।

३. नारद के रूप में - ऋषियों की सृष्टि में उपदेश हेतु (कर्मों के द्वारा किस प्रकार मुक्ति)।

४. नर नारायण के रूप में - मन और इंद्रीयो का संयम के उपाय बताया।

५. कपिल मुनि के रूप में कर्दम प्रजापति के यहाँ (सांख्य- शास्त्र का उपदेश हेतु)

६. दत्तात्रेय के रूप में - माता अनुसूया के वर मागने पर! अलर्क और प्रह्लाद को ब्रह्म ज्ञान का उपदेश दिया।

७. यज्ञ के रूप में - रुचि प्रजापति की आकूति नामक पत्नी से (पुत्र याम आदि देवताओं और स्वायम्भुव मन्वन्तर की रक्षा की)

८. ऋषभदेव के रूप में - राजा नाभि के पत्नी मेरु देवी से (परमहँसो का मार्ग दिखाया)

९. राजा पृथु के रूप में - पृथ्वी के कल्याण हेतु समस्त ओषधियों का दोहन किया।।

१०. मत्स्य के रूप में - अगले मन्वन्तर के अधिपति मनु की रक्षा की।

११. कच्छप के रूप में - समुद्र मन्थन की सहायता के हेतु।

१२. धन्वन्तरि के रूप में - अमृत लेकर प्राकट्य।

१३. मोहनी के रूप में - दैत्यों को मोहित करके देवताओं को अमृत पिलाने हेतु।

१४. नरसिंह रूप में - प्रह्लाद की रक्षा हिरण्यकशिपु बध करने हेतु।

१५. वामन रूप में - राजा बलि से तीन पग भूमि लेने हेतु।

१६. परशुराम रूप में - राजाओं से ब्राह्मण की रक्षा हेतु।

१७. व्यास जी रूप में - माता सत्यवती के गर्भ से पराशर जी के द्वारा वेदों की रचना हेतु।

१८. राजा राम के रूप में - अयोध्या में अवतार लेकर अनेक लिलाये की।

१९. कृष्णा अवतार - देवकी माता के गर्भ से।

२०. बलराम के रूप में - यदुवंश में कृष्ण के साथ अनेक लिलाये की।

२१. बुद्धावतार के रूप में - अजन के पुत्र के रूप में सत्य अहिंसा का प्रचार हेतु।

वैसे ही सत्यनिधि भगवान श्री हरि के असंख्य अवतार हुआ करते है। ऋषि, मनु, देवता, प्रजापति, मनुपुत्र और जितने महाशक्ति शाली है। वे सब के सब भगवान के ही अंश है।

हरि अनन्त हरि कथा अनन्ता।
कहई सुनई बहु बिधि सब संता।।

प्रश्न - १६५

धर्म क्या और कितने प्रकार का है?

उत्तर - जीव की अनुकूलता धर्म और प्रतिकूलता अधर्म है। धर्म दो प्रकार का है। एक ईश्वर द्वारा निर्मित जीव अनुरूप, के सत्यार्थ अनुकूल धर्म, जो मानव जीव के

उत्थान के लिए होता है। और दूसरा मानव जीव द्वारा निर्मित, अपने स्वार्थ पूर्ति धर्म, जो सत्यता के प्रतिकूल होता है। जो एक प्रकार से अधर्म कहलाता है।

धर्म वह कहलता है। जो जीवन सत्यता के साथ, जीव का मार्ग दर्शक होता है। उसे जीवन की सच्ची राह की ओर ले जाता है।

प्रश्न - १६६

जीवन प्रबन्धन और सफल जीवन गणित क्या है?

उत्तर - जीवन की सच्चाई को जानते हुए, जीवन जीना चाहिये।

१. जीवन में परेशानी आये तो ईमानदारी से धैर्य रखे। क्योंकि परेशानी हमेशा नहीं रहती है।

२. धन की प्राप्ति हो यनी धन आए तो सरलता से रहे। जिस प्रकार फलदार वृक्ष की डाली झुकी रहती है। उसी प्रकार धन आने पर सरल रहे।

३. किसी को अधिकार मिलता है या कोई वरिष्ठ पद मिलता है। तो उसे किसी प्रकार का, मद या अभिमान अहंकार नहीं होना चाहिये ऐसी स्थिति में उसे हमेशा विनम्रता पूर्वक रहना चाहिए यानी हमेशा विनम्र रहे।

४. जब क्रोध आये, तो शान्त रहना चाहिये। क्योंकि क्रोध आने का करण, अनिच्छा यनी (इच्छा पूर्ति न होना) या निगेटिव बात को बार-बार सोचना (सोच का घर्षण) होना। किसी बात से आहत होना। (अच्छी न लगने वाली बात) जब क्रोध आये। तब सकारात्मक सोचना शुरू करके दिमाक (माईन्ड) को चेंज करके शान्त हो जाए। और अपने क्रोध को शान्त करते हुये शान्त रहे, यही जीवन का प्रबन्धन है। जीवन की गणित है।

प्रश्न - १६७

भगवान प्रभु का व्रत क्या है?

उत्तर - सक्रदेव प्रपन्नाय त्वास्मिती चयाचते।

अभयम सर्व भूतेभ्यो ददाभ्ये तद् व्रत्ममम।। (स्कंध १०/२४/१३)

जो केवल एक बार मेरी शरण में आ जाता है और मैं तुम्हारा हूँ इस प्रकार याचना करता है, मैं उसकी शरणागति को स्वीकार कर लेता हूँ और उसे सभी प्राणियों से अभय कर देता हूँ। यह ही मेरा व्रत है

प्रश्न - १६८

वर्णाश्रमीयो के कितने गुरु होते है?

उत्तर - वर्णाश्रमीयो के तीन गुरु होते है।

१. **पहला गुरु** - माता पिता होते है जो जीवन दाता और गुरु भी होते है माता पिता की कृपा से ही, यह मानव शरीर सम्भव है और बिना इस शरीर के कोई कार्य चाहे स्वयं का कल्याण करना हो, या भगवत प्राप्ति करना हो, या सेवा कार्य करना हो। बिना देह का कुछ नहीं होता और देह यह शरीर माता पिता के बिन सम्भव नहीं है। इसलिए प्रथम स्थान माता पिता का है भगवान से भी बड़ा है। माता पिता का स्वरूप (दर्जा भगवान से भी बड़ा है) क्योंकि पहले शरीर होता है। तब उसमें आत्मा रूपी परमात्मा रहता है।

"श्री रामदास्य पंचम रचित भगवत् स्वरूप माता पिता"

बन्दऊ चरण पखार के सिर धरी करो प्रणाम।

मातु पिता जैसा गुरु नहीं जो प्रातः करे प्रणाम॥

पायऊ मैं दुर्लभ जनम यह मानव रूप शरीर।

धन्य धन्य पितु मातु तू यह कृपा तेरी आसीर॥

धन्य जीवन सम्भव नहीं है मातु पिता गुरु जेवा।

मातु पितु क़र्ज़ से मुक्त नहीं लाख करो तू सेवा॥

ना समझ मूर्ख तू समझ ले तेरा मात पिता भगवान।

दुनिया में क्यों भटक रहा है तू ना समझी इन्सान॥

कर तू मात पिता की सेवा बन जाए तेरे सारे काम।

अनमोल मिलत आसीस तुझे प्रसन्न होत भगवान॥

मातु पितू कृपा प्रसाद यह पायऊ जन्म औ ज्ञान।

उनके बिन सम्भव नहीं यह मानव जीव नादान॥

माया मोह औ अहंकार ने यहाँ डेरा ऐसा जमाया।

अज्ञान चच्छु दृष्टि भयो हाथ में कुछ नहीं आया॥

अहंकार से ग्रसित है यह चित मन बुद्धि अजान।

सुख दुःख का कोई ज्ञान नहीं जीवन मरघट समान॥

रात दिवस अभिमान में जीता नहीं दिखे कोई राह।

मात पिता भगवान तेरा मिले आसीस अथाह॥

थोड़ा समय निकाल के समझ मानव इन्सान।

शान्ति जीवन सब कष्ट मिटे कहाँ है ऐसा भगवान॥

तेरा भगवन तेरे पास है मत करना तू उसका अपमान।

मातु पिता जैसा कोई नहीं इस दुनिया का भगवान॥

माता पिता का ऐसा सम्बन्ध जिसके बिना यह जग संसार का उद्ग्रम असम्भव है। माता पिता ही सृष्टि उद्ग्रम सभी योनियों के है। क्योंकि की सृष्टि करता ही माता पिता है और यह एक ऐसा मोड़ है की सभी को इस मोड़ से गुजरना पड़ता ही है।

२. **दूसरा गुरु** - उपनयन संस्कार करके सत्कर्मों की शिक्षा देने वाला होता है।

३. **तीसरा गुरु** - ज्ञानोपदेश करके परमात्मा को प्राप्त करने वाला, गुरु तो मेरा ही स्वरूप है गुरु के रूप में स्वयं मैं खुद हूँ। भगवान कहते है की मैं सारे जगत का गुरु हूँ।

प्रश्न - १६९

भगवान की उपस्थिति और मानव धर्म कितने प्रकार है?

उत्तर - भगवान की उपस्थिति सभी जीवों में आत्मा के रूप में विराजमान है। मानव का धर्म तीन प्रकार का है -

ब्रह्मचारी के धर्म - उपनयन, वेद अध्यन, स्वाध्याय आदि से।

गृहस्थ के धर्म - पंचमहाभूत यज्ञ आदि से।

वानप्रस्थी के धर्म - तपेश्या आदि से, और गुरु देव की सेवा से।

प्रश्न - १७०

मनुष्य के ऋण क्या है?

उत्तर - मनुष्य के तीन ऋण हैं - १. देवता सम्बन्धी २. ऋषि संबंधी ३. पितर सम्बन्धी ऋण - इन तीन ऋणो को लेकर मनुष्य पैदा होता है। इन ऋणो से छुटकारा पाने के लिए उसे यज्ञ, स्वाध्याय, अध्यापन और सन्तान उत्पत्ति, से ऊतृण हुए बिना मरता है तो उसका पतन हो जाता है।

प्रश्न - १७१

जीव के कितने भेद है?

उत्तर - जीव के दो प्रकार के भेद है एक तो जीव मुक्त ईश्वर से जीव का भेद जीव और ईश्वर, बद्ध और मुक्त के भेद से, भिन्न भिन्न होने पर भी, एक ही शरीर में

नियन्ता और नियंत्रित के रूप में स्थिर है ऐसा समझो की शरीर एक वृक्ष है। इसमें हृदय का घोंसला बना कर, जीव और ईश्वर नाम के दो पक्षी रहते है। वे चेतन होने के कारण एक समान है जो साथ मित्र की भाँति रहते है।

प्रश्न - १७२

ईश्वर की कृपा किस प्रकार होती है? (श्रीमद्भागवत पुराण (स्कन्ध १०/८८/८/९/१०)

उत्तर - भगवान कहते है की जो कोई हमारी आराधना करता है जिस पर मय प्रसन्न होता हूँ। और जिस पर मय अपनी कृपा करता हूँ उसका सब धन धीरे धीरे छिन लेता हूँ उसे निर्धन बना देता हूँ जब वह निर्धन हो जाता है तब उसके सगे सम्बन्धी, और परिवार वाले, उसके दुःख परेशानी की परवाह न करके, उसे छोड़ देते है। फिर धन के लिए उद्योग धन्धा, कोई भी उद्यम करता है तब मय उसका वह प्रयत्न भी निष्फल कर देता हूँ। इस प्रकार बार बार निष्फल होने के कारण, जब धन कमाने से उसका मन विरक्त हो जाता है उसे दुःख समझ कर, उधर से अपना मुँह मोड़ लेता है और मेरी भक्ति की कामना से अपने मन को मेरे में लगता है तब मैं उस पर अपनी अहेतुकी (परम) कृपा का वर्षा करता हूँ। मेरी कृपा से उसे परम सूक्ष्म, अनन्त सचितानन्द स्वरूप, परब्रह्म की अनुभूति और प्राप्ति हो जाती है इस प्रकार मेरी प्रसन्नता और मेरी आराधना बहुत कठिन है इस लिए मेरी भक्ति सभी लोग नहीं पाते विरला ही लोग ही पाते है। इसी से साधारण लोग मुझे छोड़ कर, मेरे ही दूसरे अनन्य देवताओं की आराधना करते है।

प्रश्न - १७३

भक्ति का फल क्या है? (श्रीमद्भागवत पुराण स्कन्ध ११/११/२५)

उत्तर - भगवान कहते है की भक्ति सत्संग और नामसंकीर्तन के द्वारा प्राप्त होती है जिसे भक्ति प्राप्त हो जाती है वह मेरी उपासना करता है और मेरे सानिध्य का अनुभव करता है। इस प्रकार जब उसका अंतः कारण शुद्ध हो जाता है तब वह संतो के उपदेशानुसर, उनके द्वारा बताए हुए मेरे परम पद का वास्तविक स्वरूप को सहज ही प्राप्त हो जाता है जो बहुत दुर्लभ है।

प्रश्न - १७४ परम भक्त का लक्षण क्या है? (स ११/११/२९)

उत्तर - मेरा परम भक्त १. कृपा की मूर्ति २. किसी से वैर भाव न रखना ३. घोर से घोर दुःख और संकट को प्रसन्न पूर्वक सहना ४. जीवन का सत्य सार और पाप वासना नहीं आने देना ५. समदर्शी, सबका भला, कामना से बुद्धि का कलुषित न होना, संयमी, मधुर स्वभाव, पवित्रता, संग्रह परिग्रह से सर्वथा दूर। किसी वस्तु के लिए कभी चेष्टा न करना, भोजन परिमित, शान्त रहना, बुद्धि स्थिर रखना, केवल भगवान का भरोशा आत्म चिन्तन में सर्वथा संलग्न रहना, प्रमाद रहित, गम्भीर स्वभाव, धैर्यवान, अपना सम्मान न चाहना, दूसरों का सम्मान करना, भूख प्यास को वश में रखना, शोक मोह रहित (विना) रहना, करुणा भरा हृदय, सत्यता आधार भगवत बातें, समझने में निपुण, सभी के साथ प्रेम व्यवहार, यथार्थ ज्ञान, अनन्य भाव से हमारी भजन करता है। वह मेरा परम भक्त है। जिसके वश में मय रहता हूँ।

प्रश्न - १७५

मनुष्य शरीर की अवस्थाए कितनी है?

उत्तर - श्रीमद्भ‍ूगवद पुराण (११/२२/४६) मनुष्य शरीर की ८ आठ अवस्थाये है। १. गर्भाधान २. गर्भबृध्दी ३. जन्म ४. बाल्या ५. कुमारवस्था ६. जवानी ७. अधेड़वस्था ८. बुढ़ापा। यह शरीर की अवस्था है। जिससे होकर मनुष्य जीव, अपना जीवन चक्र पूरा करता है इस जीवन चक्र को, जो समझ कर जीवन जीता है। उसी का जीवन सार्थक होता है राम चरित मानस में भी मनुष्य जीवन की दुर्लभता का वर्णन आता है हमें इस मनुष्य शरीर से ही सब कुछ प्राप्त कर सकते है इस शरीर को भक्ति और मोक्ष प्राप्ति का साधन बताया गया है।

प्रश्न - १७६

हमारा सबसे बड़ा दुःख क्या है?

उत्तर - हमारा सबसे बड़ा दुःख अपनी ना समझी अज्ञानता क्योंकि हम सांसारिक वस्तुओं को अपना समझ बैठे है। जब की हमारा कुछ है ही नहीं। जैसे ज़मीन हमारी और आप हमसे ही पैसा लेकर मकान बनाया तो मकान किसका है। आप का है कि मेरा! मकान तो मेरा ही होगा। ज़मीन हमारी और पैसा हमसे ही लेके बनाया है।

उसी प्रकार यह संसार उन्ही परमात्मा का है इसमें जो कुछ करते है। उन्ही से लेकर करते है और उनका न समझ कर, अपना समझते है यही दुःख कारण है हम जानते है की हमारा नहीं है फिर भी मोह उसी से करते है यह दुःख का कारण है। उससे प्रेम करना यही दुःख का कारण! उसे अपना मानना दुःख का कारण! क्योंकि यह संसार, जगत, प्रकृति, सब परमात्मा का है हमारा नहीं है जब आप इस प्रकार की सोच रखोगे की अपना कुछ नहीं! केवल हमें उपयोग के लिए मिला है। संसार की कोई भी चीज़ वस्तु, हमारे उपयोग के लिए परमात्मा ने दी है हमारी नहीं है हमें वस्तु से नहीं जो मालिक है उससे प्रेम करना है। और जब हम ईश्वर से प्रेम करेंगे तो हमेशा सुखी और आनंदित रहेंगे और संसार और संसार की वस्तु से प्रेम करोगे तो हमेशा दुखी रहेंगे यही सत्य है यही दुःख का कारण है।

प्रश्न - १७७

भोजन खाने के कितने प्रकार है?

उत्तर - भोजन चार प्रकार से खाते है। १. चव्य (चबाकर) २. चोश्य (चूसकर) ३. लेहा (चाटकर) ४. पेय (पीकर)

पंचकवल भोजन में, दाल भात और घी होना चाहिए। क्योंकि की यह एक दूसरे के मिलन का प्रमाण है रोटी या पूड़ी सब्ज़ी इसको तोड़ कर खाते है और दाल भात को मिला कर खाते है।

पंचकौल मंत्र - प्राणानाय स्वाहा, अपानाय स्वाहा, व्यानाय स्वाहा, उदानाय स्वाहा, समानाय स्वाहा। इस मंत्र का उच्चारण करके पंच ग्रास लेकर भोजन करते है।

प्रश्न - १७८

भगवान की सहज प्राप्ति कैसे होगी?

उत्तर - भगवान श्री हरि की प्राप्ति सहज है। (स्कन्ध ४। आ। ३१। श्लोक- १८। १९। २०। २२। श्रीमहाभगवत पुराण) उसके लिए मनुष्य को (ब्रह्मा आदि समस्त सभी लोकपालों के अधीश्वर) भगवान श्री हरि को अपने से अभिन्न (संग में) मानते हुये भजो! क्योंकि वे ही समस्त देहधारीयों के, एक मात्र आत्मा है। वे ही जगत के - निमित्त कारण (काल) उपादान कारण - प्रधान और नियन्ता पुरुषोत्तम है। वे भगवत वत्सल भगवान समस्त, जीवों पर दया करने से, जो कुछ मिल जाय उसी में संतुष्ट

रहने से तथा समस्त इंद्रीयो की निवृति करके, शान्त रहने से, भगवान शीघ्र ही प्रसन्न हो जाते है। पुत्रैषणा आदि सभी वासना और कामनाओं के निकल जाने से, जिसका अंतः करण शुद्ध हो गया है। उन संतो के हृदय में, उनके निरन्तर बढ़ते हुये, चिन्तन से खिचकर, अभिनाषि श्री हरि आ जाते है और अपनी भक्त अधीनता को, चरितार्थ करते हुए हृदयाकाश की भाँति वहाँ से हटते नहीं भक्त के हृदय को अपना निवास स्थान बनाकर, वहाँ हमेशा विराजमान रहते है भगवत स्वरूप आनन्द से परिपूर्ण है। उन्हें तो अपनी सेवा में निरन्तर, रहने वाली लक्ष्मीजी, तथा उनकी इच्छा करने वाले, नरपति और देवताओं की भी कोई परवाह नहीं है। भगवान तो अपने भक्तों के ही आधिन रहते है। ऐसा करुणासागर, श्री हरि को कोई भी, कृतज्ञ पुरुष थोड़ी देर के लिये भी कैसे छोड सकता है जो भगवान का हमेशा चिन्तन करता है भगवान उस भक्त से एक छण के लिये भी दूर नहीं रहते भक्त का हृदय ही भगवान का निवास स्थान होता है।

प्रश्न - १७९

मनुष्य की सुन्दरता किससे क्या शरीर है?

उत्तर - नहीं! जिस शरीर को लोग सुन्दर समझते हैं मौत के बाद वही शरीर सुन्दर क्यों नहीं लगता? उसे घर में न रखकर जला क्यों दिया जाता है? जिस शरीर को सुन्दर मानते हैं जरा उसकी चमड़ी तो उतार कर देखो। तब हकीकत दिखेगी कि भीतर क्या है? भीतर तो वसा, रक्त, रोग, मल, मूत्र, और कचरा भरा पड़ा है! फिर यह शरीर सुन्दर कैसे हुआ? शरीर में कोई सुन्दरता नहीं है!

सुन्दरता क्या होती है, उसका सत्य - व्यक्ति के कर्म, उसके विचार, उसकी वाणी, उसका व्यवहार, उसके संस्कार, और उसका चरित्र जिसके जीवन में यह सब है। वही इंसान दुनिया का सबसे सुंदर व्यक्ति है।

प्रश्न - १८०

सत्य क्या है?

उत्तर - आत्मा ही सत्य स्वरूप है और इस सत्य को जानने का दो मार्ग हैं - १. सत्संग २. स्वयं अर्जित ज्ञान।

१. **सत्संग** - साधु, संतो, ऋषियों, मुनीयोओं व, महात्माओं और कथा वाचक, कथा कार, इन सभी का सत्संग होता हो, तो उसमें जाकर सत्संग करना चाहिये और

सत्य ज्ञान को पाकर, अपने आप को सत्याकार बना कर, सत्य को जान सकते है और सत्य ही सच्चा जीवन है।

२. **स्वयं अर्जित ज्ञान** - दूसरा मार्ग, अपने आत्मज्ञानी साधु, संतो, महात्माओं द्वारा लिखी हुई। पुस्तक उनके द्वारा, और ज्ञानको पिरोया हुआ, ग्रंथो के ज़रिये। पठन पाठन के द्वारा, स्वाध्याय के द्वारा, सत्संग पाकर, सत्य को समझ सकते है। लेकिन यह दोनो मार्ग तभी सुलभ होगा। जब इस मार्ग पर चलने की आत्म शक्ति मिलेगी और तभी मार्ग प्रसस्थ होगा। तब मनुष्य जीवन की महत्वपूर्ण, श्रध्दा, विश्वास, प्रेम भाव नदियों के संगम में, डुबकियाँ लगाते, लगाते बहने लगोगे। तभी उसे पंचम भाव, सत्य का किनारा मिलेगा। पंचम भाव - करुणा, क्षमा, प्रेम, सेवा, भक्ति, से ही परमात्मा, की प्राप्ति होंगी। इसके सिवाय, बाक़ी कोई उपाय या मार्ग नहीं है। यही सत्य है।

प्रश्न - १८१

ज्ञान वैराग्य और भक्ति कहाँ रहते है?

उत्तर - ज्ञान तो हर मनुष्य व्यक्ति में थोड़ा न थोड़ा रहता है किन्तु वैराग्य और भक्ति सभी मनुष्य और सभी व्यक्ति में नहीं रहते वैराग्य और भक्ति, उसी के अन्दर रहते है जो सांसारिक, पारिवारिक जीवन से अलग होता है जिसे कोई कामना और इच्छा नहीं होती वही वैराग्य और भक्ति निवास करते है और जहाँ भक्ति रहती है। वही भगवान भी रहते है। जिस भक्त के हृदय में भक्ति का निवास वही भगवान का भी, निवास होता है और भगवान कही नहीं रहते क्योंकि भक्ति जहाँ, जहाँ जाती है। वहाँ वहाँ भगवान को भी जाना पड़ता है और जब मनुष्य सांसारिक जीवन में कामना, इच्छा, मोह, का त्याग नहीं करता। तब तक, परमात्मा का दर्शन नहीं होता यानी परमात्मा का दर्शन मिलना असम्भव है यही पुराणो का कथन है।

प्रश्न - १८२

सबसे अधिक पृथ्वी पर धैर्य धारण करने वाला कौन है?

उत्तर - सबसे अधिक पृथ्वी पर, धैर्य धारण, करने वाला, हर शख़्स, हर जीव, हर मनुष्य, की मृत्यु है। सभी जीव को, उसके कर्मों के द्वारा, योनियों में जाना निश्रित होता है और उसी योनि में कर्मों के अनुसार, उस जीव की आयु निर्धारित होती है तब जीव जन्म लेता है तभी मृत्यु उसके साथ ही आती है और उसकी आयु के

अनुसार उसका धैर्य पूर्वक इन्तज़ार करती है इसलिए मृत्यु सबसे अधिक धैर्यवान है मृत्यु से कभी नहीं डरना चाहिये वह तो तुम्हारे साथ है अगर डरना है। तो अपने कर्मों से डरो और सोच समझ कर सावधानी पूर्वक कर्म करो।

प्रश्न - १८३

सबसे सच्चा निःस्वार्थ साथी कौन है?

उत्तर - सबसे सच्चा निःस्वार्थ साथी मृत्यु है क्योंकि वह आप का साथ हर क्षण देती है और आप को कोई नुक़सान भी नहीं पहुँचती और आप से उसे, कोई उम्मीद भी नहीं होती वह आप के कर्मानुसार, जो आप को मिला है। उसमें भी कोई हस्तक्षेप भी नहीं करती और अपने मित्र धर्मों का पालन करते हुए आप का साथ अन्त तक निभाती है इसलिए वह सबका सच्चा साथी है।

प्रश्न - १८४

सबसे बड़ा ईश्वर (भगवान) कौन है?

उत्तर - सबसे बड़ा ईश्वर (भगवान) आप का कर्म है। इसी के आधिन सभी भगवान ईश्वर हैं और अपने कर्म के अनुसार ही अन्य सभी भगवान कार्य करते हैं और आप की आवश्यकता पूरी करते हैं इसलिए कर्म ही सबसे बडा भगवान है इसके बाद ही सबका नम्बर आता है। **कर्म प्रधान विश्व वश करी राखा। जो जस करई सो तस फल चाखा॥** बाक़ी भगवान तो केवल आप का कर्म ही लिखते है और कर्म का फल देते है।

प्रश्न - १८५

सांसारिक जीवन में पति पत्नी का जीवन सुखी क्यों नहीं होता?

उत्तर - सांसारिक जीवन में पति पत्नी का जीवन, ना समझ की वजह से दुःखी होता है। क्योंकि हमें अपने शरीर की रचना तो मालूम है लेकिन शरीर के अन्दर की प्रवृत्ति, होने वाले हलचल की जानकारी नहीं होती। हम सबको मालूम है कि यह शरीर पंचमहाभूत यानि पाँच तत्व से बना है। जिस शरीर में जिस गुण की प्रधानता होती है, उस गुण की अधिकता उसके स्वभाव में आता है। जैसे -

१. धरती का गुण है   -   धैर्य, सहन शीलता, और हमेशा देने का गुण
२. अग्नि का गुण है   -   ऊर्जा, उत्तेजना, शक्ति, का गुण

३. पावक का गुण है   -   मिलनसार, चंचलता, अस्थिरता
४. जल का गुण है   -   शीतलता, सहता, स्वक्षता, निर्मलता
५. गगन का गुण है   -   शांत और गम्भीरता

इस प्रकार सबके अन्दर सारे गुण होते है। लेकिन जिस गुण की प्रधानता होती है उसका नेचर वैसा होता है। परन्तु पुरुषों के अन्दर अक्सर, अग्नि तत्व की प्रधानता पायी जाती है। और नारियों में धरती और जल तत्व की प्रधानता ज़्यादा पायी जाती है। इसलिए अग्नि और जल का संयोग ही हमारा सांसारिक जीवन है बाक़ी और तत्व भी होते है। अक्सर नारियों में दोनो धरती तत्व और जल तत्व की अधिकता पायी जाती है। और जिसमें धरती और जल गुण है, उसका जीवन आनंद रूप से बीत जाता है। क्योंकि जब क्रोध या उत्तेजना आती है। तब वहाँ जल, अपनी शीतलता से शान्त कर, सहता से, धैर्य, पूर्वक उसे ग्रहण कर लेता है। जहाँ सभी समस्या का अन्त होकर, जीवन शुचार रूप से, आनन्द पूर्वक चलते हुये, व्यतीत हो जाता है। कोई समस्या नहीं टिक पाती। परन्तु जहाँ दोनो में, अग्नि तत्व की प्रधानता होती है वहाँ जीवन निर्वाह करना मुश्किल होता है। क्योंकि वहाँ समस्या ही समस्या होती है क्योंकि क्रोध और उत्तेजना ही समस्या का मूल कारण है। ऐसी परिस्थितियों में, जीवन निर्वाह होना मुसकिल बन जाता है। इसलिए सांसारिक जीवन को समझदारी से जिये यही सबके लिये अच्छा है।

प्रश्न - १८६

भगवत धर्म क्या है? (स्कन्ध ६/३/२०)

उत्तर - भगवत धर्म, भगवान के द्वारा निर्मित, और परम शुद्ध और अत्यन्त गोपनीय है। इसे जानना बहुत कठिन है। जो उसे जान लेता है। वह भगवत स्वरूप को प्राप्त हो जाता है।

प्रश्न - १८७

भगवत धर्म कौन जानता है?

उत्तर - भगवत धर्म का रहस्य, केवल १२ लोग जानते है।
ब्रह्मा, नारद, शंकर, कपिल मुनि, सनत कुमार, स्वयंभू मनु, प्रह्लाद, जनक, भीष्म पितामह, बलि, शुकदेव जी और, धर्मराज यही बारह लोग भगवत धर्म का रहस्य जानते थे।

प्रश्न - १८८

इस जगत में जीवों के लिये क्या धर्म है?

उत्तर - इस जगत संसार में जीवों के लिये बस अपना कर्त्तव्य ही, सबसे बड़ा परम धर्म है। की वे, नाम संकीर्तन आदि। उपायों से भगवान के चरणो में, भक्ति भाव प्राप्त कर ले। भगवान के गुण लीला नाम संकीर्तन से, मनुष्यों के सभी पाप का, सर्वथा विनाश होता है पाप से मुक्ति मिलती है यही सर्वश्रेठ उत्तम धर्म, मानव जीवों के लिए है।

प्रश्न - १८९

मनुष्य शरीर का धर्म कर्म क्या है?

उत्तर - जो मनुष्य, इस विनाशी शरीर से, दुःखी प्राणियो पर दया करके, मुख्यतः धर्म और गौणत: यश का सम्पादन नहीं करता वह तो जड़ पेड़ पौधों से भी गया गुज़रा है बड़े बड़े महात्माओं ने, इस अविनाशी धर्म की उपासना की है।

प्रश्न - १९०

धर्म का स्वरूप क्या है?

उत्तर - धर्म का स्वरूप बस इतना ही है की मनुष्य किसी भी प्राणी के दुःख में दुःख का अनुभव करे और सुख में सुख का अनुभव करे। जगत संसार के, धन, जन, शरीर आदि सब पदार्थ क्षणभंगुर है ये सब अपने किसी काम नहीं आते दूसरे के काम आयेंगे। बड़े दुःख की बात है मनुष्य दूसरे जीवों की सेवा और उनके प्रति, उपकार क्यों नहीं करता।

प्रश्न - १९१

जो हमें मिलता है क्या वह अपना है?

उत्तर - यह हमारी सोच बेलकुल ग़लत है की इस-जगत संसार में जो कुछ है वह सब हमारा है। यह केवल सिर्फ़ कहने के लिए है सच्चाई यह है की अपने लिये यहाँ अपना कुछ भी नहीं है देने वाला कोई और है जो रात दिन देता है। हम उसे अपना मानने की भूल करते है अपने हाथ में केवल कर्म ही है अगर सत्कर्म करते है तो हमें सेवा के

लिए, ईश्वर हमें देता है ताकी हम दूसरे के काम आये हमसे दूसरे को मदद मिले हमारे कर्म के सिवाय, यहाँ से कुछ भी साथ नहीं जाता। इसलिए कर्म हमारा है बाक़ी कुछ भी अपना नहीं है यही परम सत्य है।

प्रश्न - १९२

ईश्वर की अनुभूति हमें किस प्रकार होती है?

उत्तर - ईश्वर की अनुभूति, हमें तीन प्रकार से होती है।

१. जब विचारो में, भगवान प्रगट हो जाए और विचारो में, भगवत स्मृति रहने लगे उसका नाम ज्ञानयोग है। हमें ज्ञानयोग से भी भगवत प्राप्ति होती है।

२. जब भाव में, भगवान प्रगट हो लगे और भाव में भगवान की स्मृति और अनुभव होने लगे। उसका नाम भक्ति है उसे भक्तियोग कहते है।

३. जब निष्काम भाव से कर्म करते करते, कर्मसेवा में भजन आने लगे भगवान की स्मृति होने लगे। तो उसे कर्मयोग कहते है।

भगवत् प्राप्ति के लिये, धैर्य का होना बहुत ज़रूरी है धैर्य का गुण है, की मानव को, इन्तज़ार करने, में मदद करता है। सादा भोजन उच्च विचार। मानव जीवन का यही है सार॥

प्रश्न - १९३

सत्य, असत्य की ख़ासियत क्या है?

उत्तर - सत्य की ख़ासियत (पहचान)। सत्य, मनुष्य को परोपकारी, सतकर्मी बनाता है जहाँ उसे त्याग की भावना होती है देने की भावना और साधु संतो की सेवा की भावना होती है क्योंकि आनन्द, खूसी निष्काम भाव सेवा, त्याग और देने से ही मिलती है सत्य भगवत स्वरूप है सत्य कभी भी पराजित नहीं होता सत्य की विजय निश्चित अवश्य होती है। परन्तु सत्य के साथ धैर्य का होना भी बहुत ज़रूरी है।

असत्य की ख़ासियत मनुष्य अपनी आवश्यकता पूर्ति के लिए, झूठ का सहारा लेता है और असत्य मार्ग, स्वार्थी है। लोभी, पाखण्डी, जहाँ हमेशा पाने की, लेने की, ही इच्छा होती है असत्य का मतलब जीवन का अज्ञान और अंधेरा है। मनुष्य इस असत्य के मार्ग पर चलकर, नाना प्रकार के कष्ट क्लेश और दुःख पाता है असत्य

यह नर्क स्वरूप ही है। असत्य मार्ग पर पराजय ही मिलती है शुरुआती ठीक लगता है बाद में कष्ट ही कष्ट होता है।

प्रश्न - १९४

जीवन क्या है?

उत्तर - जीवन ईश्वर का दिया हुआ फल है जो अपने अच्छे कर्मों और भगवत कृपा से मिलाता है जीवन यनी ज़िन्दगी, एक खेल है। यहाँ सभी लोग खिलाड़ी है जो समझ बुझ कर, मेहनत, ईमानदारी, सच्चाई से, और लगन से, खेलता है। वह विजयी होकर, हर खूसी को हासिल करके, खुश और आनंदित होता है यही जीवन है जो लोग बिना सोचे, समझे, बिना जाने बुझे, बिना लगन के, केवल समय व्यतीत, करने के लिये कार्य करता है वह हमेशा असफल होकर दुःखी ही रहता है।

जीने का अगर अन्दाज़ आये, तो कितनी हसीन है ज़िन्दगी।

जीने अगर आया नहीं तो, कुछ भी नहीं है यह ज़िन्दगी॥

ढूँढना है हमें सब कुछ, हमारे पास है।

मिली तो हर खूसी, नहीं ज़िन्दगी बेकार है॥

प्रश्न - १९५

ईश्वर के कितने रूप है?

उत्तर - ईश्वर तो एक ही है, इसके मुख्यतः तीन रूप है - १. ईश्वर २. परमात्मा ३. भगवान।

१. **ईश्वर** - जो निर्विकार निरंकार निर्गुण अजन्मा अव्यक्त प्रकृति से परे अखण्ड ब्रह्म है जो सर्वत्र है और सब कुछ कार्य करता है पर सिखाई नहीं देता जैसे (काठ) लकड़ी में अग्नि है।, दूध में घी है और जल में शीतलता, और धरती में रस, गंध, और धातु ठीक इसी प्रकार ईश्वर सर्वत्र है। पर दिखाई नहीं देता। (इसका विवरण पहले दिया गया है।)

बिन पग चलई सुनई बिन काना।

बिन कर करम करई बिधि नाना।

२. **परमात्मा** - जो सर्वत्र सभी जीवों में व्याप्त है। आत्मा स्वरूप सभी जीवों में, जलचर, थलचर और, नभचर, सभी जीवों में एक समान विराजमान है। भक्ति

मार्ग से, सभी भक्त, सभी जीवों में, परमात्मा को देखते है उनका अनुभव करते है। सभी जीवों के अन्दर विराजमान आत्मा को ही परमात्मा कहते है।

३. **भगवान** - जो भक्तों के दुःख, कष्ट को मिटाने के लिए भक्तों के अनुग्रह पर, पंचमहाभूत शरीर को धारण करते है। और अपने भक्तों को, दुःख, कष्ट, क्लेश से मुक्ति दिलाते है भक्तों को दर्शन देते है लेकिन यह भक्त दर्शन द्वापर तक था। इसके बाद भगवान के विग्रह को, मूर्ति स्वरूप में पर्णित करके, मूर्ति रूप में दर्शन करते है। पंचमहाभूत के कारण, इन्हें भगवान कहते है ऐसे देखा जाय तो सब लोग भगवान रूप ही है। भगवान का अर्थ ही है पंचमहाभूत। (भ = भूमि, ग = गगन, व = वायु, अ = अग्नि, न = नीर) (भ+ग+व +। +न)

प्रश्न - १९६

मनुष्य के पास क्या अधिकार है?

उत्तर - मनुष्य के पास केवल एक ही अधिकार है। वह कर्म है। कर्म तीन प्रकार के हैं - सांसारिक, सामाजिक व पारिवारिक, भगवत्कर्म।

१. **सांसारिक कर्म** - सभी जीवों के लिये किया जाता है जो संसार में जीवात्मा स्वरूप है चेतन और जड़ है जो चेतन है उनकी बुद्धि केवल, अपने तक ही सीमित है और उनकी बुद्धि बस इतना ही काम करती है। की क्या खाना, क्या नहीं खाना, और अपने बच्चे को पालना, यह हमारा बच्चा है। जानना, और खाना, खाके सोना, और कोई कर्म करना है, तो केवल अपना पेट भरने के लिये, तक सीमित है। जिसे हम पशु बुद्धि भी कहते है।

२. **सामाजिक और पारिवारिक** - हम सभी लोग जानते है मनुष्य की बुद्धि चैतन् युक्त है फिर भी जो कार्य करते है। वह भी अनभिज्ञता का, जो कार्य उन्हें नहीं करना चाहिये, वह भी करते है इसके बहुत सारे कारण है। मजबूरी, आवश्यकता, और किसी की खुशी, नासमझ, अहंकार, दिखावा, जो आप लोग जानते भी होगे।

३. **भगवत्कर्म** - भगवत्कर्म वो कर्म है सत्यकर्म के मार्ग पर चल कर, सत्य का आश्रय लेकर, किया जाता है और यह अपने लिए है जो खूसिया और आनन्द देता है जो हमारे साथ जाता है इसके बारे में आगे, बहुत कुछ लिखा जा चुका है।

प्रश्न - १९७

जीवन सार क्या है?

उत्तर - सत्मार्ग पर चल कर सत्कर्म करने से शुद्ध ज्ञान की प्राप्ति होती है (ज्ञान और वैराग्य)। यह दोनो भाई मिलकर माता भक्ति के तरफ़ ले जाते है जहाँ भक्ति का दर्शन होता है और जहाँ भगवत प्राप्ति होती है। जहाँ सारे दुखो का अन्त होकर सुख आनन्द की प्राप्ति होती है क्योंकि जहाँ भगवान है वही परमानन्द और सुख है। जब भगवत् प्राप्ति हो जाती है तभी मनुष्य जीवन सार्थक होता है यही जीवन का निचोड़ (सार) है।

प्रश्न - १९८

जीवन में सुख दुःख का कारण क्या है?

उत्तर - जीवन में सुख दुःख का कारण मनुष्य की सोच है। मनुष्य जब **नकारात्मक (निगेटिव)** सोच रखता है तब वह दुःखी ही रहता है क्योंकि नकारात्मक सोच से बुद्धि कुण्ठित होती है। सही और ग़लत का फ़ैसला नहीं कर पाती। इसकी वजह से दुःखी व्यक्ति को क्रोध भी अधिक आता है। क्योंकि असफल, निसफल कार्यों का, बार-बार की सोच से उस घर्षण के कारण क्रोध का जन्म होता है। जो अति विनाशक है और दुःख का कारण है इसलिए व्यक्ति को, नकारात्मक सोच नहीं रखनी चाहिये।

मनुष्य जब **सकारात्मक (पोज़ेटिव)** सोचता है तो उससे सकारात्मक ऊर्जा का संचार होता है। जिससे बुद्धि अच्छे कार्यों की तरफ़ झुकती है, जो सुख और आनन्द का कारण बनती है और सत्मार्गों पर चल कर सत्कर्मों द्वारा भक्ति भाव से, भगवत प्राप्ति के अनुकूल कार्य करता है जिससे आनंद और खुश मिलती है।

प्रश्न - १९९

जगत संसार का रूप क्या है?

उत्तर - जगत संसार का रूप स्वार्थी है संसार स्वार्थ से ही चलता है क्योंकि जो भी कार्य यहाँ होता है वह स्वार्थ के कारण ही होता है लेकिन स्वार्थ दोनो का उद्देश्य पूर्ति करता है तो वह घातक नहीं होता। लेकिन सेल्फ़ी केवल खुद के स्वार्थ के लिए, किया हुआ कार्य कष्ट दायक होता है लेकिन जिसका स्वार्थ रहित कामना, इच्छा और, अवश्क्ताये ख़त्म हो जाती है वह वैराग्यवान हो जाता है और वैराग्य होने पर,

संसार के सांसारिक जीवन से, निबृति हो जाती है। ऐसी स्थिति में वह, भगवत्मार्ग पर चल कर, अपने लिए नहीं, दूसरे के हित के लिए, काम करता है खूसिया और आनन्द पाता है।

प्रश्न - २००

जीव को कष्ट कौन पहुँचता है?

उत्तर - जीवआत्मा को कष्ट पहुचाने वाला, यह शरीर (देह) है। क्योंकि २५ पदार्थों से बना हुआ, यह देह शरीर

जो कर्म इंद्रिय, और ज्ञान इन्द्रिय, और पंचमहाभूत, और तन्मात्राए, और चित, मन, बुद्धि, अहंकार, इन सबका संघात है। जो विविध प्रकार का क्लेश, संताप व, कष्ट देने वाली कही जाती है। लेकिन यह शरीर ही, जीवात्मा का निवास स्थान भी है। और यही -

साधन धाम मोक्ष कर द्वारा।
पाई न जेही परलोक सवारा॥

यह मनुष्य शरीर से भगवत् कार्य हो सकता है क्योंकि यह साधन स्वरूप शरीर, केवल मनुष्य को अपना कल्याण करने के लिए मिला है यह सभी को, और बार बार नहीं मिलता है यह कर्म के अनुसार ही मिलता है।

प्रश्न - २०१

प्रकृति के गुण भेद क्या है?

उत्तर - प्रकृति के तीन गुण भेद है। (सत्व, राज, तम) इन तीन गुण भेद के कारण पृथ्वी पर तीन प्रकार के जीवात्मा दिखाई पड़ते हैं - १. पुण्यात्मा २. पापात्मा ३. पुण्य व पाप (संयुक्त आत्मा)

१. **पुण्यात्मा** - पुण्यात्मा को हमेशा सुख और आनंद प्राप्त होता है। क्योंकि इसका कर्म सत्यमार्गीय होता है।

२. **पापात्मा** - पापात्मा को हमेशा दुःख और कष्ट ही मिलता है। क्योंकि यह अधर्म और, असत्य मार्ग का ही सहारा लेती है।

३. **संयुक्त आत्मा** - अपने कर्मों के अनुसार सुख, दुःख, शोक आनन्द को प्राप्त करता है जैसा कर्म करता है वैसा ही पाता है।

प्रश्न - २०२

सत्य क्या है और असत्य क्या है?

उत्तर - सत्य जो नित्य है कभी घटता नहीं है हमेशा एक रस रहता है जो कभी किसी, काल समय में भी नष्ट नहीं होता। समाप्त नहीं होता वह सत्य है सत्य को परमात्मा स्वरूप कहा गया है असत्य जो अनित्य है। जो हमेशा एक समान नहीं रहता, पल पल घटता, छिण, होता, और समासि की ओर बढ़ता रहता है एक दिन नष्ट हो जाता है हमारी यह शरीर भी असत्य अनित्य और विनाशी है जो हमेशा पल पल मृत्यु की ओर बढ़ती रहती है क्योंकि यह भी असत्य है।

प्रश्न - २०३

सुख दुःख और अपना क्या है?

उत्तर - अपना तो कुछ भी नहीं है यह सुख और दुःख भी अपना नहीं है यहाँ जो मन को ठीक लगता। वह सुख, और जो ठीक नहीं लगता, वह दुःख है क्योंकि सुख, दुख यह, मन के भ्रम की वजह से आते है और फिर चले जाते है हमेशा तो रहते ही नहीं, तो अपने कैसे हुये। अपना इस संसार में सत्य के सिवाय कुछ भी नहीं है यही परम सत्य है यह संसार स्वार्थ रूप अपना दिखाई तो पड़ता है लेकिन अपना है नहीं क्योंकि जो अपना होता है वह अपने साथ जाता है अपना तो केवल, सत्य के सहारे, किया हुआ कर्म है वही अपना है और अपने साथ जाता है। यहाँ तो लोग भगवान का दिया हुआ कृपा प्रसाद को भी अपना मान लेते है की यह मेरा है। उसे भगवान का भी नहीं मानते। कितने बड़े नासमझ मूर्ख है।

राजा हरिश्चन्द, दान दिया करते थे तो उनके दान देने के प्रक्रिया को, देखकर सब उनसे सवाल करने लगे।

ऐसी देनी देन जो, कित सीखे हो सेन।

ज्यों ज्यों कर ऊपर करो त्यों त्यों नीचे नैन॥

हे राजा आप ने ऐसा दान देना कहाँ सिखा है की जैसे-जैसे आप अपना हाथ ऊपर उठाते है, वैसे-वैसे आप की नज़र झुकती जाती है, तो राजा हरिश्चन्द्र ने जवाब दिया।

देनहार कोई और है, देता है दिन रैन।

लोग भरम मुझपे करे, तसो नीचे नैन॥

राजा ने सत्य और बहुत सुन्दर जबाब दिया। देनेवाला कोई और है वह दिन रात देता है लेकिन जब मै भगवान का दिया हुआ दूसरों को देता हूँ। तो लोग भ्रम मुझपे करते है की मै देता हूँ लोगों की इसी सोच से, मेरी नज़र झुक जाती है। देता तो कोई और है हम तो उसका दिया हुआ देता हूँ इसमें मेरा तो कुछ भी नहीं है। लेकिन आज के लोग अपने नाम की पर्ची बनवाते है। अलाउंस करवाते है। अपना प्रचार करते है। ऐसे नासमझ लोग है।

प्रश्न - २०४

ब्रह्मा द्वारा योग साधना क्या है? (स्कन्द। ५। १३। १४१)

उत्तर - भगवान ब्रह्मा ने, योग कुशलता यही बताई है। की मनुष्य अन्त काल में, देहाभिमान को छोड़ कर, भक्ति पूर्वक, भगवान के प्राकृत गुण रहित, स्वरूप में अपना मन लगाये लौकिक परलौकिक भोगो के लालची, मूढ़ पुरुष जैसे, पुत्र, स्त्री, धन आदि, की चिंता करके मौत से डरते है उसीप्रकार विद्यवान, को भी यह निन्दनीय, शरीर छूटने का भय ही बना रहा, तो उसका ज्ञान प्राप्ति के लिये, किया हुआ, सारा प्रयत्न केवल श्रम है, व्यर्थ है देवता भी भारतवर्ष में उतपन्न हुए, मनुष्यों की महिमा इस प्रकार गाते है। कैसा अद्भुत जिन जीवों ने भारतवर्ष में भगवान की सेवा योग्य मनुष्य जीवन प्राप्त किया है उन्होंने ऐसा क्या पुण्य किया है अथवा उन पर श्री हरि स्वयं प्रसन्न हो गये है इस सौभाग्य के लिए हम देवता भी तरसते रहते है। देवता कहते है की जहाँ भगवत कथा की, अमृत मयी सरिता नहीं बहती हो और जहाँ उनका उद्गम, स्थान, भग, भगवत भक्त, साधु जन, निवास नहीं करते हो, जहाँ भगवान की पूजा, अर्चना नहीं की जाती हो वह चाहे ब्रह्मलोक ही क्यों न हो, उसका सेवन उपयोग, नहीं करना चाहिए। वहाँ नहीं रहना चाहिए।

प्रश्न - २०५

पाप नाश के कितने उपाय है?

उत्तर - पाप नाश का दो उपाय बताया गया है - १. पश्चाताप २. प्रायश्चित।

१. **पश्चाताप** - पश्चाताप अंदरूनी पछतावा, जो होता है अन्दर ग्लानि महसूस होती है कि हमने जो कार्य किया था वह ग़लत था और हमें ऐसा कार्य नहीं करना चाहिए। इस प्रकार का सोचना, और पछतावा करना, पश्चाताप की अग्नि

में जलने से, सारे पाप जल जाते है उसके किये पाप नष्ट हो जाते है लेकिन दिल से पछतावा होता है तभी पाप का नाश होता है।

२. **प्रायश्चित** - यह बाहरी प्रक्रिया है इसमें आवश्यकता अनुसार कार्य करना जिस प्रकार का अपना किया हुआ पाप होता है, उसी प्रकार के दण्ड का विधान है। उसी प्रकार का कार्य करके प्रायश्चित करना पड़ता है, तभी पाप नष्ट होते हैं। और मनुष्य अपने पापों से मुक्ति पाता है।

प्रश्न - २०६

भगवान से पाने योग्य क्या है?

उत्तर - भगवान सकाम पुरुषों के मागने पर उन्हें अभीष्ट पदार्थ देते हैं क्योंकि उस वस्तु को पा लेने पर भी मनुष्य के मन में पुनः कामना होती रहती है। परन्तु इसके विपरीत जो भगवान का निष्काम भाव से भजन करता है, उन्हें तो बे साक्षात् अपना चरण कमल ही दे देते है। जो अन्य समस्त इच्छाओं को समाप्त कर देने वाला है, प्रभु के चरण कमल हृदय में आने से उसका जीवन धन्य धान (सार्थक) हो जाता है। सुन्दर काण्ड में इसका वर्णन है। भगवान के चरणों में प्रेम और भक्ति हो तो भगवान उसके, अंतः करण में सदा विश्राम करते है।

श्री रामदास्य पंचम जी रचित भजन

सुनो रे मन, सबसे बड़ा तू धनी।

अंतःकारण में प्रभु का दर्शन, जीवन धन्य बनी॥

सुनो रे मन सबसे बड़ा तू धनी

सारे लोको के स्वामी सत्ता आके दिल में बसी

सुनो रे मन सबसे बड़ा तू धनी

नासमझी तेरा जीव जगत है अन्धकार में ऐसा डूबत है।

माया के इस अहंकार में रात दिवस ये ऐसे रहत है॥

तैयार नहीं है सत्य समझ को जीवन नर्क बनी।

सुनो रे मन सबसे बड़ा तू धनी॥

सारे लोक के स्वामी सत्ता आके दिल में बसी।

सुनो रे मन सबसे बड़ा तू धनी

अंतःकारण में प्रभु का दर्शन, जीवन धन्य बनी

सुनो रे मन सबसे बड़ा तू धनी

सब जानत है बन अनजाने सो यह जगत का खेल।

माया में ऐसा लिपटा जग स्वार्थ होत तब मेल॥

माया मोह में उलझा ऐसों सत्य बचन न सुनी।

सुनो रे मन सबसे बड़ा तू धनी॥

सारे लोक के स्वामी सत्ता आके दिल में बसी।

सुनो रे मन सबसे बड़ा तू धनी

अंतःकारण में प्रभु का दर्शन, जीवन धन्य बनी

सुनो रे मन सबसे बड़ा तू धनी

क्या तू पाया क्या तू खोया इसका हिसाब लगा ले।

मानव जीवन फिर फिर न मिलता इसकी अलख जगा ले॥

पंचम भाव भक्ति जीवन का सबसे बात बड़ी।

सुनो रे मन सबसे बड़ा तू धनी॥

सारे लोक के स्वामी सत्ता आके दिल में बसी।

सुनो रे मन सबसे बड़ा तू धनी॥

अंतःकारण में प्रभु का दर्शन, जीवन धन्य बनी।

सुनो रे मन सबसे बड़ा तू धनी॥

संसार में सबसे बड़ा धनी वही है जिसको भगवान की भक्ति मिली और जिसको भक्ति मिल जाती है तो वहाँ स्वयं भगवान आ जाते है तो उससे बड़ा कौन धनी है

नासमझ दुनिया यह तेरा कमाया। पैसा, धन सम्पत्ति कुछ भी क्राम नहीं आया॥

तेरे मरने पर कुछ तेरे साथ नहीं जाएगा तू तो फिर से भिखारी ही जाएगा॥

लेकिन जिसको भक्ति और भगवान का चरण कमल मिल गया वह तो पूरे कमाया हुआ धन के साथ जाएगा वही सबसे बड़ा धनी है जो उसे अगले जन्म में भी काम आएगा।

प्रश्न - २०७

बहुरूपणी व्यभिचारणी स्त्री के समान कौन है?

उत्तर - बहुरूपणी, व्यभिचारणी स्त्री के समान, अपनी बुद्धि है यह सत्व, रज गुणो को धारण करके व्यभिचारणी स्त्री के समान और इसके संग से जीवात्मा का ऐश्वर स्वतंत्रता ख़त्म हो जाती है इसी के पीछे पीछे कुलटा स्त्री के पति के भाँति न जाने कहाँ कहाँ भटकता है इसकी विभिन्न गतियों को जाने बिना ही विवेक रहित कर्मी

से क्या लाभ! क्या कोई सिद्धि मिलेगी! और इसका साथ देने वाली माया वह नदी बनकर के दोनो तरफ़ बहती है जिससे लोग भ्रमित होते है।

पचीस पदार्थों का बना हुआ घर क्या है अपना शरीर है जो पंचमहाभूत, कर्म इन्द्रिया, ज्ञानइन्द्रिय और तन्मात्रा और मन, बुद्धि, चित अहंकार, इन सबका बना हुआ घर यह शरीर है जिसमें बुद्धि रहती है।

(श्री रामदास्य पंचम रचित दोहे भगवत्प्रति)

ईश्वर तो सर्वत्र है बिन किये जतन नहीं पाय।

जैसे काठ में अग्नि अन्दर रही समाय॥

कामना इच्छा जब तलक ईश्वर को नहीं पाय।

संसार तजे ईश्वर मिले कहते पंचम भाय॥

जानत सब अनजान बन पाप गठरियाँ ढोए।

समय रहत जगे नहीं जीवन नरक सो होए॥

बुद्धि नहीं सत्कर्म पर तो वह भ्रष्ट होई जाय।

जैसे बीज न बोया खेत में तहाँ घास ऊग जाय॥

सत्य असत्य के चक्र पर घुम रहा जग आप।

जहाँ सत्य तहाँ पुण्य है जहाँ असत्य तहाँ पाप॥

पंचम भाव बिना नहीं ईश्वर को कोई पाय।

करुणा, क्षमा, प्रेम, सेवा, और, भक्ति से ही पाय॥

तेरे हाथ में कुछ नहीं लाख जतन कर देख।

कर्म सिवा कुछ है नहीं क्यों करता तू शेख़॥

चलत मुसाफ़िर सोच तू, तेरी मंज़ील कित होय।

ना समझी में भटक रहा मानव जीवन खोय॥

ढूँढन से ईश्वर मिले पन माया गठरी त्याग।

करना सो जल्दी कर तू आलस निद्रा त्याग॥

जीवन समय जो बितता वापस कभी नहीं आय।

मानव जीवन बहु दुर्लभ फिर फिर नहीं तू पाय॥

कर्म ही भगवान है सबका जान लो ज्ञाननिहार।

क्या करना क्या जायज़ है कर लो सोच विचार॥

लालच गठरी ले फिरे कही मिले नहीं ठाव।

रात दिवस ढूँढत फिरत कभी रुके नहीं पाँव॥

स्वार्थ रत संसार सब भटक रहा चहू ओर।

जो चाहे वह नहीं मिले सिर पटक मचाये शोर॥

सबसे बड़ा धन प्रेम व भक्ति जो तू नहीं कमाय।

दुर्लभ यह मानव जीवन समझो व्यर्थ ही जाय॥

प्रश्न - २०८

भगवान शिव को देवाधिदेव क्यों कहते है?

उत्तर - भगवान शिव ही एक ऐसे देवता हैं जिनके पूरे परिवार की पूजा होती है। भगवान शिव की पूजा! माता पार्वती की पूजा, पुत्र गणेश की पूजा और पुत्र कार्तिकेय की पूजा और गणेश पत्नी रिद्धि की और सिद्धि की और रिद्धि पुत्र शुभ और सिद्धि पुत्र लाभ की पूजा होती है। शिव भगवान ऐश्वर रहित हैं कामना रहित हैं। परम दयालु और कृपालु हैं भक्तों पर जल्दी प्रसन्न हो जाते हैं भगवान शिव सभी को इच्छित वरदान देते हैं। इसलिए शिव भगवान जैसा शिव भगवान ही है दूसरा कोई नहीं है श्री राम के परम भक्त है उनके जैसा कोई भक्त नहीं है। और उनके अनेकों नाम भी हैं - शिव, शम्भु, महादेव, वृषकेतु, नीलकंठ, देवाधिदेव, रास्वेश्वर, त्रियंबक्म, त्रिनेत्रधारी, महेश्वर, चंद्रमोल, कामेश्वर, और भी बहुत भगवान शिव के नाम हैं।

प्रश्न - २०९

सर्वथा एक रस क्या है?

उत्तर - सर्वथा सब अवस्थाओं में अखण्ड रहने वाला, एक रस ज्ञान है और ज्ञान ही ब्रह्म है और ब्रह्म ही परब्रह्म है। जब जीव अपने स्वरूप को भूल जाता है तब वह अपने को अलग मान बैठता है। इसी से उसे संसार चक्र में पड़ना पड़ता है और बार-बार जन्म और मृत्यु को प्राप्त होता रहता है। संसार के सुख की जो चेष्टा की जाती है उसमें श्रम ही दुख क्लेश है और जिस परम सुख के, उद्देश्य के लिए की जाती है ठीक उसके विपरीत परम दुःख ही मिलता है। जगत संसार के सभी पुरुष-स्त्री इसलिए काम करते हैं कि उनको सुख मिले और दुःख से पिण्ड छूटे, परन्तु उनके कर्मों से न तो सुख मिलता है न उनका दुःख दूर होता है क्योंकि संसार दुखालय है तो सुख कहाँ से मिलेगा हाँ एक उपाय है मनुष्य को अपने कर्मों से निबृत हो जाने

में किसी प्रकार का श्रम नहीं है। यह सोच के बुद्धिमान पुरुषों को चाहिए की किसी प्रकार का श्रम अथवा उसके फलो का संकल्प न करे क्योंकि संकल्प ही, कर्म का जन्मदाता है और दुःख का कारण है बिना संकल्प, बिना कर्म, कोई दुःख नहीं है।

प्रश्न - २१०

संसार जगत ईश्वर, मानव जीवन, तीन अंक की गणना क्या है?

उत्तर - तीन अंको की गणना, जो भगवान से लेकर, मानव जीवन तक फैली, किस प्रकार है, इसे जानने की कोशिश करते है।

१. तीन अंक - तीन भगवान	-	ब्रह्मा, विष्णु, महेश
२. तीन अंक - सृष्टि की स्थिति	-	उत्पत्ति, पालन, संहार
३. तीन अंक - तीन जन्म का शाप	-	सनक़ादि का भगवान के द्वारपालों को, जय और विजय
४. तीन अंक - रचना भगवान की	-	संसार, प्रकृति, आकाश
५. तीन अंक - तीन लोक	-	ऊपर लोक, मध्य लोक, नीच लोक (स्वर्ग आदि, धरती पृथ्वी, पाताल
६. तीन अंक - रचना कर्ता	-	निमित्त कारण, उपदान कारण, मुख्य कारण
७. तीन अंक - तीन प्रकार की शरीर	-	स्थूल, सूक्ष्म, कारण
८. तीन अंक - जन्म के साथ	-	अहंकार, स्वार्थ, मृत्यु
९. तीन अंक - इन्तज़ार नहीं करते	-	मृत्यु समय ग्राहक
१०. तीन अंक - त्याग योग्य	-	कामना, माया, मोह (सांसारिक व पारिवारिक बन्धन)
११. तीन अंक - तीन प्रकार कर्म फल	-	तत्काल, समयिक्त, संचय,
१२. तीन अंक - तीन जगह जीव निवास	-	जल, थल, आकाश
१३. तीन अंक - भगवत् प्राप्ति मार्ग	-	ज्ञान मार्ग, कर्ममार्ग, भक्ति मार्ग
१४. तीन अंक - भगवत् प्राप्ति कारण	-	ज्ञान, वैराग्य, भक्ति
१५. तीन अंक - मानव जीव सम्बंध	-	पुरुष, स्त्री, सन्तान
१६. तीन अंक - तीन प्रकार की शिक्षा	-	साईस विज्ञान, कामर्श वाणिज्य, आर्ट सामान्य

१७.	तीन अंक - तीन मुख्य लेखक	-	भगवान शिव, महर्षि वाल्मीकि, श्री वेदव्यास जी
१८.	तीन अंक - तीन राम कथाकार	-	भगवान शिव, पार्वती काकभूसूँड़ी, गरूँण, याक्यवलक मुनि, भारद्वाज जी
१९.	तीन अंक - तीन मातायें	-	कौशल्या, कैकई, सुमित्रा (ज्ञानमाता, कर्म माता, भक्ति माता)
२०.	तीन अंक - तीन भाई	-	भरत भाई, लक्ष्मण भाई, शत्रुघन भाई
२१.	तीन अंक - चरण सेवा	-	भरत, लक्ष्मण, केवट
२२.	तीन अंक - तीन स्थान राम जी रुके	-	चित्रकूट, दंडक, रिसमुख पर्वत
२३.	तीन अंक - तीन लोग का दर्शन	-	पिता, माता, पुत्र (पिता समान जटायु, माता सेवरी, पुत्र हनुमान)
२४.	तीन अंक - तीन नदियों का मिलन	-	एक साथ तीन नदियों का स्पर्श (गंगा, यमुना, सरस्वती)
२५.	तीन अंक - तीन आश्रम गये	-	भरद्वाज प्रयाग, वाल्मीकि, अगस्त मुनि
२६.	तीन अंक - तीन ब्रह्म ऋषि आके मिले	-	वशिष्ठ, विश्वामित्र, परशुराम
२७.	तीन अंक - तीन राक्षसों का बध	-	खर, दूषण, त्रिशरा
२८.	तीन अंक - तीन विश्वासी लोग	-	सत्कर्मी, माता, पिता, और गुरु
२९.	तीन अंक - तीन प्रचलित पुराण	-	रामायण, श्रीमद्भागवत पुराण, शिव पुराण
३०.	तीन अंक - तीन नाम एक स्थान	-	काशी, बनारस, वाराणसी, (यह तीनों नाम एक है।)
३१.	तीन अंक - तीन जन्म स्थली	-	अयोध्या, मथुरा, लुम्बिनी (राम, कृष्ण, गौतम बुद्ध)
३२.	तीन अंक - तीन को फाँसी	-	भगत सिंह, राजगुरु, सुखदेव (तीनों की एक साथ शहादत)

| ३३. तीन अंक - तीन ऋतु | - | वर्षाऋतु, शरद ऋतु, ग्रीष्म ऋतु, |
| ३४. तीन अंक - तीन ऋण | - | देव ऋण, पितृ ऋण, धरती ऋण |

प्रश्न - २११

संतुष्ट जीवन का महत्व क्या है?

उत्तर - जीवन में जो कुछ मिल जाय उसी में संतुष्ट होके, रहने वाला पुरुष, अपना जीवन सुख से व्यतीत करता है। परन्तु अपनी इंद्रीयो को, बश मे न रखने वाला पुरुष तीनो लोकों का राज्य पाने पर भी दुःखी रहता है क्योंकि उसके हृदय में, असंतोष की आग धधकती रहती है धन और भोगो से संतुष्ट न होना ही जीव को जन्म मृत्यु के चक्कर में गिरने का कारण है तथा जो कुछ मिल जाय प्राप्त हो जाय उसी में सन्तोष कर लेना, मुक्ति का कारण है और धन उतना ही संग्रह करना चाहिये। जितने की आवश्यकता है अधिक धन व सम्पत्ति भी अशांति का कारण होता है।

प्रश्न - २१२

भगवत कृपा का क्या फल है?

उत्तर - भगवान की कृपा जब होती है तो भगवान की स्वछन्द इच्छा शक्ति से भक्त का चित, संसार से अलग होकर, प्रभु की चरणो के तरफ़ बरबस खिंचा जाता है जैसे चुम्बक के पास, लोहा स्वयं खींच जाता है। उसी प्रकार भक्तों का चित भगवान की तरफ़ खींच जाता है।

प्रश्न - २१३

बुद्धि के प्रकार कितने है?

उत्तर - बुद्धि कई प्रकार की होती है जैसा यहाँ सात प्रकार की बुद्धि का वर्णन किया गया है - जैसे, आध्यात्मिक बुद्धि, सत्यबुद्धि, प्राकृत बुद्धि, सांसारिक बुद्धि, पारिवारिक बुद्धि (पशुबुद्धि), अज्ञान बुद्धि, कुबुद्धि

आध्यात्मिक बुद्धि - आध्यात्मिक बुद्धि यह बुद्धि प्रारब्ध कर्मों के द्वारा उदित होती है जो व्यक्ति अपना भगवत्कार्यों को, अधूरा छोड़ कर गया होता है उसे पूरा करने के लिये, फिर यह मानव शरीर प्राप्त होता है और जहाँ से, उसका कार्य अधूरा रह

गया था वह वही से, उसके कार्य की शुरुआत होती है और इस जीवन में उसे पूरा करके भगवत् प्राप्ति का वह पूरा लाभ उठा सकता है और अपना यह अनमोल मनुष्य जीवन को सार्थक बना सकता है।

सत्यबुद्धि - प्रारब्ध जन्मो में किया गया, भगवत् कार्य, सत्कर्म कार्य, लेकिन वो परिपूर्ण नहीं हो पाया। भगवत भक्ति भी मिली लेकिन वो भी भगवान के चरणो में समर्पण नहीं हो पायी और जो अधूरा रह गया उसे पूर्ण करने हेतु, भगवत्कृपा से, सत्यबुद्धि प्राप्त होती है और जहाँ से कार्य छूट जाता है वही से फिर शुरुआत होती है क्योंकि मरते समय जो हम चिन्तन करते करते प्राण को छोड़ते है फिर हमें वही शरीर प्राप्त होती है ऐसा पुराणो का कथन है। और इस जन्म में, सत्य बुद्धि से, सत्मार्ग पर चल कर, सत्कर्मों के द्वारा, भगवत प्राप्ति मिल ही जाती है।

प्राकृत बुद्धि - सतोगुण बुद्धि वाले लोग प्रकृति के नेचर से उनका लगाव बहुत ज़्यादा होता वह हमेशा प्रकृति को देखकर, उसी में खुशी, और आनन्द को ढूँढते रहते है और उसी में आनन्द मग्न रहते है क्योंकि वह हमेशा, हर जीव, और जड़ जीव में आत्मा स्वरूप परमात्मा का दर्शन करते है और सभी जीव और पेड़ पौधों और औषधिया सब में भगवत दर्शन करते हुये उसी में आनन्द मग्न रहते है। ऐसी बुद्धि अधिक सत्पुरुषों में होती है जो प्रकृति को और सभी जीवों को अपना घर, परिवार मानते है उन्ही के साथ उन्हें भगवत्स्वरूप मान कर, उन्ही के साथ जीना चाहते है।

सांसारिक बुद्धि - यह सांसारिक बुद्धि, यह संसार के प्रवाह से चलती है सांसारिक कार्यों की ओर ही, आकर्षित होती है लेकिन सांसारिक कार्य, सत्य और असत्य दो मार्गिय होता है इसलिए सांसारिक प्रवाह में सोच, विचार करके मार्ग पथ का चयन करना चाहिये जहाँ तक हो, अपने माता पिता की आज्ञा और अच्छे महात्माओं को संतो को और अपने से बड़ों अनुभवी महापुरुषों को, आदर्श बना कर उनका अनुसरण कारण चाहिये और अपने विवेक का भी सहारा लेकर कार्य करते रहना चाहिये। यही उचित है।

पारिवारिक बुद्धि (पशुबुद्धि) - पारिवारिक बुद्धि दो प्रकार की होती है एक सत्य मार्गिय और दूसरी असत्य मार्गिय सत्य मार्गिय बुद्धि परिवार की देख रेख करते हुये अपनी जबाबदारी को निभाते हुये सत्मार्ग का अनुसरण करते है। अहिंसा परोपकार को अपनी सेवा समझ कर उसका पालन करते है। असत्य मार्गिय (पशुबुद्धि) इस प्रकार की बुद्धि (सेल्फिश), स्वार्थी होती है हमेशा दूसरों से लेना और कोई उचित अनुचित का विचार किये बिना अपना हित सरोपरी रखकर कार्य करना और ऐसी

बुद्धि वालों का उद्देश्य केवल अपना, और परिवार का पेट पालना उसे पशु करते है खाना, सोना और बच्चे पैदा करना इसलिए इसे पशु बुद्धि कहते है

अज्ञान बुद्धि - अज्ञान बुद्धि वाले, अपने से कोई कार्य करने की, शक्ति नहीं रखते है क्योंकि वह अपने को बुद्धि हीन समझते है उनके पास जो ज्ञान बुद्धि होती है उस पर भी संदेह होता है की सही है या ग़लत, इसलिए ऐसे लोग कोई भी कार्य करने के लिये दूसरे का अनुसरण और पूछ परछ कर कार्य करते है।

कुबुद्धि - इस प्रकार की बुद्धि निम्न स्तर की बुद्धि होती है जो हमेशा दूसरों का अहित करने के लिये सोचते है इन्हें किसी की उन्नत्ति अच्छी नहीं लगती किसी का सच्चा, अच्छा कार्य देखने से, जलन, ईश्या होती है किसी के दुःख में इन्हें आनन्द आता है और किसी के खुशी में इन्हें रोना आता है यानि दुःखी होते है किसी के दुःख पर हर्ष, और सुख पर शोक ऐसे सोच रखने वाले कूबुद्धि सोच वाले होते है।

प्रश्न - २१४

कलयुग में सांसारिक जीवन से सन्यास, निवृत्ति कैसे करे?

उत्तर - कलयुग में सन्यास लेना और उसका धर्म पालन करना बहुत कठिन है। जिससे मनुष्य उसे ठीक से निभा नहीं पाता है मनुष्य को चाहिये, की वह घर की जवाबदारी से रिटायर हो जाये और बेटों और पोतों को काम धंधा सौंप कर, घर में रहते हुये ही, भजन, संकीर्तन, स्मरण करना, चाहिए यदि बेटा चाहते है तो घर से निर्वाह मात्र भोजन, वस्त्र, आदि से सम्बंध रखे, यदि बेटा नहीं चाहे, तो निर्वाह मात्र का भी सम्बंध छोड़ देना चाहिए और जीवन निर्वाह कैसे होगा। इसकी चिन्ता नहीं करनी चाहिए। तुलसीदास जी ने कहा है।

प्रारब्ध पहले रचा पीछे रचा शरीर।

तुलसी चिन्ता क्यों करे भज ले श्री रघुबीर॥

मनुष्य को जन्म लेने से पहले उसके प्रारब्ध के अनुसार उसकी नसीब लिखी जा चुकी होती है। उसके बाद ही उसके शरीर की रचना होती है इसलिए कोई चिंता की बात नहीं है।

प्रश्न - २१५

अगर बेटे वृध्दावस्था (बुढ़ापे) में सेवा न करे, तो क्या करना चाहिये?

उत्तर - बेटा बुढ़ापे में सेवा न करे, तो बेटे से अपनी ममता उठा लेनी चाहिये और यही समझना चाहिये, की ये हमारे बेटे नहीं है कोई सेवा ना करे, तो ऐसी

अवस्था में, जो परिवार से जो सुख सुविधा पाने की आशा होती है उसी से दुःख होता है।

आशा ही परमम दुःखम, नैराश्यम परम्म सुखम

अतः उस आशा का त्याग कर देना चाहिये असुविधा में तप की भावना करना चाहिये और भगवान का, धन्यवाद करना चाहिये। भगवान की बड़ी कृपा से स्वतः तप करने का अवसर मिला है अगर परिवार वाले, हमारी सेवा करते, तो हम उनकी मोह ममता में फँस जाते, पर भगवान ने कृपा करके हमें फँसने नहीं दिया है मनुष्य का मोह, माया में फँसना ही आध्यात्मिक उन्नति में बाधा है जो बाधा को हटाते है उनका तो हमें उपकार मानना चाहिये की ये हमें बाधा रहित कर रहे है। हमारा कल्याण कर रहे है अतः मनुष्य को पहले से सावधान रहना चाहिये की मैं यहाँ सेवा लेने के लिए नहीं आया हूँ अपितु मैं तो सबकी सेवा करने के लिए यहाँ आया हूँ और हमें यह शरीर, सभी मानव और सभी जीवों की सेवा के लिए मिला है हमें किसी से कोई आसा नहीं रखना चाहिए। क्योंकि आसा रखना ही, सबसे बड़ा दुःख का कारण है हमें हमेशा त्याग की आवश्यकता है त्याग से ही शान्ति मिलती है त्याग ही सबसे बड़ा तप है अंतः कारण की शुद्धि, तप से ही होती है और अंतः कारण शुद्ध होने पर ही भगवत प्राप्ति होती है सुख सुविधा से नहीं सुख सुबिधा से अंतःकारण अशुद्ध होता है अंतः कारण अशुद्ध होने पर भगवत प्राप्ति नहीं होती है।

प्रश्न - २१६

सन्तान का क्या कर्त्तव्य है?

उत्तर - वास्तव में भगवान, लक्ष्मी नारायण ही सबके माता पिता है इस दृष्टि से, संसार में हमारे जो माता पिता है। वे साक्षात लक्ष्मी नारायण के ही स्वरूप है अतः पुत्र का कर्तव्य है की वह अपने माता, पिता की सेवा में लगा रहे असली पुत्र वह है जो शरीर को अपना नहीं मानते! उसे माता पिता का ही मानते है क्योंकि यह शरीर माता पिता से ही पैदा हुआ है शरीर चाहे स्थूल, सूक्ष्म, अथवा कारण, क्यों न हो, उन सब पर, माता, पिता का ही अधिकार मानते है अपना नहीं? मनुजी ने कहा है। कि पुत्र, तीर्थ, व्रत, भजन, स्मरण, आदि, जो भी शुभ कार्य करे वह सब, माता, पिता को ही अर्पण करे ऐसा करने से उनको आशीर्वाद मिलता है। जिससे लोक परलोक दोनो सुधरते है और भगवान भी प्रसन्न होते है क्योंकि माता, पिता स्वयं, परमात्मा स्वरूप है उनकी पूजा होने के बाद, किसी की पूजा शेष नहीं रहती। पुराणों का कथन है - श्री भीष्म जी ने पिता की सुख सुविधा के लिए अपनी सुख

सुविधा का त्याग कर दिया जीवन पर्यन्त, बल ब्रह्मचारी रहने की प्रतिज्ञा ले ली। इससे प्रसन्न होकर पिता ने इच्छा मृत्यु का वरदान दिया वे इच्छा मृत्यु हो गये, की जब चाहे, तभी मरे उनको ऐसी सामर्थ्य पिता की सेवा से प्राप्त हो हुई।

प्रभु श्री राम जी ने पिता की आज्ञा पालन करने के लिये, राज्य, वैभव, सुख, आराम आदि सबका त्याग कर दिया। वाल्मीकि रामायण में श्री राम प्रभु ने स्वयं कहा है की पिता जी के कहने पर, मैं आग में प्रवेश कर सकता हूँ विष, भक्षण, पान, कर सकता हूँ समुद्र में भी कूद सकता हूँ पर मैं, पिता की आज्ञा टाल नहीं सकता हूँ श्री राम विचारक नहीं थे आज्ञा पालक थे। अर्थात् पिता जी, क्या कहा, कहाँ कहा, कब कहा, और किस अवस्था में किस परिस्थिति में कहा है। आदि का विचार न करके, उन्होंने केवल पिता की, आज्ञा का पालन किया और वनवास चले गये अतः माता पिता की आज्ञा में, श्री राम जी सबके आदर्श हुये तुलसी दास जी ने कहा है -

अनुचित उचित बिचारु तज, जे पालहि पितु बैन।

ते भजन दुःख सूजस के, बसहि अमरपति ऐन॥

तुलसीदास जी ने कहा की जो अनुचित, उचित को त्याग कर उसका बिना विचार किये जो पिता की बचन को मानता है। वह सभी दुःखों से मुक्त होकर भगवान की शरण को प्राप्त होता है वही पुत्र कहलाने योग्य है तात्पर्य है कि पुत्र को श्री राम, श्री भीष्म, श्री श्रवणकुमार आदि की तरह, आचरण बनाना चाहिये और अवस्था और परिस्थिति में माता पिता के लिए, श्री राम का ध्यान करके काम करना चाहिये पुत्र माता पिता की कितनी सेवा करे, तो भी वह माता पिता के ऋण को चुका नहीं सकता, कारण की जिस मनुष्य शरीर से, अपना कल्याण हो सकता है जीवन मुक्ति मिल सकती है और भगवतप्रेम प्राप्त हो सकता है इतना ऊँचा पद प्राप्त हो सकता है वह मनुष्य शरीर हमें माता पिता ने दिया है उसका बदला पुत्र कैसे चुका सकता है नहीं चुका सकता है। माता पिता का ऋण से सन्तान मुक्त नहीं हो सकता है।

प्रश्न - २१७

पाप कितने प्रकार का नित्य होता है?

उत्तर - नित्य जीवन चर्या में पाँच प्रकार से पाप होता है चाहे या हम न चाहे तो भी जीवन नित्य कार्यों से पाप होता है।

१. **कुरेदने से -** घर के अन्दर और बाहर साफ़ सफ़ाई से होता है जो हमें दिखाई नहीं देता और दिखायी देता है तो भी हमसे यह पाप होता है। झाड़ू मारने से पाप होता है।

२. **रगड़ने से -** चलते फिरते या घूमते हुये और कहीं भी आने जाने से पैरो से रगड़ कर बहुत छोटे जो हमें नहीं दिखाई देते है वह हमारे पैरो के नीचे आकर मर जाते है और कार वग़ैरह से भी यह पाप कर्म होता है।

३. **अग्नि जलाने से -** अग्नि जलाने से लकड़ी और जलाने वाली जो वस्तु होती है उसमें भी छोटे छोटे जीव पाये जाते है। जो अग्नि जलाने से भी मरते है। तो वह भी पाप हम सबसे होता है।

४. **जल से -** घड़े से पानी गिराते है। पानी में भी सूक्ष्म जीव रहते है। तो कुछ जीव उसके प्रवाह में आकर मर जाते है। और फिर पानी गिरा कर साफ़ करते है उससे भी जीवों की मृत्यु होती है।

५. **वस्तु पदार्थ -** जो वस्तु पदार्थ पकाने के लिये हम तैयार करते है उन खाद्य पदार्थों में, उसमें भी सूक्ष्म जीव पाये जाते है। जो पकाने से वह मर जाते है इसका भी हमें पाप लगता है इस प्रकार हम सबसे जाने और अनजाने में अनेको पाप होते है जो हम नहीं करना चाहते फिर भी होता है इन सभी पापों से छूटना है तो श्री हरि को ही अपना भोक्ता मानते हुये जो भी हम खाद्य पदार्थों को अपने लिये बनाते है उनको पहले भगवान को अर्पित करे भोग लगाये फिर उसे प्रसाद समझ कर ग्रहण करे, क्योंकि प्रसाद ग्रहण में कोई पाप नहीं है इसलिए अपने कर्मों को और भोजन व भोज्य पदार्थों को भगवान को समर्पित करे भगवान को अर्पण करने की बाद कोई पाप नहीं रह जाता क्योंकि सभी जीवों के आत्मा स्वरूप परमात्मा वही है।

प्रश्न - २१८

कलयुग का सार क्या है?

उत्तर - कलयुग पाप का सागर है इसमें कोई कार्य पाप रहित नहीं होता क्योंकि मनुष्य का कलियुग में न तो अपनी वाणी पर नियन्त्रण रहता है और न कर्म पर, न मन पर कण्ट्रोल, इसलिए कलयुग को तमो गुणिप्रधानता का युग कहा गया है। इस युग के पाप रूपी समुँद्र में जीव मछली बना हुआ है और इस पाप रूपी समुँद्र से निकलना भी नहीं चाहता। परन्तु इस युग की एक विशेषता यह है की, इस युग में मानसिक पुण्य होता है किन्तु मानसिक पाप नहीं नहीं होता और इस कलयुग में किसी जप, तप, यज्ञ, पूजा, पाठ का विशेष महत्व नहीं है जितना नामसंकीर्तन का है। भगवान शिव जी ने इस युग का सार माता पार्वती के पूछने पर कहा है -

उमा कहौ मैं अनुभव अपना। सत हरि भजन जगत सब सपना॥

कलियुग केवल नाम अधारा। सुमिर सुमिर नर उतरही पारा॥

भगवान शिव जी ने अपने अनुभव से कहा की हे पार्वती! कलयुग में केवल श्री हरि का भजन ही कल्याण करी है उसको याद करके श्री हरि का भजन नाम संकीर्तन से ही मनुष्य को सभी प्रकार का पूजा, पाठ, व्रत, दान, तीर्थों का, स्नान वैगरह का फल प्राप्त होगा थोड़े परिश्रम से ही प्रेम भाव से भक्ति द्वारा परमात्मा की प्राप्ति हो जाएगी।

प्रश्न - २१९

मनुष्य जीव किस ऋण से मुक्ति नहीं है?

उत्तर - मनुष्य जीवन पाकर, कर्म के द्वारा, सभी ऋणो से, मुक्ति पा सकता है लेकिन एक ऋण से मुक्ति नहीं मिलती। वह ऋण है माता-पिता का! मनुष्य शरीर, माता व पिता की देन है, हमें यह शरीर माता-पिता की कृपा से ही मिला जिससे हम अपने जीवन कार्य को करते है भगवत् प्राप्ति भी इसी शरीर के द्वारा करते है। हमारे माता-पिता ने इस शरीर को देकर भगवत् स्वरूप बनकर हमारे अस्तित्व को बनाया हमें चलना सिखाकर वे हमारे पथप्रदर्शक भी हैं। हमारे शरीर का पोषक करके, हमको शक्तिशाली दक्ष बनाया और हमें प्राथमिक ज्ञान देकर सोचयुक्त सक्षम और दक्ष बनाया माता-पिता के कार्यों को, भगवान ने खुद सराहना की है और कहा कि एक जन्म तो क्या कई जन्मो में भी माँ बाप का ऋण कोई चुका नहीं सकता। माता-पिता का दर्जा भी भगवान से ऊपर है क्योंकि यह भगवान भी हैं और गुरू भी हैं और पालनकर्ता भी है और परमहितैसि भी हैं।

राम चरित मानस

सुन जननी सोई सूत बड़भागी।

जो पितु मातु चरण अनुरागी॥

माता-पिता के कर्मों की लिस्ट बहुत लम्बी है उसका वर्णन करना आसान नहीं है। इसलिए माता-पिता हमारे भगवान पथप्रदर्शक गुरू सेवक हितैषी भी हैं इनका ऋण कौन क्या उतार पायेगा।

मातू पितु गुरु स्वामी सिख, जे धरि करही सुभाय।

लेहु लाभ तिह जनम कर, न तरु जनम जग जाय॥

प्रश्न - २२०

परिवार हमारे जैसा, क्यों नहीं, हम, दुःखी क्यों?

उत्तर - परिवार हमारे जैसा न होने का कारण है कि संसार भगवान की माया द्वारा बना है इस माया से अहंकार उत्तपन्न हुआ। और अहंकार का असर हमारे चित, मन, बुद्धि पर होता है जिससे हम सत्यता से दूर हो जाते है और असत्य के कारण, हम इस सांसारिक जीवन से मोहित हो जाते है असत्य को, सत्य समझने लगते है और सभी से कुछ न कुछ पाने की इच्छा होने लगती है इस सोच को पारिवारिक जीवन में भी, लाने की कोशिश करते है और उनसे अपेक्षा भी रखना शुरू कर देते है लेकिन यह भूल जाते है की जो हमारे परिवार से जुड़ा है उसकी भी कोई न कोई, अपेक्षा तो होगी जो हमारे से मेल नहीं खाती है। क्योंकि सत्य तो यह है की जो भी हमारे साथ जुड़ता है हमारे परिवार में आता है वह अपने पूर्व जन्मो का संस्कार और प्रारब्ध कर्मों को ले कर आया है तो उसकी बुद्धि और, स्वभाव उसी प्रकार होगा वह हमसे मेल खा भी सकता है नहीं भी खा सकता है। अगर हम उसको अपने जैसा बनाना चाहे तो वह बन भी सकता है और नहीं भी बन सकता है अगर हम उसके पूर्व जन्मो के संस्कार को बदलना चाहे।। तो बदल सकते है और नहीं भी बदल सकते है। इस लिये हम परिवार से दुःखी रहते है की यह हमारे जैसा नहीं है हमारी सुनता नहीं है तो वह कहाँ से हमारे जैसा होगा और हमारी सुनेगा अगर आप ने मेहनत करके उसके पूर्व जन्मो के संस्कार को बदलने में सफल है तो वह आप की कल्पना में थोड़ा ठीक बैठेगा, जिससे आपको खूसी मिलेंगी। अन्यथा, सब एक दूसरे से अपेक्षा ही चाहते है तो सुख कहाँ होगा माया मोह के कारण ही हम दुःखी है जिसे हम पहचान नहीं पाते, दुःख में ही सुख चाहते है जो सम्भव नहीं है यही हमारे दुःख का कारण है।

प्रश्न - २२१

किससे विरोध करने से कुशल नहीं है?

उत्तर - नौ लोगों से वैर विरोध करने से कुशल नहीं होता। १. शास्त्री (शस्त्रधारी) २. मर्मी (भेद जानने वाला) ३. सामर्थ ४. स्वामी ५. मुर्ख। ६. धनवान ७. डॉक्टर वैद्य ८. भाट (कवि) ९. रसोइया (खाना बनाने वाला) इन सभी लोगों से भूल कर भी कभी विरोध, या दुश्मनी नहीं करनी चाहिये इसका कारण आप सभी जानते हो।

प्रश्न - २२२

किसी के वश में कौन नहीं रहता?

उत्तर - तीन किसी के वश में नहीं रहते।

१. युवती स्त्री, किसी के वश में नहीं रहती है।

२. राजा, किसी के वश में नहीं रहता है।

३. शास्त्र, वेद, पुराण, उपनिषद किसी के वश में नहीं रहते हैं।

प्रश्न - २२३

संसार में किसका मोल नहीं है?

उत्तर - संसार में हर चीज़ की क़ीमत है परन्तु एक चीज़ की क़ीमत नहीं है, वह ज्ञान है, उसकी कोई क़ीमत नहीं है। वह अनमोल है और अथाह है। जो अपने ज्ञान की क़ीमत करता है और लेता है। वह स्वयं अज्ञानी है उसके पास कोई ज्ञान नहीं है। उसे ज्ञान का भ्रम है। इसलिए ज्ञान का सौदागर बना हुआ है सत्यता यह है की ज्ञान का सौदागर नहीं बनाना चाहिये। ज्ञान को ईश्वर का प्रसाद मानना चाहिये और फ़्री ज़रूरत मंदो को ही देना चाहिये।

प्रश्न - २२४

शरीर के कितने लक्षण है?

उत्तर - शरीर के ६ छ लक्षण हैं - १. जन्म २. अपने अस्तित्व की अनुभूति ३. वृद्धि ४. परिणाम ५. क्षय ६. विनाश।

इस छ प्रक्रिया से इस शरीर को गुजरना पड़ता है। जन्म के पूर्व, उसे सब ज्ञान रहता है अपने सूक्ष्म शरीर के द्वारा उसे सब पता रहता है अपने पूर्व जन्मो का किया हुआ सब कर्म लेकिन जब वह जन्म लेता है तब वह सब भूल जाता है क्योंकि जन्म से समय वह असह पीड़ा कष्ट को झेलता है। उसी से उसकी सारी याददस्त चली जाती है - **जनमत भरत असह दुःख होई।** जन्म के बाद अपने अस्तित्व की अनुभूति होती है। फिर धीरे धीरे शरीर की वृद्धि होती है वृद्धि के बाद कर्म और उसका परिणाम आता है। फिर धीरे धीरे इस शरीर का क्षय होता है अन्तगत्वा इस शरीर का विनाश (मृत्यु) हो जाती है। यही इस शरीर का निश्चित रूप से क्रम चक्र है।

प्रश्न - २२५

आत्मा औ परमात्मा के उत्कृष्ट लक्षण कितने है?

उत्तर - आत्मा और परमात्मा के उत्कृष्ट १२ बारह लक्षण हैं।

१. आत्म नित्य २. अविनाशी ३. शुद्ध ४. एक रस ५. क्षेत्रज्ञ ६. आश्रय ७. निर्विकार ८. स्वयं प्रकाशक ९. सबका कारण १०. व्यापक ११. असंग १२. आवरण रहित।

यह बारह लक्षण आत्मा स्वरूप परमात्मा का है।

प्रश्न - २२६

मोक्ष व भगवत प्राप्ति के साधन क्या है?

उत्तर - मोक्ष और भगवत् प्राप्ति के १० प्रकार के साधन बताया गया हैं। इन्ही साधनो के द्वारा कोई ज्ञानमार्ग, कर्ममार्ग, और भक्तिमार्ग को अपना कर ज्ञान, वैराग्य के द्वारा भक्ति की प्राप्ति करके भगवान को प्राप्त करते है।

ये साधन इस प्रकार हैं - १. मौन धारण के द्वारा २. ब्रह्मचर्य के द्वारा ३. शास्त्र श्रवण के द्वारा ४. तपस्या के द्वारा ५. स्वाध्याय यानी शास्त्र अध्यन के द्वारा ६. स्वधर्म पालन के द्वारा ७. युक्तियों से, शास्त्र की व्याख्या के द्वारा ८. एकान्त सेवन के द्वारा ९. जप के द्वारा १०. समाधि के द्वारा!

इन्ही साधनो के द्वारा मोक्ष और भगवत प्राप्ति होती है।

प्रश्न - २२७

भगवान का सेवा अंग क्या है?

उत्तर - भगवान का सेवा अंग ६ प्रकार का है भगवान की सेवा, इन्ही सब कर्मों से की जाती है। १. नमस्कार करके, आप जहाँ भी जाते है अगर भगवान का कोई विग्रह दिखाई दे, तो उसे अवश्य नमस्कार करना चाहिये। २. स्तुति के द्वारा भगवान के सेवा करना। ३. समस्थ कर्मों को, भगवान को समर्पण करके, आप जो भी दिन रात कर्म किया है वह सब आप भगवान को समर्पण करके, भगवत आश्रित के द्वारा। ४. सेवा पूजा के द्वारा। ५. भगवान के चरण कमलों का चिन्तन। ६. भगवान की लीला व कथा श्रवण के द्वारा।

ईश्वर चेतन आत्मा, सभी जीवों के आत्मा स्वरूप परमात्मा ही है जो चेतन स्वरूप सभी जीवों में और प्रकृति में व्याप्त है। जिस प्रकार पावरहाउस से ही

निकल कर विजली लाइट के रूप में सब घर, जगह, सभी स्थानो, को प्रकाशित करती है परन्तु वह प्रकाश आता कहाँ से, पावर हाउस से आता है। (पावर हाउस) विजली का उद्गम स्थान, जहाँ विजली पैदा होकर एकत्रित रहती है फिर वही से सब जगह जाती है इसी प्रकार सभी जीवों का, उद्गम स्थान, आत्मा स्वरूप परमात्मा ही है।

प्रश्न - २२८

बुद्धि की प्रकाशिता कैसे होती है?

उत्तर - बुद्धि की प्रकाशिता दो प्रकार से होती है। १। स्वयं भगवत कृपा से २। दूसरे के संगत, सत्संग और दूसरे के द्वारा दिया हुआ ज्ञान जानकारी आदि से प्रकाशित होती है इस तथ्य पर प्रह्लाद द्वारा एक दर्शन आता है। जिन मनुष्यों की बुद्धि, मोह से ग्रस्त हो रही है उन्ही को भगवान की माया से यह झूठा दुराग्रह होता देखा गया है की यह अपना है यह पराया है ऐसी सोच बुद्धि के लिए उस माया पति भगवान को हम नमस्कार करते हूँ वे भगवान ही जब कृपा करते है तभी मनुष्य की यह पशु बुद्धि नष्ट होती है क्योंकि इसी पशु बुद्धि के कारण ही तो यह मैं हूँ यह मेरा है और यह मुझसे भिन्न है अलग है यह अपना है वह दूसरे का है इस प्रकार का झूठा भेद भाव पैदा होता है। परमात्मा ही आत्मा है अज्ञानी लोग, अपने और पराये का भेद करके, उसी का वर्णन करते है परमात्मा के तत्व को, और रहस्य को, समझना अज्ञानीयों के वश की बात नहीं है।

प्रश्न - २२९

प्रह्लाद जी के उपदेश क्या है?

उत्तर - प्रह्लाद जी का दर्शन यह है की इस संसार में, मनुष्य जीवन बड़ा दुर्लभ है इसके द्वारा अविनाशी परमात्मा की, प्राप्ति हो सकती है परन्तु पता नहीं कब, इस शरीर का अन्त हो जाय इसलिए बुद्धिमान पुरुष को, जवानी बुढ़ापे के भरोसे न रह कर, बचपन में ही भगवत् प्राप्ति, करने वाले साधनो का अनुष्ठान कर लेना चाहिये इस मनुष्य जन्म में ही, श्री भगवान के चरणो की शरण ही, जीवन की मात्र, एक सफलता है क्योंकि भगवान समस्त प्राणियो के स्वामी शुद्ध प्रीतम और आत्मा है।

प्रश्न - २३०

भगवान की सहज प्राप्ति कैसे?

उत्तर - भगवान को प्रसन्न करने के लिये कोई बहुत परिश्रम या यत्न नहीं करना पड़ता है क्योंकि वे समस्त प्राणियो के आत्मा है और सर्वत्र सबकी सत्ता के रूप में, स्वयं सिद्ध वे ही अन्तरयामी दृष्टा के रूप में है और वे ही दृश्य जगत के रूप में है वे केवल अनुभव स्वरूप और आनन्द स्वरूप एक मात्र परमेश्वर है गुण मयी सृष्टि करने वाली, माया द्वारा ही उनका ऐश्वर छिप हुआ है। और माया निबृति से ही उनके दर्शन हो जाते है भगवान समस्त प्राणियो पर दया और प्रेम से भलाई करने से ही प्रसन्न हो जाते है और कुछ अधिक करने की ज़रूरत नहीं है।

प्रश्न - २३१

भगवान को पाने का सर्वश्रेष्ठ लक्षण क्या है?

उत्तर - भगवान को पाने का, सर्वश्रेष्ठ लक्षण यह है कि भगवान की लीला शरीर से किये अद्भुत पराक्रम, उनके अनुपम गुण, और चरित्रों का श्रवण करके, अत्यंत आनन्द के उदबेग से, मनुष्य का रोम रोम खिल उठता है आसुओ के मारे, कण्ठ गद गद हो जाते है और वह संकोच छोड़ कर ज़ोर ज़ोर से, नाचने, गाने और चिल्लाने, लगता है और जिस समय वह ग्राहगस्त पागल की तरह, कभी हँसता है कभी करुण भाव में आता है और कभी ध्यान करता, कभी भगवत् भाव में लोगों की वन्दना करता और जब भगवान में तन्मय हो जाता है और ज़ोर ज़ोर से संकोच छोड़ कर हे नारायण, हे श्री हरि, हे राम, हे कृष्ण, कह कर पुकारने लगता है तब भक्तियोग के प्रभाव से उसके सारे बन्धन कट जाते है और भगवत भावना करते करते उसका हृदय भी तदाकार भगवत्मय हो जाता है उस समय, वह उसके जन्म, मृत्यु के बन्धन से मुक्त हो जाता है और वह पुरुष भगवान को प्राप्त कर लेता है।

प्रश्न - २३२

भगवत् प्राप्ति का श्रेष्ठ उपाय क्या है?

उत्तर - जिस उपाय से एवं जैसे सर्वशक्तिमान भगवान से स्वभाविक निष्काम प्रेम हो जाय वही उपाय सर्वश्रेष्ठ है। यह बात स्वयं भगवान ने कही है माता, पिता, गुरु

की प्रेम पूर्वक सेवा और अपने को जो कुछ मिले वह सब प्रेम से भगवान को समर्पित कर देना, भगवत् प्रेमी महात्माओं का सत्संग और भगवान की आराधना उनकी कथाओ में श्रधा और उनके गुण लीलाओं का कीर्तन, उनके कमल चरणो का ध्यान, इन सभी साधनो को करने से स्वभाविक भगवान से प्रेम हो जाता है सर्वशक्तिमान भगवान श्री हरि, सभी समस्त प्राणियो में विराजमान है ऐसी भावना से यथा शक्ति, सभी प्राणियो की इच्छा पूर्ण करे और हृदय में उसका सम्मान करे, क्योंकि समस्त प्राणियो में आत्मा स्वरूप परमात्मा स्वयं ही है।

प्रश्न - २३३

माया क्या है?

उत्तर - मैं और मेरा, तू और तेरा आपस में भेद, पैदा करने को ही माया कहते है जो समस्त जीवों को, अपने वश में कर रखा है इंद्रीयो के विषय की ओर जहाँ तक मन जाता है वह सब माया ही जानना माया में ही अपना पराया का भेद है।

प्रश्न - २३४

माया के कितने भेद है?

उत्तर - माया के दो भेद हैं – १. अविद्या २. विद्या।

१. **अविद्या** - अज्ञानता के कारण दुष्ट और दोषयुक्त है और अत्यन्त दुःख रूप है। जिसके वश में होकर जीव संसार रूपी कुए में पड़ा है उसमें से जल्दी कोई निकलना चाहता ही नहीं है अविद्या से जीवन में अंधकार ही रहता है जिससे किसी चीज़ को समझना बड़ा कठिन लगता है।

२. **विद्या** - जिसके वश में, गुण है ज्ञान है विद्या गुण से जगत की रचना है वह प्रभु से ही, प्रेरित होती है उसको अपना बल कुछ भी नहीं है वह ज्ञान है। जो सत्य की राह ढूँढता, हुआ आगे बढ़ता है जिसमें मान आदि एक भी दोष नहीं होता। जो सब में समभाव समान रूप से परमात्मा ब्रह्म को देखता है और जो नित्य अध्यात्म (आत्मा) में स्थित, तथा तत्व ज्ञान के अर्थ के द्वारा जानने योग्य परमात्मा का नित्य दर्शन हो वही ज्ञान कहलाता है (गीता १३/ ७। ११)

प्रश्न - २३५

जीव और ईश्वर में भेद क्या है?

उत्तर - जीव - जो माया को और ईश्वर को, नहीं समझ पाता और अपने स्वरूप को नहीं जानता न समझ पाता। उसे ही जीव कहना चाहिये ऐसे जीव के अन्दर तो जीवआत्मा तो है पर चेतन्य रूप में नहीं है जीव जब माया ग्रसित रहता है। तब तक ईश्वर को क्या अपने आप को भी नहीं समझ पाता है सत्य नित्य को न समझना ही जीव और ईश्वर में भेद दिखाई देता है।

प्रश्न - २३६

सन्त भक्तों के लक्षण क्या है?

उत्तर - संतो के गुण और शुद्ध भक्ति के कारण भगवान भक्तों के वश में रहते है उनके अंतःकरण शुद्ध होने से भगवान उनके हृदय में निवास करते है जो छ विकार, काम, क्रोध, लोभ, मोह, ईश्या, अहंकार को जीते हुये, पाप रहित, कामना रहित निश्चल (स्थिर बुद्धि), अर्किंचन (सर्व त्यागी), हृदय से पवित्र, ज्ञानवान, इच्छा रहित, सत्य निष्ठ, विद्यवान, कवि, योगी दूसरे को मान देने वाला, अभिमान रहित, धैर्यवान, धर्म, आचरण, ज्ञान में निपुण, सदगुणो का घर, संसार के दुःख से रहित, सन्देह रहित, न शरीर और न घर से प्रीति, जो अपनी बड़ाई व गुणो को सुनना नहीं चाहते। दूसरे के गुणो, और खुसीयो में हर्षित होते है और जो, सम, शीतल, न्यायिक, सरल स्वभाव और सभी से प्रेम रखते है और व्रत, दम, संयम और नियमो में अनुरक्त गुरु, गोविन्द के चरणो में प्रेम, वैराग्यवान, विवेकी, वेद पुराण का ज्ञान, परमात्मा तत्व का ज्ञान, भगवान की लीला कथा का श्रवण, दूसरे का हित चाहने वाले संतो के, और भक्तों के गुणो का वर्णन कठिन है। ऐसे संत भक्त और भगवान में कोई फ़र्क नहीं रह जाता।

प्रश्न - २३७

भक्ति निरूपण भक्त कौन है?

उत्तर - भक्ति निरुपम भक्त का अपने गुरू, माता, पिता और (ब्रह्मज्ञानी) ब्राह्मण के चरणो में प्रेम हो। भगवान की लीलाओं में अत्ययन्त प्रेम हो, मन वचन और कर्म से भजन का दृण नियम हो और भगवान को ही गुरू माता, पिता समझ

कर उनकी सेवा में दृण हो प्रभु का गुण गान करते समय शरीर पुलकित हो वाणी गद गद हो जाय। और नेत्रो से प्रेम आसुओ का जल बहने लगे काम, मद, दम्भ, और संसार की वस्तु की कोई कामना न हो ऐसे भक्तों के वश में भगवान रहते है। और भगवान कहते है जिसको कर्म, वचन और मन, में मेरी ही गति है और जो निष्काम भाव से भजन करते है उनके हृदय कमल में सदा मैं विश्राम करता हूँ।

प्रश्न - २३८

जीव किससे मोहित है?

उत्तर - जीव अज्ञान से, मोहित हो रहा है इसलिए वह इस संसार चक्र में भटकता रहता है तथा सर्वथा, सदा सर्वत्र सुख दुःख का अनुभव करता रहता है यह जगत संसार का सत, रज, तम आदि गुणो का स्वभाविक प्रवाह है इसमें क्या स्वर्ग, क्या नर्क और क्या सुख, क्या दुःख, इन सब के भ्रम में जगत का चक्कर लगता रहता है।

प्रश्न - २३९

जीव के आवागमन का चक्र क्या है?

उत्तर - एक मात्र परिपूर्णतम भगवान ही बिना किसी की सहायता के अपनी आत्मरूपणी योग माया के द्वारा समस्त प्राणियो की तथा उसके बन्धन, मोह, सुख आदि की रचना की है तथा उनकी माया शक्ति के कार्य, पाप और पुण्य है। परंतु प्राणियो के सुख, दुःख, हित, अहित, बन्धन, मोक्ष, मृत्यु, जन्म आवागमन के कारण बनते है।

प्रश्न - २४०

किसी कड़वे दुर्वचनो से पीड़ा क्यों होती है?

उतर - संसार में निन्दा, स्तुति, सत्कार, तिस्कार ऐ सब शरीर के होते है इस शरीर की कल्पना प्रकृति और पुरुष का ठीक ठीक विवेक न होने के कारण होता है जब इस शरीर को ही आत्मा मान लिया जाता है तब यह मेरा है यह मैं हूँ ऐसा भाव

बन जाता है यही सारे भेद, भाव का मूल है इसी कारण ताड़ना दुर्वचन से पीड़ा होती है।

प्रश्न - २४१

क्या भगवान किसी से वैर भाव रखते है?

उत्तर - भगवान किसी से, कोई वैरभाव नहीं रखते है भगवान सभी के हितैसि है और जीव मानव के हित के लिये, दण्ड भी देते है भगवान का सब सुहद अपना ही है इसलिए चाहे सुदृण वैरभाव से या वैरहीन भक्ति भाव से भय से स्नेह से कैसे भी हो, भगवान में अपना मन परिपूर्ण रूप से लगा देना चाहिये भगवान की दृष्टि में इन भावो में कोई भेद नहीं है।

प्रश्न - २४२

उपेक्षा योग्य कौन है?

उत्तर - चार लोग उपेक्षा के योग्य होते हैं – १. कर्मत्यागी गृहस्थ २. व्रत त्यागी ब्रह्मचर्य ३. गाँव में रहने वाला वानप्रस्थ तपस्वी ४. इन्द्रिय लोलुप सन्यासी।

१. **कर्मत्यागी गृहस्थ** - जो गृहस्थ जीवन में रह कर कर्म हीन है अपने परिवार का पालन पोषण नहीं कर सकता है। और उनकी ज़रूरतों को पूरा नहीं कर सकता ऐसे गृहस्थी के रहने से क्या फ़ायदा ऐसे गृहस्थ लोग त्यागने योग्य है।

२. **व्रत त्यागी ब्रह्मचर्य** - जो ब्रह्मचर्य अपने व्रत धर्म का पालन नहीं करता और उसकी उपेक्षा करता है। ब्रह्मचारी का ढोंग करता है ऐसे ब्रह्मचारी की उपेक्षा करनी चाहिये और उसे त्याग देना चाहिये।

३. **गाँव में (वानप्रस्थ तपस्वी)** – गाँव में रह कर वानप्रस्थ तपस्वी सांसारिक जीवन में रुचि लेता है और ज्ञान वैराग्य भक्ति भाव विहीन है तो उसे भी त्याग देना चाहिये उसकी उपेक्षा करनी चाहिये।

४. **इन्द्रिय लोलुप सन्यासी** - जो सन्यासी अपने इंद्रीयो को अपने वश में नहीं कर सका और अपने चित, मन, बुद्धि, को विषयों से अलग नहीं कर सका जो कामना इच्छा से रहित नहीं है ऐसे सन्यासी त्यागने योग्य है।

यह चारों आश्रम के कलंक हैं और उपेक्षा करने योग्य हैं। इनकी उपेक्षा करना चाहिये।

प्रश्न - २४३

वैदिक कर्म कितने प्रकार के है?

उत्तर - वैदिक कर्म दो प्रकार का होता है -

१. **एक वृत्तिपरक कर्म -** यह कर्म जो वृत्तियों को विषयों की तरफ़ ले जाता है। जिसे प्रविति परक कहते है। प्रविति परक कर्म मार्ग से बार बार जन्म मृत्यु की प्राप्ति होती है।

२. **निवृत्ति परक कर्म -** यह वह कर्म है। जो वृत्तियों को उसके विषयों की ओर से लौटा कर शान्त एवम् आत्म साक्षात्कार योग्य बना देता है। उसे निवृत्ति परक कहते है निवृत्ति परक कर्म से भक्ति मार्ग और ज्ञान मार्ग के द्वारा परमात्मा की प्राप्ति होती है। सांसारिक जीवन में रहते हुये, मनुष्य को यह ध्यान रखना चाहिये। कि हमें जो मनुष्य जीवन मिला है। वह अपना कल्याण करने के लिये मिला है इसलिए उन्हें हमेशा प्रविति परक वृत्तियों से बच कर अपने को निवृत्ति परक वृत्तियों की ओर बढ़ना, अग्रसर रहना ही जीवन सार्थक है।

प्रश्न - २४४

अद्वैत कितने प्रकार के है?

उत्तर - अद्वैत तीन प्रकार के हैं – १. भावाद्वैत २. क्रियाद्वैत ३. द्रव्याद्वैत।

१. **भावाद्वैत -** जैसे वस्त्र सूत रूप होता है वैसे कार्य भी कारण मात्र ही है क्योंकि भेद वास्तव में है ही नहीं, इसी प्रकार सबकी एकता का विचार भावाद्वैत है।

२. **क्रियाद्वैत -** मन, वाणी, और शरीर से होने वाले कार्य, स्वयं परब्रह्म परमात्मा में ही हो रहे है उसी में अध्यस्त है। इस भाव से सभी कर्मों को परमात्मा को सौंप देना समर्पित कर देना क्रियाद्वैत है।

३. **द्रव्याद्वैत।** - पारिवारिक कार्यों में जैसे स्त्री, पुत्रादि, सगे, सम्बंधित, एवं संसार के समस्त, प्राणियो के, तथा अपने स्वार्थ और भोग एक ही है उनमें पराये और अपने का भेद नहीं है इस प्रकार का विचार द्रव्याद्वैत है।

प्रश्न - २४५

सुख दुःख लाभ हानि किसके हाथ में है?

उत्तर - जन्म, मरण सब दुःख, सुख, हानि, लाभ मिलना, विछुड़ना, ए सब विधि के हाथ में है। ए सब हमारे कर्मों के द्वारा उत्तपन्न होता है और वही हमें मिलता है जो

हम कर्म करते है ठीक उसी के अनुरूप हमें फल प्राप्त होता है इसी लिये कर्म को प्रधान कहा गया है इसमें ईश्वर परमात्मा कुछ नहीं करते केवल आप के कर्मों की गणना करके उसका फल निश्चित करते है और वही आप को प्रारब्ध और नसीब के रूप में बन कर मिलता है गुरु वशिष्ठ जी ने भरत को यही समझाया था।

सुनहु भरत भावी प्रबल विलख कहऊ मुनिनाथ।

हानि लाभ जीवन मरण जस अपजस बिधि हाथ॥

जन्म मरण सब सुख दुःख भोगा।

हानि लाभ औ मिलन वियोगा॥

हे भरत। आप व्यर्थ में शोकाकुल मत हो अपनी भावि की प्रबलता के कारण हमें सब कुछ मिलता है। हमारे हाथ में कुछ भी नहीं है हानि, लाभ, जीवन, मरण, जस, अपजस, यह सब कर्म के अनुसार बिधि के हाथ में है। शोक को त्याग दो यही जीवन सत्य है लेकिन मनुष्य प्रबल मोह के नाते हम समझ नहीं पाते और दुःखी होते रहते है।

प्रश्न - २४६

चौरासी लाख योनिया कौन सी है?

उत्तर - विद्वान संत, महात्माओं के कथनानुसार जीव ८४ लाख योनियों में घूमता हुआ उसका समय विकास की क्रमिक प्रक्रिया के पश्चात विश्व की पवित्र भूमि पर जीव जन्म लेता है। इनमे से क्रमश: -

9 लाख योनि जल चरो की है।

20 लाख योनि अचरों की यथा वनस्पत्तियो की है।

11 लाख योनि सरीसृप तथा कीड़ों की है।

10 लाख योनि पक्षीयो की है।

30 लाख योनि जंगली जीवों की है।

4 लाख योनि मनुष्यों की है।

जीवात्मा एक योनि से दूसरे योनि में, देहांतरण करता रहता है और इस विराट ब्रह्मान्ड के भीतर वह इस प्रकार करोड़ों वर्षों तक चक्कर काटता रहता है इसी कारण आत्मा को सर्व व्यापक कहा गया है। आत्मा जब अपने विकास की क्रमिक प्रक्रिया पूरी कर लेता है अथवा परमात्मा की आसीम कृपा दृष्टि पड़ने पर जीवात्मा के कल्याण के उलिये, फिर मानिव शरीर मिलता है।

कबहुँ कर करुणा नर दही।
नर तन सम कवनऊ नहीं देही।।

मानव शरीर के समान कोई किसी का शरीर नहीं है, क्योंकि इस शरीर से ही कल्याण कारी कर्म होता है और किसी भी देह शरीर से कल्याण प्रद कार्य नहीं होता है। **बड़े भाग्य मानुस तन पावा।** इस मनुष्य शरीर की देवता भी प्रसंशा करते है और मानव शरीर पाने के लिये लालाईत होते है। क्योंकि इस शरीर से कर्मों के द्वारा परमात्मा की प्राप्ति हो सकती है।

प्रश्न - २४७

अधर्म कितने प्रकार का है?

उत्तर - अधर्म पाँच ५ प्रकार का होता है - १. विधर्म २. परधर्म ३. आभास। ४. उपमा। ५. छल।

१. **विधर्म** - जिस कार्य को, धर्मबुद्धि से करने पर बाधा पड़े, वह विधर्म है। धर्मादा पुरुषों को चाहिये की अधर्म के समान इसको भी त्याग देना चाहिये।

२. **परधर्म** - किसी अन्य के द्वारा, किसी अन्य पुरुष के लिये उपदेश किया हुआ धर्म, वह परधर्म कहलाता है।

३. **आभास** - मनुष्य अपने आश्रम के विपरीत, स्वेक्षा से जिसे धर्म मान लेता है वह आभास है।

४. **उपमा** - पाखण्ड, दम्भ का नाम, उपधर्म यनी उपमा कहते है।

५. **छल** - शास्त्रों के बचनो को, दूसरे प्रकार से, अर्थ करना छल है।

प्रश्न - २४८

भगवान के प्रगट्य का दर्शन क्या है?

उत्तर - भृगु जी वशिष्ठ जी अंगिरा जी पुलस्त जी मरीचि नर नारायण जी और नारद जी कर्दम प्रजापति जी आदि नव ९ प्रजापति ब्रह्मा जी के पुत्र है कर्दम प्रजापति जी से - भगवान कपिल का प्रगट्य, नर नारायण भगवान का प्रगट्य -मूर्ति प्रजापति से, वामन भगवान का प्रगट्य - कश्यप प्रजापति से, यज्ञ भगवान का प्रगट्य -रुचि प्रजापति से हुआ है ऐसे तो सभी ऋषि और विश्वकर्मा से लेकर सारी सृष्टि ही प्रजापति के रूप में है।

प्रश्न - २४९

द्विज कौन है?

उत्तर - द्विज ब्राह्मण को कहते है लेकिन वह कौन है। (७। ११। १३) श्रीमदभागवत जिसके वश में अखण्ड रूप से संस्कार होते है और जिन्हें ब्रह्मा जी ने संस्कार के योग्य स्वीकार किया, उन्हें द्विज कहते है। जन्म कर्म से शुद्ध द्विजों (ब्राह्मण) के लिये यज्ञ, अध्यन, दान, ब्रह्मचर्य आदि आश्रमों के विशेष कर्मों का विधान है अध्यन, अध्यापन दान लेना, दान देना, यज्ञ करना, यज्ञ करवाना, यह छ कर्म ब्राह्मण के है।

प्रश्न - २५०

इस धरती पर सुख दुःख का क्या राज है?

उत्तर - जो सुख अपनी आत्मा में रमण करने वाले निष्क्रिय सन्तोषी पुरुष को मिलता है और वह सुख, उस मनुष्य को भला कहाँ से मिल सकता है। जो कामना और लोभ हर समय धन के लिये हाय, हाय करता हुआ इधर उधर दौड़ता फिरता है। जैसे पैरो में जूता पहनने से कंकड़ और काँटों के डर से निर्भय हो जाता है उसी प्रकार आत्मरमणिय निष्क्रिय पुरुष को जिसके मन में सन्तोष रहता है उसके लिये सर्वदा, सर्वत्र सब कही, सुख ही सुख है, दुःख है ही नहीं! जो सांसारिक जीवन को, ना समझ रूप में भोगने वाला है उसे सब जगह सर्वत्र, सर्वदा दुःख ही दुःख है। ऐसे मनुष्य पृथ्वी की समस्त दिशाओं को जीत ले भोग ले, तब भी कामना, लोभ से उसके द्वारा दुःख का अन्त नहीं होता दुःख का कारण ही कामना, लोभ, मोह है।

प्रश्न - २५१

रामायण किसका चरित्र है?

उत्तर - रामायण, माता सीता का महान चरित्र है भगवान श्री राम जी, माता सीता जी के चरित्र में प्रतिष्ठित है। जो साक्षात शक्ति स्वरूपा भक्ति है जिन्हो ने जगत संसार को दिखाया और बताया, की जीवन में सांसारिक सुख कहाँ है। कर्म करने वाला, कोई छोटा, बड़ा नहीं होता सबको स्वलम्बी (आत्म निर्भर) जीवन जीने की शिक्षा दिया है और माता सीता ने यह भी सावित करके एक शिक्षा दिया है की कोई छोटा, बड़ा, राजा, रंक, फ़क़ीर, यहाँ सबको कोई न कोई कर्म करके ही जीना है और उसका फल उसके कर्म के अनुसार अवश्य मिलेगा।

पहला दर्शन - सीता जी के चरित्र के बारे में रामायण में बताया गया है कि माता सीता का चरित्र कितना पवित्र था वन जाते समय, वह अपने पति का साथ दिया सभी सूखो का त्याग करके दुःख को ही चुना पत्नी को अपने पति का, साथ कभी भी, किसी परिस्थिति में नहीं छोड़ना चाहिये।

दूसरा दर्शन - में बताया की, माया ही स्त्री स्वरूप है और उनके साथ उचित व्यवहार जो नहीं करता या कुदृष्टि रखने वाला उसका विनाश होना निश्चित है। जैसे रावण का हुआ।

तीसरा दर्शन - माता सीता इतने बड़े राजपाट में पली हुई, लेकिन सब कुछ को छोड़ कर, एक ऐसे जीवन को, जीने पर विवश हुई, और अपना सारा काम स्वयं करके, अपने बच्चों को खुद ममता और, प्यार देकर स्वलम्बी बनाया। उसी प्रकार सभी माताओं को, अपने बच्चों का परिवरिस करके, उन्हें स्वलम्बी बनने की शिक्षा, और प्रेरणा दिया न की उनको कायर, डरपोक और, आलसी बनाना चाहिये अन्त में इस संसार में दुःख के शिवाय कुछ नहीं है यह साबित करके अन्त में अपने कर्मों का निर्वाह करते हुये सब कुछ का त्याग कर देना ही जीवन के लिये महत्व पूर्ण है। रामायण में माता सीता का, साहस, धैर्य, और त्याग, स्वलम्बन का वर्णन है।

प्रश्न - २५२

परमात्मा तत्व दर्शन क्या है?

उत्तर - यह सम्पूर्ण विश्व, और इस विश्व में रहने वाले, समस्त सभी चर अचर प्राणी सब, उन परमात्मा से ही ओत प्रोत है। इसलिए संसार के किसी भी पदार्थ में मोह, न करके, उसका त्याग करते हुये, जीवन निर्वाह मात्र के लिये, उपयोग करना चाहिये। क्योंकि परमात्मा सबके साक्षी है बुद्धि, वृत्तियाँ, नेत्र, और, इंद्रिया उन परमात्मा को देख नहीं सकती है। परन्तु परमात्मा का ज्ञान शक्ति अखण्ड है। वह सभी प्राणियो के हृदय में प्रकास रूप से रहते है। हमें उनकी ही शरण ग्रहण करना चाहिये। वही निरंकार निर्विकार अनन्त वास्तविक सत्य ब्रह्म है। वही परमात्मा विश्वरूप है। उसके अनन्त नाम है।

प्रश्न - २५३

अहंकार निरूपण दर्शन क्या है?

उत्तर - परमात्मा ज्ञान स्वरूप है। इसलिए उनमें अहंकार लेश मात्र नहीं है। वे सर्वत्र परिपूर्ण है। उन्हें किसी वस्तु की कामना नहीं है बिना कीसी के प्रेरणा के स्वच्छन्द रूप

से ही कर्म करते है वह अपनी बनायी हुई, मर्यादा में रह कर अपने कर्मों के द्वारा मनुष्य को शिक्षा देते है वे ही समस्त धर्मों के प्रवर्तक और उनके जीवन दाता है हम सब जीव उन्ही परमात्मा की शरणागत है।

प्रश्न - २५४

अशुभ संसार से कैसे बचना है?

उत्तर - इस अशुभ संसार के दल दल में फँस कर अशुभ हो जाने वाले जीव के लिये, भगवान की प्राप्ति, संसार के अशुभ, चक्र को, मिटा देने वाला परमात्मा है। इसलिए सभी लोगों को अपने, अपने हृदय में, भगवान का भजन करना चाहिए। अपने हृदय में ही, आकाश के समान विराजमान, भगवान का भजन करने में कौन सा विशेष परिश्रम है। वे समान रूप से समस्त प्राणीयों के अत्यंत प्रेमी है और अपने आत्मा भी है हमें अपने आत्मा स्वरूप परमात्मा का भजन करने से ही सब कुछ प्राप्त हो जाता है इस अशुभ संसार की सभी वस्तुयें, क्या सुख देगी। क्योंकि यह नाश वान क्षण भंगुर है इसलिए यह अनित्य है और निर्दोष नहीं है केवल परमात्मा ही नित्य और निर्दोष है। उनमें कोई दोष हो ही नहीं सकता अतः परमात्मा की प्राप्ति के लिये अनन्य भक्ति से उन्ही परमात्मा का भजन करना चाहिए परमात्मा ही सत्य है।

प्रश्न - २५५

कर्म में प्रवित्त होना क्या उद्देश्य है?

उत्तर - कर्म में प्रवित्त होने के दो उद्देश्य हैं - १. सुख पाना २. दुःख से छूटकारा पाना।

परन्तु जो पहले कामना न रहने के कारण, सुख में निमग्र रहता था। उसे ही अब कामना के करण यहाँ सर्वदा दुःख ही भोगना पड़ता है। सुख का कारण है - कामना, मोह रहित जीवन, जो सुख का मूल है। दुःख का कारण है - कामना इच्छा से, नाश वान क्षणभंगुर वस्तुओं की प्राप्ति करना और उसे पाने का सदैव प्रयत्न करना ही दुःख रूप है और यह तुच्छ विषय शरीर के साथ ही नष्ट हो जाता है। ए जान पड़ते है पुरुषार्थ के समान परन्तु, वास्तव में यह क्षण भंगुर और अनर्थरूप ही है।

प्रश्न - २५६

रामायण और राम चरित्र मानस में अन्तर क्या है?

उत्तर - **रामायण** - माता सीता का महान चरित्र है। जिसमें साहस, धैर्य स्वलम्बन, त्याग

त्याग: एक राजपरिवार में पली बड़ी होने के बाजुद भी, पति के साथ रहने का निर्णय लेकर, दुःख तकलीफ़ को गले लगाकर, पति का साथ देने के लिये, सभी सुख सुविधा को त्याग कर दिया। जब की वनवास तो राम को हुआ था। सीता को नहीं फिर भी सब कुछ त्याग दिया।

साहस: सीता जी भी नंगे पग चल कर और कंद मूल फल खा कर, बन में पैदल चल कर, साहस का प्रमाण दिया।

धैर्य: अपने पति के वचन को, प्रवान पूरा करने के लिये, पावक में वास करके, धैर्य का प्रमाण दिया।

स्वलम्बन: माता सीता ने, अयोध्या वासी की वचन से दुःखी, पति को उनके धर्म संकट में (सीता को न त्याग पाना और अयोध्या वासी के, भ्रमित बातों को रोकना) साथ देना, और स्वयं वन में वास करने का निश्चय लेकर वन में जाना अपने गर्भवती होने के बाजुद, जंगल में वाल्मीकि आश्रम में निवास करना और अपने पुत्रों को स्वलम्बी बनाया और फिर इस संसार जगत को कष्ट रूप, और धरती पर, ना समझ दार मनुष्यों के व्यवहार से, दुःखित, माता सीता जी ने, इस जगत और धरती का और अपने पारिवारिक मोह का, त्याग करके चली गयी। माता सीता को कोई आवश्यकता नहीं थी ये सब करने की, लेकिन इस नासमझ मानव को, शिक्षात्मक स्वरूप कर्म किया। जो ना समझ इन्सान है वह सुख ढूँढते है सुख कहाँ है।

राम चरित मानस - भक्ति, प्रेम, सम्मान, मुक्ति

श्री राम चरित्र का वर्णन बाबा तुलसीदास जी ने किया है जिसमें भगवान राम को माता कैकई के और पिता राजा दशरथ जी के वचनों के अनुसार वन जाना हुआ। अपने माता पिता की आज्ञा शिरोधार्य करके श्री राम ने माता पिता के प्रति भक्ति का सन्देश दिया है। अपने वन को जाते समय, श्री राम ने निषाद राज केवट को भक्ति और माता सेवरी को प्रेम दिया और अपने साथ युद्ध में साथ देने वाले सभी वानरो को सम्मान दिया और जटायु, बालि, रावण, कुम्भकर्ण आदि कितने को मुक्ति दिया।

प्रश्न - २५७

आत्मा का संसार वस्तु से क्या सम्बंध है?

उत्तर - आत्मा स्वयं प्रकाशक, और स्वयं ही अनन्त, आनन्द का महान समुद्र है उसके लिए इन वस्तुओं की कोई आवश्यकता नहीं है। आत्मा को संसार की कोई वस्तु पदार्थ की आवश्यकता नहीं है ज़रूरत तो वस्तु और सामग्री की केवल शरीर को है। क्योंकि यह शरीर भी नाश वान क्षणभंगुर है संसार की सभी वस्तु सामग्री और पदार्थ क्षणभंगुर है।

प्रश्न - २५८

गंगा जी का प्रगट्य कैसे हुआ?

उत्तर - ब्रह्मा जी की कीर्ति बड़ी पवित्र है क्योंकि भगवान विष्णु की नाभि से उनका प्रगट्य हुआ है और जब ब्रह्मा जी को मालूम हुआ की श्री हरि ही, वामन भगवान के रूप में प्रगट हुये है तब उनकी अगवानी की और उसके बाद उन्होंने स्वयं विश्वरूप भगवान, वामन के ऊपर उठते चरण का अर्ध्यपाद से पूजन किया प्रक्षालन किया और पूजा करके, भगवान की स्तुति की। ब्रह्मा जी के कमंडलु का जल विश्वरूप भगवान के पाँव पखारने से पवित्र होने से कारण, गंगा जी में पर्णित हो गया, जो आकाश मार्ग से गिर कर तीनो लोकों को पवित्र करती है। वह गंगा जी भगवान की मूर्तिमान उज्जवल कीर्ति है। जो भगवान की चरण से, उनका पवित्र प्रगट्य हुआ है।

प्रश्न - २५९

शरीर से कर्म और कर्म से शरीर का सिलसिला क्या है?

उत्तर - जो जीव गर्भाधान से लेकर मृत्यु पर्यन्त, सभी अवस्थाओं में अपने कर्म के आधिन होकर क्लेश (दुःख ही दुःख) भोगता है उसका संसार में निःस्वार्थ क्या है माया, अहंकार के कारण, यह जीव शरीर को ही अपना मानकर, उसके द्वारा अनेको प्रकार का कर्म करता है और कर्मों के कारण ही, फिर शरीर ग्रहण करता है इस प्रकार कर्म से शरीर और शरीर से कर्म, की परम्परा चल पड़ती है और ऐसा होता है, की अविवेक के कारण, अज्ञानता, और ना समझ के कारण ही ऐसा होता है।

इसलिए निष्काम भाव से, निष्क्रिय, आत्मस्वरूप, श्री हरि का भजन करना चाहिये क्योंकि भगवान श्री हरि, राम, कृष्ण समस्त प्राणीओ के, ईश्वर, आत्मा और

परम प्रिय सुखद, आत्मास्वरूप ही है वे ही अपने बनाये हुए, पंचमहाभूत और सूक्ष्म भूत आदि के द्वारा, निर्मित शरीर में जीव के नाम से कहे जाते है।

प्रश्न - २६०

भगवान को प्रसन्न करने का सहज तरीक़ा क्या है?

उत्तर - भगवान को प्रसन्न करने के लिये, ब्राह्मण, देवता, ऋषि होना, सदाचार, विविध ज्ञान से, सम्पन्न हो, तथा दान, तप, यज्ञ और शारीरिक, मानसिक, शोच, और बड़े, बड़े व्रतों का अनुष्ठान पर्याप्त नहीं है यह सब, एक विडम्बना मात्र है। भगवान सहज में, केवल, निष्काम, प्रेम, भक्ति से ही प्रसन्न हो जाते है इसलिए समस्त प्राणियो को, अपने समान समझ कर सर्वत्र विराजमान, सर्वात्मा सर्वशक्तिमान, भगवान की भक्ति करो क्योंकि भगवान के भक्ति के प्रभाव से, पापी जीव भी भगवत्भाव को प्राप्त हो गये इस संसार में या मनुष्य शरीर में जीव का सबसे बड़ा स्वार्थ अर्थात् एक मात्र परमार्थ करना इतना ही है की वह भगवान, श्री हरि, श्री राम और, श्री कृष्ण, की अनन्य भक्ति प्राप्त करे और उस भक्ति का स्वरूप है। सर्वदा, सर्वत्र सब वस्तुओं और जीवों में भगवान का दर्शन करे।

प्रश्न - २६१

किसके द्वारा किसको त्यागना चाहिये?

उत्तर - संकल्पो के परित्याग से काम को, कामनाओं के त्याग से, क्रोध को, सांसारिक लोग जिसे अर्थ (धन) कहते है। उसे अनर्थ समझकर, लोभ को और तत्व के विचार से, भय व डर को, जीत लेना चाहिये। अध्यात्म विद्या से, शोक और, मोह को, संतो की उपासना ध्यान के सिद्धांत से, दम्भ, व पाखण्ड को, मौन के द्वारा, योग के विघ्न को, और शरीर व प्राण आदि को निश्चेष्ट करके, हिंसा को, आधिभौतिक दुःख को, दया के द्वारा, आधिदैविक वेदना को, समाधि द्वारा, आध्यात्मिक दुःख योगबल से, निद्रा को सात्विक भोज, स्थान, संग आदि के सेवन से, जीत लेना चाहिये। सत्व गुण के द्वारा, रजोगुण, और तमो गुण पर, विजय प्राप्त करनी चाहिये। साक्षात भगवत स्वरूप, गुरु की भक्ति के द्वारा साधक, इन सभी दोषों पर विजय प्राप्त कर सकता है। और हृदय में ज्ञान का दीपक, जलाने वाला गुरु साक्षात भगवान ही है। बड़े बड़े योगेश्वर जिनके चरण कमलों का, अनुसंधान करते रहते है। प्रकृति और पुरुष के, अधीश्वर वे स्वयं भगवान ही, गुरु के रूप में प्रगट है।

प्रश्न - २६२

जीवात्मा के कल्याणार्थ कौन कार्य है?

उत्तर - परहित सरस धर्म नहीं भाई। पर पीड़ा नहीं सम अधिमाई॥

दूसरे का हित करना, दूसरे की मदद करना, कल्याण कारी धर्म है क्योंकि परमात्मा ही आत्मा स्वरूप, सभी के हृदय में विराजमान है इसलिए हम किसी का हित करते है। मदद करते है। तो वो भगवान की सेवा ही करते है। इससे बड़ा कोई सेवा धर्म नहीं है। हमें भूल कर भी किसी जीव को कष्ट नहीं पहचाना चाहिये जो मानव जीव और उसके अतिरिक्त जो सभी जीव है। तुलसी दास जी लिखते हैं -

जड़ चेतन जग जीव जत सकल राम मैं जान।

बन्दऊ सबके पद कमल सदा जोरि जुग पान॥

जगत में जितने भी, जड़, चेतन जीव है। सब भगवान स्वरूप है सबको भगवान मय जान कर, सबकी पूजा करना चाहिये। सेवा करनी चाहिये।

सियाराम मैं सब जग जानी।

करऊ प्रणाम ज़ोर जुग पानी॥

इस संसार जगत के, सभी जीवों को, भगवान श्री राम मय, ही समझना चाहिये क्योंकि सब प्रभु के अंश है। **ईश्वर अंश जीव अविनाशी।** सबकी सेवा, सबका आदर, और हाथ जोड़कर, सबको प्रणाम करना चाहिये। यही उत्तम कल्याण कारी सेवा धर्म है।

प्रश्न - २६३

पारिवारिक जीवन, कैसे जीना चाहिये?

उत्तर - पारिवारिक सुखद जीवन जीने के लिये, हमें समभाव के रूप में जीना चाहिये जिसमें, अहंकार, क्रोध और, स्वार्थ को कंट्रोल में रखना चाहिये।, मोह और, लोभ को आवश्यकता से अधिक महत्व नहीं देना चाहिये सब में आत्मा स्वरूप परमात्मा को, देखते हुये व्यवहार करना चाहिये और सभी जीव से, प्रेम करना चाहिये जितना हो सके, उतना सेवा भाव मदद भी करना चाहिये अपने स्वार्थ को छोड़ कर, जिसमें दोनो का स्वार्थ हो, उसे करना चाहिये अगर कोई अपने पास कुछ मागने आये, तो उसे ख़ाली हाथ नहीं जाने देना चाहिये। ना जाने किस रूप में नारायण मिल जाय।

प्रश्न - २६४

पारिवारिक जीवन में व्यवहार कैसा हो?

उत्तर - पारिवारिक जीवन में कर्म, हमें सोच विचार कर करना चाहिये, क्योंकि कर्म ही प्रधान है हम जो जैसा करेंगे, हमें वैसा ही मिलता है –

कर्म प्रधान विश्व करि रखा। जो जस करई सो तस फल चाखा॥

इसलिए हमें अपने बड़ों के साथ, आदर, भाव, प्रेम, और, सेवा की, भावना रखनी चाहिये। हमेशा बड़ों का, आदर, सत्कार और छोटों को प्यार से व्यवहार करना चाहिये और किसी की कोई बात को, बुरा नहीं समझे क्योंकि सब अपने पूर्व जन्म के संस्कार और कर्म के अनुसार ही हमसे व्यवहार करते है कोई कैसा व्यवहार करता है। उसपे ध्यान न देकर, स्वयं अच्छे व्यवहार करे अच्छे व्यवहार से, बुरे दुष्टों को भी बदला जा सकता है।

प्रश्न - २६५

कर्म का फल क्या है?

उत्तर - जो हम कर्म करते है उसका फल हमें अवश्य मिलता है विद्यार्थी जैसा रुचि रख कर पढ़ता है उसे वैसा हो फल परिणाम परीक्षा में मिलता है उसी तरह जीवन में, जो भी हम कर्म करते है उसका फल सुख, दुःख, स्वर्ग, नर्क जो भी है। वह मिलता है केवल कर्म ही हमारे आधिन है उसका फल नहीं? इसलिए हम जो भी कर्म करे, उसे बहुत सोच विचार कर, समझ बुझ कर करना चाहिये। ताकी बाद में पछताना नहीं पड़े। हमेशा हम, ऐसा कर्म करे, की हमें अच्छा ही परिणाम मिले। तभी हमारा जीवन सार्थक है।

प्रश्न - २६६

लोगों की सोच दूसरे के प्रति क्यों ग़लत होती है?

उत्तर - लोगों की सोच दूसरे के प्रति इसलिए ग़लत होती है। की वो लोग अपने विचार, भाव, कर्म, आदत के अनुसार जैसे होते है। वैसा दूसरे के बारे में सोचते है और देखते है यानी मनुष्य जो जैसा होता है। वैसा वह दूसरे के बारे में सोचता है और देखता है। **जाकी रही भावना जैसी। प्रभु मूरत देखी तिय तैसी॥** श्री राम जी, भक्त को भगवान, और चोरों को दंडक और राक्षसों को काल के समान और

वृध्दों को, पुत्र के समान, नज़र आते थे जिसकी जैसी भावना थी। भगवान उसको उसी प्रकार नज़र आते थे। जो जैसा होता है, वैसा ही दूसरे को देखता, और दूसरे के बारे में सोचता है। इसलिए अच्छे व्यवहारिक, महात्मा, पुरुषों के आचरण को देख कर, अपनी सोच को बदलना चाहिए। और दूसरे के प्रति हमेशा अच्छा सोचना चाहिए।

प्रश्न - २६७

पुत्र कौन बड़ा भाग्यवान है?

उत्तर - पुत्र वही बड़ा भाग्यवान होता है जो अपने माता पिता के वचनों का अनुगामी होता है और माता पिता के वचनों को मानने वाला होता है। इसको भगवान ने स्वयं कहा है -

सुन जननी सोई सूत बड़भागी। जो पितु मातु वचन अनुरागी॥

भगवान राम ने कहा। हे माँ वह पुत्र बड़ा भाग्यवान है। जो अपने पिता और माता की बात को मानता हुआ कार्य करता है। क्योंकि, माता, पिता का दर्जा, भगवान से भी बड़ा बताया है क्योंकि यह शरीर जो हमें मिला है वह माता पिता की वजह से मिला है। जिससे हम अपना कल्याण करके इस आवागमन (जन्म मरण) के बन्धन से मुक्त हो सकते है बिना शरीर हमारा, इस पृथ्वी पर कोई अस्तित्व नहीं है। इसलिए माता पिता भगवान से भी बड़ा है।

प्रश्न - २६८

क्या हम बुरी आदत को छोड़ सकते है?

उत्तर - जी हाँ। हम अपने बुरी आदतों को छोड़ सकते है जो हमारा स्वभाव है पहले उसको सबके अनुकूल बनाने के लिए, जीवन में परिवर्तन लाना चाहिये परन्तु परिवर्तन केवल पोज़ेटिव (सकारात्मक) सोच, और अच्छे कर्मों के लिये करना चाहिये। ग़लत और अनुचित कार्यों के लिये परिवर्तन कभी भी नहीं करना चाहिये और न कभी निगेटिव (नकारात्मक) सोच रखना चाहिये अपनी ग़लत आदतों को बदलने के लिये अच्छे लोगों का संगत करना और अगर किसी कारण ग़लत लोगों का संगत मिल भी जाये, तो भी अपनी अच्छाईओ को अपने अच्छे विचारो को अच्छी सोच को, कभी भी नहीं त्यागना चाहिये। जैसे - **चन्दन विष व्यापत नहीं,**

लपटें रहत भुजंग। जिस प्रकार चन्दन में सर्प लपटा रहता है लेकिन चन्दन विषैला नहीं होता वह अपने गुणो का, त्याग नहीं करता और विष को ग्रहण नहीं करता उसी प्रकार मनुष्य को अपने अच्छे स्वभाव अच्छी आदत को त्यागना नहीं चाहिये अपने अच्छाईओ को, कभी भी नहीं छोड़ना चाहिये और बुरी आदतों को ग्रहण नहीं करना चाहिये बल्कि बुरी आदतों से दूर रहना चाहिये हम अच्छे लोगों की संगत, अच्छी सोच, सन्त, महात्माओं, के गुणो का अनुसरण करके, हम बुरी आदत का त्याग कर सकते है।

प्रश्न - २६९

भक्ति कितने प्रकार की है?

उत्तर - भक्ति नव प्रकार की है श्री राम प्रभु ने माता सेवरी को स्वयं नवधा भक्ति का ज्ञान दिया है।

१. प्रथम भक्ति संतन कर संगा - भगवान की भक्ति पाने के लिये पहले संतो का संग करना चाहिये।

२. दूसरी रत मम कथा प्रसंगा - भगवान की कथा और अन्य प्रसंग में रुचि हो और उसमें लगा रहना चाहिये।

३. गुरु पद पंकज सेवा - गुरु के चरण की पूजा सेवा हो।

४. मम गुण गन, करई कपट तजी गान - मेरा गुणगान करना, लेकिन छल और कपट त्याग करके,

५. मंत्र जाप मम दृण विश्वासा पंचम भजन सो वेद प्रकाश - मेरा मंत्र जाप करे, लेकिन दृण विश्वास के साथ, हमारी भजन, कीर्तन जो वेदों में प्रशिध्द है। उसी प्रकार करना चाहिये।

६. छठ दम शील, विरत बहु कर्मा, निरत निरन्तर सज्जन धर्मा - निरन्तर सज्जन शील स्वभाव के, संतो का साथ, और अपने धर्मों का आचरण करते रहना चाहिए।

७. मोही सम मय, सब जग देखा, मोते सन्त अधिक कर लेखा - मेरे समान, सभी जीवों को समझना, सभी जीवों में मुझे ही देखना, और हमसे बढ़कर संतो की सेवा करना। मुझसे अधिक संत को मानना।

८. आठवाँ ज़था लाभ संतोषा, सपनेहु नहीं देखे परिदोषा - जो मिलता है, उसमें सन्तोष रखना, और भूल कर भी दूसरे के दोष को नहीं देखना चाहिये।

९. सरल स्वभाव, सब सन छल हिना, मम भरोश हिय हरष न दीना - सरल स्वभाव पूर्वक, कपट और छल के बिना, मुझपे भरोसा, इस नव में से जिसको एक भी है उसे मेरा भक्त ही समझना और हे माता सेवरी तुम्हारे में तो सब है। तुम तो मेरी परम भक्त हो प्रह्लाद ने भी भक्ति के नौ प्रकार भेद बताया है। भगवान की गुण लीला, नाम स्मरण, कीर्तन, पूजा सेवा, अर्चना, वन्दन, दास्य, साख्य, आत्म निवेदन, यदि भगवान के प्रति समर्पण के भावना से, यह नौ प्रकार की भक्ति की जाय, तो यह जीवन का उत्तम कार्य है। भगवत् शरणागत के लिये यह मुक्ति मार्ग है।

प्रश्न - २७०

हम मनुष्य को कैसा जीवन जीना चाहिये?

उत्तर - मनुष्य योनि का जीवन बड़ा दुर्लभ है इसको पाने लिये देवता भी तरसते है क्योंकि यह साधना कर्म शरीर है। इस साधन शरीर को पाकर, हम अपना कल्याण कर सकते है क्योंकि मानव योनि से ही कर्म कर सकते है और कोई दूसरी योनि नहीं, जो अपना कल्याण कर सके इसलिए इस जीवन को अमूल्य जानकर इसे अच्छी तरह अच्छे संस्कार और अच्छे विचारो के साथ, पोज़ेटिव सोच, और अच्छी आदत स्वभाव से जीवन जीना चाहिये। इस जीवन का कोई भरोशा नहीं है की हम कब तक कितना दिन के मेहमान है इसलिए एक एक पल भी बहुत किमती है हम एक जीव आत्मा है शरीर नहीं, इसका वर्णन हम पहले कर चुके है। यह शरीर साधन रूप है इससे हम अच्छे कर्म और भक्ति कर सकते है इसलिए हम सदैव अच्छी सोच, अच्छे कर्म, और सेवा, भक्ति, करके जीवन आनन्द मय बना सकते है।

यह कार्य घर छोड़ कर नहीं, घर में रहकर भी पारिवारिक जीवन में भी रह कर, अपने अच्छे जीवन को सत्कर्म की राह पर चल कर भी, अच्छा जीवन जी सकते है और अगर अपने जीवन में ग़लत, गन्दी आदत हो जिससे परिवार, समाज देश को तकलीफ़ पहुँचती हो उसे त्याग देना चाहिये जो दुःख रूप आदतें है उसे अपने ऊपर हावि नहीं होने देना चाहिए उसे भी त्याग देना चाहिये। आदतों से हम नहीं है हमसे ये आदतें है जो हमें नुक़सान, और हमारे से, लोगों को नुक़सान पहुँचता है उसका साथ जीवन में भूल कर भी, नहीं देना चाहिए हमारे जीवन में दुःख का कारण हमारी आदतें भी है इसलिए अपनी सभी बुरी आदतों को त्याग देंगे। तभी हम सुखी हो पायेंगे और सुख मय जीवन जी सकेंगे।

प्रश्न - २७१

सांसारिक जीवन कैसा होना चाहिये?

उत्तर - सांसारिक जीवन, सुख मय होना चाहिये इसके लिये हमें दो काम करना चाहिये -

पहला - सत्कर्म पथ पर चल कर सभी कर्म करें।

दूसरा - जो भी प्रति दिन कर्म करे उसकी समीक्षा करे और देखे की, कौन सा काम हमें करना चाहिये और कौन सा काम, हमें नहीं करना चाहिये। और प्रति दिन का किया हुआ कार्य को भगवान के चरणो में समर्पित कर देना चाहिये और अपने मन को भगवान की चरणो में लगाये और अपनी विषयी इंद्रीयो को भी अपने वश में रखे और अपने सोच को पोज़ेटिव रखे, सकारात्मक सोच रखे जिससे जीवन सुख मय व्यतीत हो। अपने कर्म को संसार के सत्कर्म में और मन को भगवत् चरणो में लगाये यही जीवन जीने की सच्ची कला है।

प्रश्न - २७२

भरत चरित्र महात्म्य क्या है?

उत्तर - भरत जी का चरित्र परम कल्याण कारी है क्योंकि भरत का अर्थ है भर देना, क्या भर देना? प्रेम भर देना। भरत प्रेम की मूर्ति कहे जाते है भगवान श्री राम के प्रेम की मूरत भरत ही है जो अपने प्रेम से सबका दिल भर देते थे। वह भरत है, जो श्री राम को प्रेम के सागर में ही डूबा दिया और जहाँ सच्चा प्रेम है वही त्याग भी है। जैसे भरत जी ने राम के प्रेम में अयोध्या का राज पाट, सब कुछ त्याग दिया और प्रभु श्री राम की शरणागति स्वीकार की, ये प्रेम है और प्रभु श्री राम को अयोध्या का राज्य वापस स्वीकार करना पड़ा भगवान केवल, प्रेम भाव के भूखे है। भरत जैसा ही प्रेम अपने, माता, पिता, गुरु, भगवान से करे। तो अवश्य जीवन सुखमय होगा और जीवन आनंदित रहेगा।

प्रश्न - २७३

सेवा कैसी करनी चाहिये?

उत्तर - जीवन में सच्ची सेवा, समर्पण, त्याग से होती है सेवा कुछ पाने की सोच व इच्छा से नहीं होती। क्योंकि सेवा दो प्रकार से होती है। एक रूहानी लगाव यानी (सेल्फ़ इंवालमेंट) खुद के मन से लगाव होता है। और दूसरा फर्ज से दिखावटीपन के कारण, मजबूरी के कारण, कुछ पाने की लालसा के कारण, करते है लेकिन सच्ची

सेवा तो त्याग व समर्पण की है। जो लक्ष्मण जी ने किया था लक्ष्मण जी ने सब कुछ त्याग कर, केवल भगवान श्री राम के चरणो की सेवा का ब्रत लिया था, लक्ष्मण जी ने न कोई पद या प्रतिष्ठा की इच्छा से की थी। केवल श्रीराम के चरणो कमलों की सेवा करके, अपने जीवन को, प्रभु चरणो में अर्पित कर दिया, अन्त तक प्रभु श्री राम का साथ नहीं छोड़ा। मनुष्य को, अपने माता, पिता, गुरु की सेवा भी निःस्वार्थ, लक्ष्मण की तरह करना ही चाहिये क्योंकि इसका फल अभीष्ट है।

प्रश्न - २७४

प्रभु श्री राम नाम का महात्य क्या है?

उत्तर - श्रीराम नाम की महिमा का वर्णन करना बड़ा कठिन है क्योंकि इसका गान आज तक कोई नहीं कह सका है।

जग मंगल गुण ग्राम राम के।

दानी मुकुती धन धरम धाम के॥

राम जी के नाम गुण, समूह का ध्यान जगत कल्याण करने वाले और मुक्ति, धन, धर्म और परम धाम देने वाले है।

मंत्र महामनी विषय व्याल के। मेटत कठिन कुअंग भाल के॥

विषय रूपी साँप का ज़हर उतारने के लिये मंत्र महामणि है ये लालट पर लिखे हुये, कठिनता से मिटने वाले बुरे लेखों, मन्द (प्रारब्ध) को मिटा देने वाले है। राम नाम की महिमा का वर्णन करना बहुत कठिन है।

कुपथ कुतरक कुचाली कलि कपट दम्भ पाखण्ड।

दहन राम गुण ग्राम ज़िम इधन अनल प्रचन्ड॥

श्री राम जी के नाम गुण, समूह, कुमार्ग, कुतर्क, कु चाल और कलियुग के, कपट, दम्भ और, पाखण्ड को जलाने के लिये वैसे ही है। जैसे इधन के लिये प्रचंड अग्नि है और सब प्रकार से, मानव जीवन को निर्मल कर देती है। राम, नाम कलियुग में भवसागर पार जाने की अद्भुत नौका है।

प्रश्न - २७५

भक्ति कैसे करे मन लगता नहीं?

उत्तर - भगवान की भक्ति कलियुग में बहुत आसान और सरल है करना क्या है बस इतना ही करे, की जो कुछ आप कर्म करते हो, वह भगवान के नाम के, साथ करो

यनी काम करते रहो, राम राम करते रहो कृष्ण कृष्ण करते रहो। और हरि हरि करते रहो और मन इधर उधर भागता है उसे खिंच कर प्रभु के चरणो में लगाओ और भगवान के रूप की कल्पना करो, कि भगवान ऐसे है, भगवान वैसे है, भगवान ने ये लीला किया भगवान ने वो लीला किया। इसी प्रकार उनका चिन्तन करते रहो, यही भगवान की भक्ति है। जिस दिन तुम्हारा मन भगवान की चरणो में स्थिर हो जाए, लग जाये, समझो भक्ति मिल गयी, यही भगवन की भक्ति है।

दूसरा - सभी जीवों को राम मय देखो और सब में भगवान की छबी सूरत देखो, सबके साथ अच्छा व्यवहार करो, सबको अपने से बड़ा समझो, और हमेशा यही ध्यान रहे, की यह सारा जगत प्रभु श्री राम मय है और सबसे प्यार और प्रेम करो, जिस दिन तुम्हारा मन सेवा करने के बारे में सोचे, और सभी जीवों के कल्याण के बारे में सोचने लगे। तब समझो, भक्ति आ गयी यानी मिल गयी और जहाँ भक्ति है वही भगवान है। आप का मानव जीवन सार्थक हो गया यनी मनुष्य जन्म सफल हुआ।

प्रश्न - २७६

जीवन कल्याण कारी महामन्त्र क्या है?

उत्तर - जीवन कल्याण कारी, परम महामन्त्र, राम, नाम है। इससे बड़ा कोई मन्त्र नहीं है इस महामन्त्र के प्रथम परम प्रेमी प्रगट्य्स्वी भगवान शिवजी है। दूसरे महर्षि वाल्मीकि जी, और रामायण काव्य की रचना लाखों वर्ष पूर्व हुई है। जब कोई काव्य था ही नहीं केवल चार वेद ही थे। रामायण हमारा सबसे पुराना महाशक्ति शाली ग्रंथ है जिसमें भगवान, राम, ने सारी अपनी शक्तिओ का समाविष्ट किया है जो सभी कर्म, जप, तप, ध्यान, पूजा पाठ, तीर्थ व्रत, दान, धर्म, जो ये सब करने का फल मिलता है। वह सब इस, राम, नाम जप से ही मिल जाता है।

ऐसे तो करोड़ों मन्त्र है और उसके जप करने का कड़क नियम भी है लेकिन, राम, नाम महामन्त्र के जप का कोई नियम नहीं है। मानव काम करते, चलते, फिरते, घूमते, खाते, पीते, सोते, जैसे चाहे जप कर सकता है इसके परिणाम में कोई फेर नहीं पड़ता है। ऐसे महामन्त्र को छोड़ कर, और किसे जपा जाय जो मानव, परिस्थिति, अनुकूल, प्रतिकूल में भी जप किया जा सकता है। इसलिए, राम, राम जपते रहो जीवन काम करते रहो। यही जीवन के लिये सरोत्तम,

कल्याणकारी, और जीवन को सार्थक बनाने में, नाम की अहम भूमिका है जो किसी और मंत्र में नहीं है।

प्रश्न - २७७

कलियुग में जीवन सार्थक बातें क्या है?

उत्तर - कलियुग में जीवन सार्थक यह सात ७ बातें बड़ी उपयोगी हैं -

१. हम लोगों को नियम पूर्वक भजन करना चाहिए लेकिन मन को प्रभु स्वरूप में, लगाकर ही कुछ करे।

२. एक दो घंटा एकान्त में बैठ कर जप करना चाहिये और गुण, प्रभाव, प्रेम सहित, स्वरूप का ध्यान करे। जिसका जो इष्ट मन्त्र हो, वह उसे कर सकता है यदि कोई नहीं है तो अपने प्रभु के नाम का मन्त्र जाप कर सकते है।

३. स्वाध्याय करना। गीता, मानस रामायण अन्य, ग्रन्थ का पाठ आदि करना चाहिये।

४. भगवत् नाम का, जप, चलते, फिरते, उठते, बैठते, काम करते समय भी आसानी से जप करे।

५. मन्दिर जाने की अपेक्षा घर पर ही बैठ कर पूजा करे और सबसे बढ़ कर यही है की घर में, एकान्त में, बैठ कर जप करे, राजा जनक का प्रसंग आता है कि राजा जनक छत पर बैठ कर, जप किया करते थे। स्त्रियों को मन्दिर में जाने से अच्छा है की वह घर पर ही पूजा करे क्योंकि मंदिर में पूजा करने को नहीं मिलता है मंदिर में पुजारी ही पूजा करते है।

६. घर में मन्दिर बना कर अच्छे से अपने भगवान को रख कर, ध्यान किया जाय। पूजा किया जाय वह मंदिरो से सौ गुना लाभ होता है क्योंकि मन्दिर में पूजा आरती करने को कहाँ मिलती है मन्दिर में तो पुजारी ही पूजा आरती करते है।

७. अतिथि देवों भव साधु संतो और अतिथियों की सेवा, और भोजन करवाने से घर का भोजन प्रसाद बन जाता है। अतिथियों को भोजन करवा के ही भोजन करना चाहिये वही पवित्र और अमृत भोजन है। (गीता ४। ३१)

ऐसा अमृत पवित्र भोजन करने वाले सेवक, व योगीजन, सनातन परब्रह्म, परमात्मा को प्राप्त होते है। यह अतिथि यज्ञ, न करने वाले पुरुष की, यह मनुष्य लोक सुख दायक नहीं है परलोक की तो बात ही क्या?

प्रश्न - २७८

संसार में मनुष्य कितने प्रकार से रहते है?

उत्तर - संसार में मनुष्य तीन प्रकार से रहते हैं – १. आसक्त २. अनासक्त ३. त्याग। संसार में सभी जीवों का कर्णधार, ईश्वर, परमात्मा, भगवान ही है। लेकिन कर्मों के अनुसार ही, ईश्वर भी साथ देते है। जैसे –

आसक्त - एक पिता अपने बच्चों के लिए खिलौने की गठरी लेके आता है और खिलौने की एक गठरी रखकर एक बच्चे से कहा की जाओ खेलों।बच्चा जाके गठरी से खिलौना लेकर खेलने लगता है उस खिलौने के आनन्द में, वह अपने पिता को भूल जाता है। क्योंकि वह, उस खिलौने के आनंद में, आसक्त हो गया और पिता जी को भूल गया जो आनन्द उसे मिल रहा है वह आनंद भी क्षणभंगुर (नाशवान) है इस संसार में अधिकतर लोगो की, इसी प्रकार की जीवन शैली है।

अनासक्त - दूसरे बच्चे को कहा? तुम्हारे लिए गठरी में खिलौना रखा हूँ जाकर खेलों, दूसरा बच्चा जाकर गठरी खोला और सारे खिलौनों को देखा और उससे से एक खिलौना लेकर आया और पिता के साथ बैठ कर खेलने लगा। संसार में इस प्रकार के कुछ लोग है। जो संसार में रहते हुए भी संसार से अनासक्त है परमात्मा और संसार दोनों से लगाव है।

त्याग - तीसरे बच्चे को कहा? तुम्हारे लिए गठरी में खिलौना रखा हूँ जाकर खेलों। तीसरा बच्चा जाकर गठरी खोला और सारे खिलौनों को देखा फिर वापस आ गया पिता जी ने पूछा? की तुम वापस क्यों आ गये। बच्चे ने कहा। मुझे खिलौने अच्छे नहीं लगते मुझे तो आप के साथ रहना ही अच्छा लगता है फिर पिता ने उस बच्चे को गोद में उठाकर चला गया। संसार की किसी वस्तु को, अपना और, अपने लिए नहीं समझना यही त्याग है।

प्रश्न - २७९

संसार में मुख्य पतन का कारण क्या है?

उत्तर - संसार में मुख्य पतन का कारण माया और अहंकार है क्योंकि ईश्वर कि कार्य शक्ति माया है और यह भगवान के इशारे पर संसार को नाचती है भगवान की जो भी, लौकिक, अलौकिक, लीलाये होती है। वह सब माया द्वारा ही होती है और माया स्त्री स्वरूप, उसे स्त्री का बल है और स्त्री को समझना किसी के वश की बात नहीं है। यह भगवान की प्रबल माया है।

"तिरिया चरित्रम, दईओ न जानम"

इतिहास भी इस बात का गवाह है। कि आज तक का जो भी, विनाश का परिणाम आया है। उसके पीछे कि वजह स्त्री है माया का पुत्र अहंकार, जो माया से ही उत्पन्न हुआ है अहंकार और माया, मानव जन्म के साथ से ही रहते है। लेकिन भगवान की कृपा दृष्टि, जब तक बच्चे पर रहती है तब तक ये माँ, बेटे दूर ही रहते है जिस मनुष्य के अंदर अहंकार का डेरा होता है। तो उसकी सोचने समझने की शक्ति पर अहंकार का कब्ज़ा होता है और उसको कुछ सोचने नहीं देता है न कुछ समझने देता है उस व्यक्ति को (घमंड) मैं सबसे बड़ा ज्ञानी हूँ इसका बोध होने लगता है। और उसके जीवन की विकास लीला, समाप्त हो जाती है इस प्रकार माया और अहंकार के द्वारा मुख्यतः पतन होता है। इस माया और अहंकार (माँ और बेटे) से वही बच पाता है जिस पर भगवान और भक्ति की कृपा होती है।

प्रश्न - २८०

गरीब कौन है ग़रीबी किसे कहते है?

उत्तर - गरीब कोई नहीं है। केवल यह अपनी ग़लतफहमी है। गरीब वो है। जिसकी सोच, नकारात्मक, जिसके अंदर आलस, दूसरे की आसा, दूसरे पर निर्भरता, हराम की खाने कि आदत, ना समझ, असक्षम, निर्बुद्धि, अशिक्षित, अज्ञान, वग़ैरह सारी, कमियाँ, खूबिया है, ऐसे लोगो को जीवन जीने का कोई अधिकार नहीं होना चाहिए अगर उसकी सोच में, निराशा, हताश, असक्षमता, अज्ञानता, अकर्मता, और, नकारात्मक सोच, ये सब है तो वह ग़रीब है। ग़रीब का अर्थ - जो अपना आत्मबल खो दिया हो, जो दूसरे के सहारे पर निर्भर हो। संसार में कोई आमिर, या कोई ग़रीब, नहीं है यह सब अपने प्रारब्ध कर्मों का खेल है जिसका जैसा प्रारब्ध कर्म होता है उसको वैसी ही सहायता और वैसी ही बुद्धि मिलती है मनुष्य अपने कर्मों से ही प्रारब्ध और प्रारब्ध से, अपनी क़िस्मत और नसीब बनाता है।

जीवन की मूल आवश्यकताएँ रोटी, कपड़ा, और, मकान

मानव की सोच ही अमीर और ग़रीब है जीवन जीना ही ज़िंदगी है उसके लिए, खाने यानि, पेट भरने और शरीर को चलाने के लिए, हमे रोटी की ज़रूरत पड़ती है वह रोटी चाहे, रुपये की हो, या लाख की काम तो दोनों एक ही करेगी।

कपड़ा - कपड़े का काम हमारे तन, शरीर को ढकना है चाहे कोई भी कपड़ा हो,

मकान - मकान की ज़रूरत हमे, गर्मी, सर्दी और वर्षा से बचने के लिये होती है चाहे वह कच्चा मिट्टी का हो चाहे पक्का हो, या चाहे फ़ाइव स्तर महल हो काम तो तीनों एक ही करते है इस लिये हमारी सोच ही अमीरी, ग़रीबी का फ़र्क़ पैदा करती है। जिससे हम सोच के दुखी होते है जो कुछ अच्छा, पसंद, नापसंद होता है सब अपने प्रारब्ध कर्मों का खेल है इसलिए मनुष्य जीवन कर्म करने के लिए मिला है तो अच्छा सत्कर्म करके, अच्छा प्रारब्ध बनाओ ताकि आप भी जो चाहे, वो आसानी से पा सके।

प्रश्न - २८१

संन्यास व वैराग्य किसे कहते है?

उत्तर - संन्यास और वैराग्य का संबंध भक्ति से है क्योंकि संसार माया से बना और माया से अहंकार उत्पन्न हुआ है और अहंकार का संसर्ग मानव के चित, मन, बुद्धि से हुआ है और देखा जाय तो अहंकार और अज्ञान का गहरा सम्बन्ध है और जब तक अहंकार का प्रभुत्व होता है। तब तक ज्ञान को चित, मन, बुद्धि के पास आने से रोकता है इसलिए ज्ञान के अभाव में भटकता है भगवत् कृपा से जब मनुष्य का प्रारब्ध कर्म फल उदय होता है तब उसे ज्ञान मार्ग पर चलने का अवसर प्रास होता है जैसे जैसे वह भगवत् मार्ग की ओर बढ़ता है वैसे -वैसे अहंकार का प्रभुत्व ख़त्म हो जाता है। मनुष्य को ज्ञान के द्वारा ही वैराग्य होता है और वैराग्य होने के बाद ही संन्यास होता है वैराग्य और संन्यास में केवल इतना ही अन्तर है। वैराग्य - सांसारिक व पारिवारिक जीवन में रह कर भी होता है। संन्यास - सांसारिक व पारिवारिक जीवन को छोड़ने से होता है।

प्रश्न - २८२

सांसारिक व पारिवारिक जीवन से वैराग्य कैसे होगा?

उत्तर - जहाँ ज्ञान, वहाँ वैराग्य, और जहाँ वैराग्य, वहाँ भक्ति आ ही जाती है। वैराग्य घर-परिवार त्यागने से नहीं होता जो लोग घर परिवार का त्याग करके छोड़ कर चले जाते है और कहते है की हमने संन्यास ले लिया और जाने के बाद उन्हें सब कुछ याद आता रहता है। तो वह संन्यास व वैराग्य नहीं हुआ। वह तो केवल ढोंग है और उनका आडम्बर है उन्हें वैराग्य के बारे में कुछ पता ही नहीं है वैराग्य लेना है

तो आप घर पर रह करके वैराग्य ले सकते है। उसके लिए आप को सात ७ पहलू पर ध्यान देना आवश्यक है।

१. **रहन सहन से वैराग्य -** पहले अपने रहन सहन को बदलना चाहिए हमे रहने के लिए आलीशान महल की आवश्यकता नहीं है और सोने के लिए हमे आलीशान बेड विस्तर की आवश्यकता नहीं हैं। क्योंकि रहने के लिए घर और सोने के लिए ज़मीन ही काफ़ी है। आवश्यकता अनुसार नींद पूरा करने की ज़रूरत है। और किसी वस्तु की आवश्यकता महसूस नहीं होनी चाहिए।

२. **खाने से वैराग्य -** खाने के लिए कोई ज़रूरी है की हमे अच्छा ही भोजन मिले खाने में ए चीज हो वो चीज़ हो, ऐसा हो वैसा हो यह सब छोड़ो? हमे केवल शरीर कि पुष्टि के लिए, रोटी दल चावल या कुछ भी हो, जो शरीर की और भूख की ज़रूरत को पूरा करता है और अन्य चीजो की क्या आवश्यकता है ख़ाना खाते समय भोजन का स्वाद नहीं लेना है केवल पेट भरना है स्वाद पर ध्यान नहीं देना है।

३. **वाणी वैराग्य -** वाणी पर हमेशा नियन्त्रण रखना चाहिए हमेशा कम बोले अशुद्ध न बोले अप्रिय न बोले, ऐसी वाणी न बोले की जिससे किसी को कष्ट हो आप जब भी बोले, आवश्यकता अनुसार कम बोले प्रिय बोले, मधुर बोले और हमेशा सत्य ही बोले।

४. **व्यवहार से वैराग्य -** आवश्यकता अनुसार स्वार्थ होना चाहिए। लालच, छल, कपट् बेईमानी से दूर रहे। जब कोई भी व्यवहार करे, तो सामने वाले का ध्यान रखे और हमारे व्यवहार से सभी लोग संतुष्ट रहे, इसका भी ध्यान हमेशा होना चाहिए।

५. **सोच विचार से वैराग्य -** कभी भी दूसरे के प्रति दुर्व्यवहार की सोच न हो और द्वेष की भावना नहो, व्यविचारक सोच न हो, किसी से कुछ लेने की हमेशा इच्छा नहीं चाहिए अपना सोच विचार हमेशा सत्यमर्गीय हो देने की व त्याग की और सेवा की भावना हो और सभी के प्रति प्रेम व प्यार की सोच भावना हो हमेशा सकारात्मक सोच होनी चाहिए।

६. **सांसारिक व पारिवारिक प्रेम वैराग्य -** प्रेम केवल भगवान से करे और सभी जीव आत्मा से करे और उनकी सेवा करे। **अहिंसा परमों धर्मः सर्वे भवन्ति सुखीनः** ऐसा सोच विचार रखें। लेकिन संसार की कोई वस्तु से प्रेम लगाव नहीं रखना चाहिए मोह बंधन से हमेशा दूर रहना चाहिए।

७. हमेशा यही ध्यान रहे की, हमारी शरीर से, हमारे वाणी से, हमारे कर्म से, हमारे व्यवहार से हमारी सोच से किसी को कोई नुक्सान न हो और किसी को कोई कष्ट न हो यही सच्चा वैराग्य का लक्षण है वैराग्य होने के बाद संन्यास होता है अन्यथा सब ढोंग है। वैराग्य - सांसारिक जीवन में रहकर अपनी ज़बाबदारी को निभाते हुए वैराग्य जीवन जी सकते है। वैराग्य घर परिवार को त्यागने से नहीं होता अपितु कामना, मोह, का त्याग ही वैराग्य है।

प्रश्न - २८३

वैराग्य से क्या लाभ है?

उत्तर - जिसके जीवन में वैराग्य हो गया तो उसका जीवन धन्य और सार्थक हो गया उसका मनुष्य जीवन पाना सफल हो गया वैराग्य से जीवन में अनेकों लाभ है वैराग्य से मन शांत और चिंता मुक्त हो जाता है भगवत मार्गीय सुख और सेवा का आनन्द आता है जीवन की सार्थकता और परमात्मा प्राप्ति होती है क्योंकि ज्ञान से वैराग्य और वैराग्य से भक्ति और भक्ति से भगवत् प्राप्ति होती है और भक्ति बिना भगवान नहीं मिलते जैसे राधे कृष्ण, राधे श्याम, सीता राम, लक्ष्मी नारायण पहले भक्ति स्वरूप, राधे, सीता, लक्ष्मी और बाद में भगवान है दूसरा कोई भी ऐसा नाम नहीं है जहाँ पहले भक्ति हो फिर भगवान हो वैराग्य ही मनुष्य जीवन का अनमोल अमूल्य जीवन सार्थकता है जिस प्रकार मनुष्य जीवन पाने के लिए देवता लालायित होते है उसी प्रकार वैराग्य के लिए ज्ञानी मनुष्य भी लालायित होते है।

प्रश्न - २८४

मनुष्य जीवन क्या है?

उत्तर - मनुष्य जीवन केवल अपने कल्याण के लिए भगवत् कृपा से मिला है। इस शरीर के द्वारा सत्यमार्ग पर चलकर संसार में रहते हुए, ज्ञान के द्वारा संसार की किसी वस्तु में अशक्त न रहकर सभी वस्तु से वैराग्य लेना चाहिए और अपनी कामना और मोह को धीरे धीरे त्याग कर भक्ति की शरण लेना चाहिए भक्ति से ही भगवत् प्राप्ति होती है और भगवत् प्राप्ति से ही मुक्ति मिलती है। यही मनुष्य का कल्याण कारी उद्देश्य है कि बार बार जन्म मरण के बन्धन से मुक्त हो जाये इस

कल्याण क़ारी उद्देश्य के लिए केवल इतना ही करना है सत्संग भगवत् नाम स्मरण, कीर्तन, स्वध्याय, से मनुष्य जीवन सार्थक होता है।

प्रश्न - २८५

शरीर से उत्पन्न बीमारियाँ कौन, और कैसे होती है?

उत्तर - बीमारियों कही बहार से नहीं आती ए हमारे शरीर के अंदर ही है जब हम उन्हें मौक़ा देते है तभी वह कार्यरत हो जाती है। यह साधन रूपी शरीर पाँच तत्व से बनी है लेकिन यह शरीर तीन तत्व से चलती है। (कफ़, पित, वात) "जल, अग्नि, वायु" यह तीनों के बैलेंस (बराबरी) पर यह साधन रूपी शरीर स्वस्थ रूप में कम करता है और इन तीनों में से किसी के कम, ज़्यादा होने से बीमारियों शुरू हो जाती है।

दूसरा कारण - इस शरीर को कंट्रोल करने वाले चित, मन, बुद्धि की अशांति के कारण भी और अपनी नकारात्मक सोच से भी बीमारियाँ होती है राम चरित मानस में भी इसका विवरण है।

उत्तरा काण्ड (संक्षिप्त वर्णन)

मोह सकल व्याधिन्ह कर मूला। तिह तै पुनी उपजही बहू सुला॥

काम, बात, कफ़, लोभ, अपारा॥ क्रोध, पित्त, नित, छाती जारा॥

सब रोगों की जड़ मोह (अज्ञान) है उन व्याधियों से फिर और से भी शूल उत्पन्न होते है काम, बात है लोभ, बढ़ा हुआ, कफ़ है और क्रोध, पित्त है जो सदा छाती जलाता रहता है कही अगर ये तीनों भाई, वात, पित्त, कफ़ प्रीत कर ले (मिल जाए) तो दुख दायक सन्नीपात रोग उत्पन्न होता है ए अपार है इनका नाम कौन जान सकता है। ममता, दाद है ईर्ष्या, (डाह) खुजली है हर्ष, विषाद गले का रोग (गलगाँठ या घेंघा आदि रोग) और पराये सुख को देख कर जो जलन होती है वह, क्षयी रोग है। दुष्टता और मन की कुटिलता ही, कोढ़ है। अहंकार, गाँठका रोग है दम्भ, कपट, मद, मान, नसों का रोग है। तृष्णा, बड़ा भारी, उदरवृद्धि रोग है। और तीन प्रकार (पुत्र, धन, और मान) की प्रबल इच्छा, तिजारी रोग है। मत्सर और अविवेक दो प्रकार का ज्वर है। इस प्रकार अनेकों बुरे रोग है। शारीरिक संयम, नियम, से न रहने के कारण भी, अनेकों रोग उत्पन्न होते है। इसलिए जीवन को अपनी बुद्धिमानी से, समझदारी से, और संयम और नियम से, जीवन व्यतीत् करे और आनन्द से रहे।

प्रश्न - २८६

भगवान के पास क्या नहीं है?

उत्तर - भगवान के पास मन नहीं है, इसलिए भगवान सभी लोगो का मन ही चाहते है क्योंकि मनुष्य को परेशान करने वाला उसका मन ही है। मनुष्य काम संसार और परिवार का करे, लेकिन मन को भगवान में लगाये, और मन को भगवान में लगाओगे तो कभी दुःखी नहीं होगे, क्योंकि भगवान नित्य, हमेशा रहने वाले है कभी भी बिछुड़नेवाले नहीं है तो आप भी कभी दुःखी होगे नहीं, अगर मन को संसार और परिवार में लगाओगे तो हमेशा दुखी ही रहोगे क्योंकि यह संसार और परिवार अनित्य है और बिछुड़नेवाला है तो बिछुड़नेवाले का दुख तो हमेशा ही रहेगा। इसलिए काम संसार और परिवार का करो लेकिन मन को हमेशा भगवान में ही लगाओ यही सत्य है।

प्रश्न - २८७

भगवान शिव को नीलकंठेश्वर क्यों कहते है?

उत्तर - जब समुंद्र का मंथन हुआ तो पहले हलाहल विष निकला था जो बहुत ख़तरनाक था देवता और राक्षस घबरा गये तब भगवान विष्णु ने देवताओं और राक्षसों को भगवान शिव जी से प्रार्थना करने को कहा क्योंकि इस विष से केवल भगवान शिव जी ही बचा सकते है। सभी के आग्रह पर भगवान शिव जी ने विष को अपने गाला में रख लिया उस विष को गले से नीचे नहीं उतार सकते थे, क्योंकि शिव जी के हृदय में राम नाम का वास था। इसलिए गले में राम के रकार में रखकर म के मकार से बंद कर दिया जिससे उनका गला नीला पड़ गया और नीलकंठेश्वर कहलाने लगे।

प्रश्न - २८८

भगवान की शरणागति क्या है?

उत्तर - मनुष्य जो भी कुछ करे सत्कर्मों के द्वारा भगवान की आज्ञा के अनुसार निःस्वार्थ कामना, इच्छा रहित होकर भगवान के लिए काम करे, और हमेशा भगवान को याद करे, यही भगवान की शरणागति है। भगवान की शरण लेने से मानव का कल्याण होता है जिस प्रकार माता पिता शरणागत बालक का पूरा ख़्याल रखते है उसी प्रकार भगवान की शरणागति लेने से भगवान भी अपने भक्तों का पूरा

ख़्याल रखते है। भगवान हरदम हमारे साथ है ऐसा हमेशा सोचना चाहिए, भगवान को हमेशा साथ रखोगे तो उनका ख़्याल यानी याद हरदम आएगा, उनका ध्यान हमेशा बने रहने से कभी कोई ग़लत काम होगा ही नहीं! और अपने अंतःकरण में भगवान का दर्शन करते रहिए, और आनंद ही आनंद में रहिये।

प्रश्न - २८९

मनुष्य को आर्थिक जीवन में क्या करना चाहिए?

उत्तर - मनुष्य को अपने आर्थिक जीवन में तीन प्रकार से काम करना चाहिए।

१. धन हो तो व्यापार करना चाहिए। २. धन थोड़ा हो तो खेती करना चाहिए।

३. यदि धन कुछ भी नहीं है तो नौकरी कर लेना चाहिए परन्तु अपना मान सम्मान खोकर भीख तो कभी भी नहीं मागनी चाहिए। लक्ष्मी जी कहती हैं कि मैं भी उसी श्रेष्ठपुरुष के पास जाती हूँ और रहती हूँ, जो धंधा उद्योगपरायण है। जो हमेशा आलस्य को त्याग कर कुछ न कुछ उद्योग धंधा करता है, तो उसे धन की प्राप्ति होती है। निरंतर प्रयास करते रहने से धन भी बढ़ता है, अतः आलस्य त्याग कर समय की गति और अपनी शक्ति के अनुसार श्रम करते हुए, कुछ न कुछ करते रहना चाहिए ख़ाली मत बैठो, सच्चे परिश्रम से व्यापार, खेती, नौकरी या कोई कुछ भी करे उससे धन ज़रूर प्राप्त होगा यही आर्थिक उन्नति है।

प्रश्न - २९०

भगवान राम के मित्र कितने थे?

उत्तर - भगवान राम के तीन मित्र थे - १. निषाद राज। २. सुग्रीव ३. विभीषण इन तीनों को भगवान राम अपना मित्र मानते थे और हमेशा अपना सखा मित्र जैसा व्यवहार करते थे।

१. **निषाद राज** - साधक भक्त है जो भगवान से केवल उनकी कृपा दृष्टि ही चाहते थे और भगवान से अटूट प्रेम करते थे। भक्ति से ही भगवान को चाहते थे, इसमें गुह निषाद राज सिद्ध भक्त थे जैसे ज्ञानी भक्त होते है ज्ञानी भक्त का परमात्मा के सिवाय दूसरा कोई प्रयोजन नहीं होता है।

२. **सुग्रीव** - अर्थार्थी भक्त यह विषयी भक्त होते है जो इच्छा पूर्ति के लिए भगवान की आराधना करते है भगवान से कुछ न कुछ पाने के लिए ही भगवान की भक्ति करते हैं।

सुग्रीवहू सुधि मोरि बिसरी। पावा राज कोस पुर नारी।।

सुग्रीव भी बालि के डर के मारे ही भगवान की शरण ग्रहण की थी और भगवान राम ने उसे अभय दिया।

३. **विभीषण** - ज्ञानी भक्तों की तरह सिद्ध भक्त था परंतु वह भी रावण के लात मारने पर ही माया मोह का त्याग करके भगवान की शरण ग्रहण किया। भगवान से कुछ मँगाने की चेष्टा करे उसके पहले भगवान ने उसे कामना इच्छा मुक्त कर दिया। विभीषण सिद्ध भक्त व ज्ञानी भक्त था। जो भगवान के प्यारे होते हैं और पूर्णता प्राप्त ऐसे सिद्ध भक्त है।

यह तीनों भगवान के भक्त थे और भगवान के मित्र भी थे।

प्रश्न - २९१

मानव की सम्पत्ति क्या है?

उत्तर - मनुष्य की असली संपत्ति भजन और भक्ति है संसार में परमात्मा, स्मरण, सत्संग, भजन, भक्ति के अतिरिक्त सभी कुछ सारहीन है जिसके पास भक्ति की परम संपत्ति है वह दुनिया में कुछ भी नहीं, बिलकुल कंगाल होते हुए भी सबसे बड़ा धनी और संपत्ति वाला सौभाग्यवान है। क्योंकि यह वो संपत्ति है जो उसके साथ हमेशा रहने वाली है कभी भी साथ छोड़ने वाली नहीं है जो मनुष्य इस संपत्ति से रहित है इसके बिना है, वह ऊची से ऊची लौकिक स्थिति पर पहुँचा हुआ सांसारिक धन संपत्ति चाहे जितनी भी होने पर वस्तुतः वह अत्यन्त दरिद्र है। वह अज्ञानता में ही अपना मानव जीवन व्यर्थ ही खो रहा है क्योंकि यहाँ कि कोई भी चीज वस्तु किसी के साथ नहीं जाती है। मनुष्य मूर्खता से ही दुःखयोनि विषयों में सुख समझ कर उसके पीछे पागल हुआ है और अमूल्य रूपी जीवन हीरे को न पहचानने के कारण व्यर्थ में ही खो देता है।

नर तनु पाई विषय मन देही। पलटी सुधा ते सठ विष लेही।।
ताहि कबहुँ भाल कहही न कोई। गुंजा ग्रहई परस मनि खोई।।

इसलिए अपने जीवन को भगवत् कार्यों में ही लगाना चाहिए यही अति उत्तम जीवन सार्थकता कार्य है भगवान की भक्ति ही सच्चा धन संपत्ति है बाक़ी सब विपत्ति ही है। संसार की संपत्ति जो अनित्य नैश्वर है जो किसी काम की नहीं है उसके पीछे पागल होकर जीवन को व्यर्थ में गवाना ही है।

प्रश्न - २९२

हमारी सोच कैसी होनी चाहिए?

उत्तर - मनुष्य को अपने अतिरिक्त दूसरो के बारे में भी सोचना और प्रार्थना करना चाहिए। हम सब ईश्वर अंश आत्मा है सब एक समान है इसलिए हमे सबके बारे में सोचना चाहिए।

सर्वे भवन्तु सुखीनः सर्वे संत निरामया:।

सर्वे भद्राणी पश्यन्तु मा कश्चिद् दुःखभागभवेत।।

सब सुखी हो, सब निरोग हो, सबका सदा मंगल कल्याण हो, किसी को जरा भी दुःख न मिले। यही हमारा सोच विचार और सबसे साथ अच्छा व्यवहार हो, यही जीवन में हमारा ऐसा ही आचरण होना चाहिए।

सियाराम मय सब जग जानी।

करहु प्रनाम ज़ोरी जग पानि।।

इस जगत को राम मय ही जानना चाहिए, सबसे साथ उचित व्यवहार करना चाहिए।

प्रश्न - २९३

सत्य क्या है?

उत्तर - जो सत्य है वह माया के परे है जो इस सांसारिक दृष्टि से दिखाई देता नहीं, उसे देखने के लिए द्रिव्यदृष्टि की आवश्यकता होती है जो भगवत् कृपा बिना नहीं मिलती है। सांसारिक दृष्टि से जो दिखाई देता है वह भगवान की माया है

(गीता ७। २९। ३०) वृद्धावस्था और मृत्यु से मुक्ति पाने के लिए जो मनुष्य मेरा आश्रय लेकर प्रयत्न करते है, वे उस ब्रह्म को संपूर्ण अध्यात्म को और संपूर्ण कर्म को जान जाते है जो मनुष्य अधिभूत तथा अधिदैव के सहित और अधियज्ञ के सहित मुझे जानते है, वे मुझमें लगे हुए चित वाले मनुष्य अंतकाल में मुझे ही जानते है अर्थात् मुझे ही प्राप्त होते है यही परम् सत्य है।

प्रश्न - २९४

कलियुग में नाम की महिमा क्या है?

उत्तर - कलियुग में नाम की महिमा है, जिस प्रकार कल्पतरु में सब चीजे मिलती है चाहे जो भी आप माँगो, उसी प्रकार कलियुग में मन चाहा पदार्थ, वस्तु देने वाला

राम नाम रूपी कल्पवृक्ष से सब कुछ मिल जाता है। मनुष्य के कल्याण का निवास स्थान राम नाम है।

नामू राम को कल्पतरु कली कल्याण निवासु। (बाल, दोहा २६)

प्रश्न - २९५

हमारा सच्चा मित्र कौन है?

उत्तर - हमारा सच्चा मित्र परमात्मा है जो हमेशा हमारे साथ रहता है हम पापी या दुराचारी है तो भी, हम परमात्मा के साथ है हम जैसे भी है हम परमात्मा के है और परमात्मा हमारे है, क्योंकि हम आत्मा है शरीर नहीं, जब हम भगवान के अंश जीवात्मा है तो भगवान से कैसे अलग हो सकते है, ईश्वर ही हमारे परम हितैषी मित्र है, इसलिए हमारा सच्चा मित्र साथी भगवान के अतिरिक्त दूसरा कोई नहीं है।

प्रश्न - २९६

मनुष्य का आचरण कैसा होना चाहिए?

उत्तर - जिसके आचरण, व्यवहार क्रिया और सम्भभाषण में मधुरता होती है बह सभी को प्रिय लगती है और उन्हें सभी प्यार करते है संसार में शुभ कर्म और उपकार भी वही करते है जो मधुर स्वभाव के होते है वार्तालाप से ही मनुष्य की उच्चता या नीचता प्रगट होती है मनुष्य को वार्तालाप करते समय सदैव मधुर और संयमित शब्दों का प्रयोग ही कारण चाहिए, शब्द सरल् मधुर हो किसी प्रकार की शब्द में कटुता नहीं रहनी चाहिए।

प्रश्न - २९७

जीवन कल्याण मंत्र क्या है?

उत्तर - जीवन कल्याण मंत्र राम नाम है यह महामंत्र है।

हरे राम, हरे राम, राम राम हरे, हरे। हरे कृष्णा, हरे कृष्णा, कृष्णा कृष्णा हरे, हरे॥

यह महामन्त्र है नारद जी के पूछने पर इस मंत्र का उपदेश ब्रह्मा जी ने नारद जी को दिया था। इस महामंत्र के द्वारा ही मानव का कल्याण होगा प्रेम, भाव से नाम संकीर्तन ही, भगवत प्रासि का उद्गम स्रोत है। ऐसे दो अक्षर का राम का नाम, राम नाम ही महामंत्र है और इसके जपने का कोई कठोर नियम नहीं है। चलते फिरते

हर काम करते रहे, नाम जप करते रहे, चाहे कोई भी स्थिति या परिस्थिति हो नाम जप कर सकते है इसके लिये कोई नियम नहीं है सब प्रकार से सुलभ है और परम कल्याणकारी है।

प्रश्न - २९८

राम नाम की महिमा क्या है?

उत्तर - राम नाम की महिमा कहा नहीं जा सकता राम नाम में इतनी शक्ति है।

राम नाम नर केसरी कनक कसिपु कलिकाल।

जापक जान प्रह्लाद जिमी पालीही दलि सुरसाल।।

राम नाम नृसिंह भगवान है कलियुग महाराज हिरण्यकसीपू है और जापक जन भजन करने वाले प्रह्लाद के समान है। जैसे भगवान नृसिंह ने हिरण्यकसीपू को मार कर प्रह्लाद की रक्षा की थी, ऐसे भक्तों की रक्षा कलियुग में राम नाम महाराज करते है। कलियुग के राक्षसों को मार कर भजन करने वालो की रक्षा करने वाले है, भक्तों का मंगल करने वाला है।

प्रश्न - २९९

सबसे पुराना व पहले लिखा पुराण कौन है?

उत्तर - सबसे पुराना और सबसे पहले लिखा हुआ पुराण महर्षि वाल्मीकि द्वारा रचित रामायण है। जो सबसे पहले त्रेता युग में भगवान महर्षि वाल्मीकि जी ने ब्रह्मा जी के अनुमोदन पर लिखा था और इस काव्य ग्रंथ को महर्षि वाल्मीकि जी ने स्वयं भगवान के पुत्र लव और कुश को सुनाया था और उसके बाद इस रामायण काव्य को लाव कुश के द्वारा राम भगवान ने सुना और उनके साथ अयोध्या वासीओ ने सुना, यह अति पवित्र ग्रंथ है।

प्रश्न - ३००

कलियुग से बचाने का क्या उपाय है?

उत्तर - कलियुग से बचने का उपाय बहुत ही सरल है कलियुग में जब तक जिस घर में भगवत नाम संकीर्तन होगा, जहाँ जिस घर में भजन होगा, नाम स्मरण होगा, रामायण पाठ होगा, श्रीमद्भागवत पुराण और गीता का पठन पाठन होगा, वहाँ

कलियुग का कोई असर नहीं होगा। माता पार्वती जी ने शिव जी से पूछा! शिव जी ने कहा -

उमा कहौ मैं अनुभव अपना। सात हरि भजन जगत सब सपना।।

कलियुग केवल नाम आधारा। सुमिर सुमिर नर उतरही पारा।।

हे उमा, मैं अपना अनुभव कहता हूँ की कलियुग में भगवान का भजन ही कल्याण कारी है। कलियुग में केवल नाम रूपी नौका का ही अधर होगा जिसको सुमिर कर यानी याद कर नाम जप करके इस कलियुग रूपी भवसागर को हो पार कर पाएगा।

दूसरा कोई आधार नहीं है। इस कलियुग में पूजा पाठ दान व्रत तीर्थ स्नान वग़ैरह का जो फल है उससे कई गुना फल भगवन्नाम संकीर्तन नाम स्मरण में है। जिसमें न कोई श्रम है, न कोई खर्च है, केवल श्रद्धा विश्वास भगवत भाव जो ख़रीदना नहीं है। जो स्वयं अपने अंदर ही है केवल उसे समझाना और अपने अंदर प्रगट करना है जिससे अपना जीवन सफल और सार्थक बनाना है।

प्रश्न - ३०१

मनुष्य का सोच व विचार कैसा होना चाहिए?

उत्तर - मनुष्य की सोच व विचार दो प्रकार के होते हैं - १. पोजेटिव - सकारात्मक २. निगेटिव - नकारात्मक।

१. **पोजेटिव: सकारात्मक सोच -** इस प्रकार की सोच से हमेशा मनुष्य के पास अच्छी शक्तिसाली ऊर्जा का संचार होता है जिससे अच्छे विचार मन में आते है हर कार्य को ख़ुशी और आनन्दित होकर करता है, और कार्यों में सफलता भी मिलती है। हर मनुष्य को हमेशा सकारात्मक ऊर्जा के साथ ही जीवन जीना चाहिए सकारात्मक ऊर्जा के साथ जीवन में कोई परेशानी आती है तो उसका हल आसानी से हो जाता है हम जो मंदिर वग़ैरह में जाते है वहाँ जो हमे जो सकून शांति मिलती है वह सब सकारात्मक ऊर्जा की वजह से मिलती है जो वहाँ होते है।

२. **निगेटिव: नकारात्मक सोच -** इस प्रकार की सोच से मन विचलित रहता है कोई भी सही निर्णय लेने में असमर्थता महसूस करता है और सही निर्णय न ले पाने से वह कभी कभी ग़लत सोचने लगता है। ऐसे परिस्थिति में कार्य को उचित स्वरूप में नहीं कर पाता है और दुःखी रहता है इसलिए मनुष्य को अपनी नकारात्मक सोच को नहीं आने देना चाहिए, अगर आती है तो उसे

हमेशा सकारात्मक "पोजेटिव" में बदलना चाहिये यही जीवन के लिए सर्वोत्तम है।

~~ जय श्री राम ~~

हरे रामा रामा राम, सीता राम राम राम

सभी ग्रंथो का एक है सार। प्रेम व भक्ति जीवन आधार॥

दूजा कोई और न सार। दुर्लभ जीवन यह हुआ बेकार॥

हरे राम हरे राम राम राम राम हरे हरे

हरे कृष्णा हरे कृष्णा कृष्णा कृष्णा हरे हरे

यह महामंत्र है। इसका वर्णन उपरोक्त दिया गया है।

संक्षिप्त परिचय

संक्षिप्त परिचय

श्री रामभक्त परम श्रध्देय

श्री रामदास्य पंचम जी

(आध्यात्मिक जीवन,के साथ प्रकृति व पर्यावरण, मानव जीवन कल्याण,
को भारत भर पहुचाने का लक्ष्य)

अमुख रचनायें -

जीवन सत्य, जीवन चक्र, भजन गंगा, जीवन पथ, सर्वोत्तम जीवन प्रश्नोत्तरी,
जीवन रहस्य, कह मधुशाला, हरि नाम सर्वोत्तम कल्याण मुक्ति, पर्यावरण रहस्य,
जीवन क़रिश्मा, हमसफर, ना समझ दुनिया, कर्म के फूल।